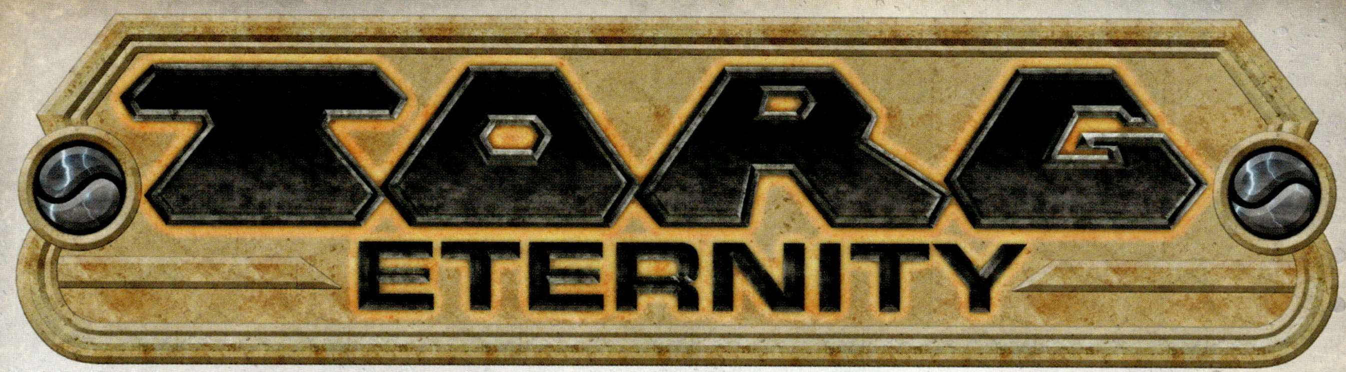

Original Design Team

Mythos and Game Design: Greg Gorden, Bill Slavicsek, & Douglas Kaufman, with Ed Stark, Greg Farshtey, Stan!, Brian Schomburg, Christopher Kubasik,Ray Winninger, and Paul Murphy

Additional Concepts and Playtesting: Daniel Scott Palter, Denise Palter, Jonatha Ariadne Caspian, Michael Stern, Richard Hawran, C.J. Tramontana, Martin Wixted

Technical Assistance: Dr. Michael Fortner, Dr. George Exner

Original Logo Design: Tom Tomita

Revised & Expanded Developers: Eric Gibson, Jim Ogle, Gareth Michael Skarka, Nikola Vrtis, Stephen Marsh, Talon Dunning

Nile Empire and Terra Design: Greg Farshtey, Greg Gorden, Brian Sean Perry, Ed Stark, Michael Stern, und Ray Winninger

Torg Eternity Design Team

Writing and Design: Shane Lacy Hensley, Darrell Hayhurst, Markus Plötz, Deanna Gilbert, Ross Watson

Contributors: Greg Gorden, Jim Ogle, Steve Kenson, Ed Stark, George Strayton, Henry Lopez, Aaron Pavao, Angus Abranson, Steven Marsh, Patrick Kapera, Bill Keyes, John Terra, James Knevitt, Jonathan Thompson, Andy Vetromile, Joseph Wolf, Jasyn Jones

Art Director: Aaron Acevedo

Graphic Design: Aaron Acevedo, Jason Engle

Playtesting: Jimmy Macias, Michael Conn, Damien Coltice, Michael Mingers, Michelle Hensley, Ron Blessing, Veronica Blessing, Tracy Sizemore, Golda Lloyd, Andrew Harvey, Dale Davies, Ed Rugolo, Scott Walker, Darrell Brooks, Melvin Willis, James Dawsey, Brad Rogers, Jamal Hassan, Jeremy Dawsey

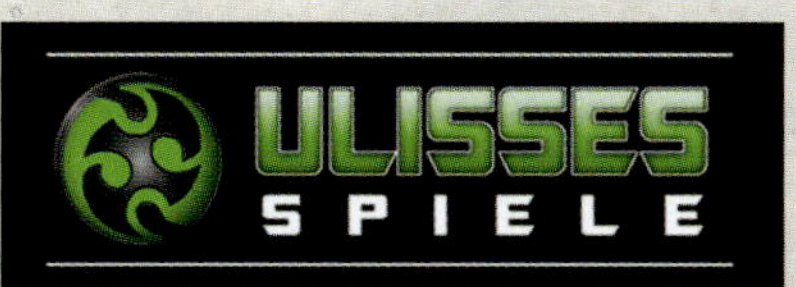

Die Feuer des Ra

Design and Writing: Brian Reeves und Darrell Hayhurst

Additional Contributions: Deanna Gilbert

Editing: Ron Blessing

Art Director: Aaron Acevedo

Graphic Design: Aaron Acevedo, Jason Engle

Cover: Ross Grams, Chris Bivins, und Unique Soparie

Interior Illustrations: Ben Acevedo, Emma Beltran, Chris Bivins, Yoann Boissonn, Donald Crank, Dennis Darmody, Thomas Denmark, James Denton, Talon Dunning, Bien Flores, Ross Grams, Gunship Revolution, Aaron Riley, Alida Saxon, Scott Schomburg, Unique Soparie, Carly Sorge

Playtesting: Kevin Elmore, Crystal Elmore, Lisa Felton, Sam Frazier II, Brendon Hays, Brad Mongar, Robert Schneider, Nathan Smith, Chris Dugdale, John Pearce, Martin Wallace, athan Smith, Steve Goucher

Deutsche Version

Redaktion: Thomas Michalski

Deutsch von: Daniel Schumacher

Lektorat: Claudia Feld

Korrektorat: Elisabeth Raasch

Satz und Layout: Nadine Hoffmann

Mitarbeiter Ulisses Spiele

Mitarbeiter Ulisses Spiele: Administration Christian Christian Elsässer, Carsten Moos, Sven Paff, Stefanie Peuser, Marlies Plötz **Marketing** Philipp Jerulank, Katharina Wagner **Verlag** Zoe Adamietz, Jörn Aust, Mirko Bader, Steffen Brand, Simon Burandt, Christiane Ebrecht, Frauke Forster, Christof Grobelski, Kai Großkordt, Nikolai Hoch, Nadine Hoffmann, Johannes Kaub, Arne Frederic Kunz, Matthias Lück, Benedict Marko, Thomas Michalski, Jasmin Neitzel, Markus Plötz, Diana Rahfoth, Nadine Schäkel, Maik Schmidt, Ulrich-Alexander Schmidt, Nils Schürmann, Alex Spohr, Jens Ullrich, Jan Wagner **Verlag USA** Robert Adducci, Bill Bridges, Timothy Brown, Darrell Hayhurst, Eric Simon, Ross Watson **Vertrieb** Florian Hering, Jan Hulverscheidt, Saskia Steltner, Stefan Tannert, Sven Timm, Anke Zimmermann

FEUER DES RA

AKT VIER: INSEL DER KRIEGERFRAUEN 48

AKT FÜNF: PLÜNDERER VOR DEN TOREN 62

AKT SECHS: DIE QUELLE DES NILS 76

AKT SIEBEN: BRENNENDER HIMMEL 92

BEDROHUNGEN UND SCHURKEN 104

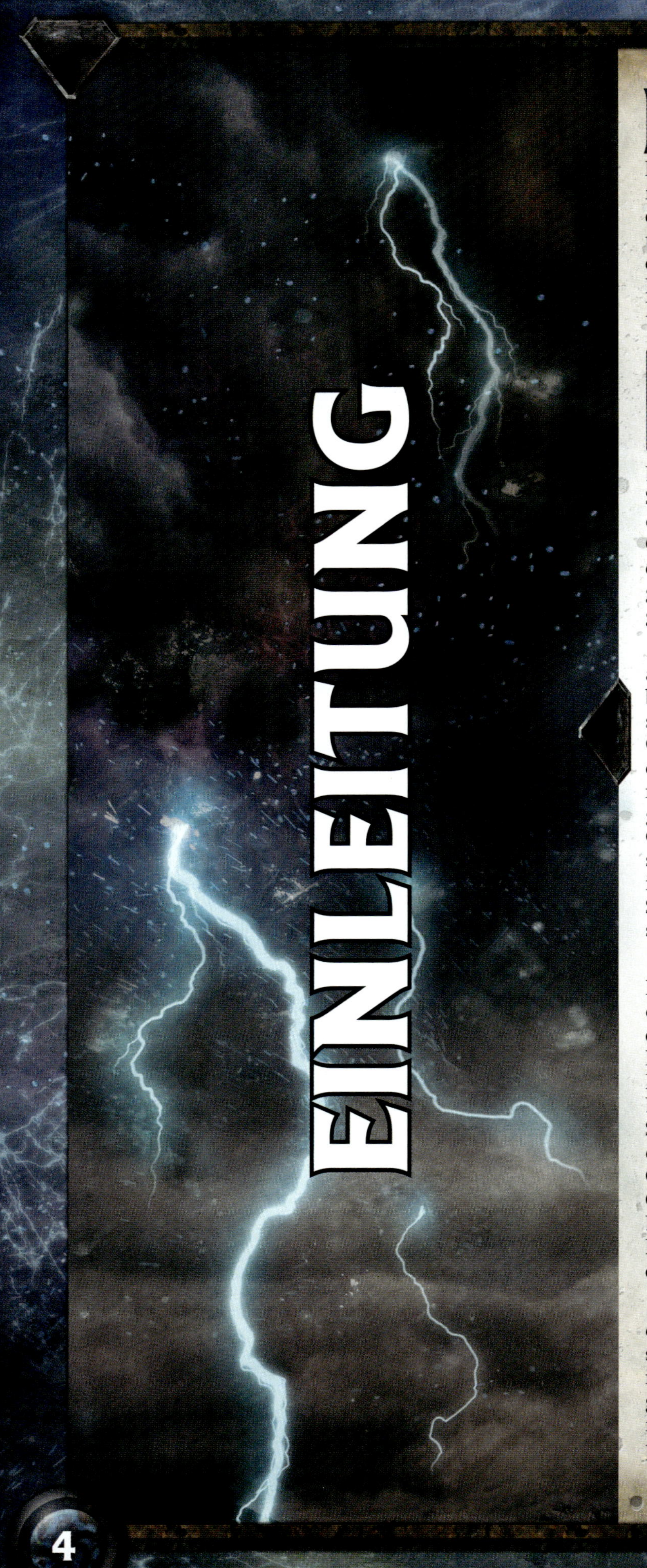

Die Feuer des Ra spielt im Nil-Imperium und seiner Umgebung. Es findet in der zweiten Hälfte des ersten Kriegsjahres statt. Die Ereignisse können vor oder nach jedem anderen Hauptabenteuer für die verschiedenen Cosms spielen. Das Abenteuer entscheidet über das Schicksal von Israel, dem Jordan und eines Teils von Saudi-Arabien. Außerdem zeichnet es die Geschehnisse rund um den Tod von Dr. Alexis Frest nach und führt die Storm Knights in eine direkte Konfrontation mit Pharao Möbius höchstpersönlich!

HINTERGRUND DES ABENTEUERS

Die ersten sechs Monate der Invasion waren für den Superschurken Hooded Cobra sehr ereignisreich. Nach dem Zusammenstoß mit den Storm Knights am Fuß der Großen Pyramide (dies wurde im Abenteuer *Tag Eins* erzählt) hat er sich Dutzende hinterhältige Pläne ausgedacht, ausgeführt und ist dabei größtenteils kläglich gescheitert.

Währenddessen hat er ein lose organisiertes Team anderer Superschurken um sich gesammelt, und diese bezeichnen sich nun als die Retribution League. Durch seine zahlreichen Niederlagen entnervt, dachte Hooded Cobra lange und ausführlich nach und kam dabei zu einer wahrlich erstaunlichen Schlussfolgerung. Er ist nur deswegen gescheitert, weil er seine Ziele nicht groß genug gewählt hat. Die Götter haben seine potenzielle Größe erkannt und haben ihn ganz offensichtlich für seine zu geringen Ambitionen bestraft. Sie wollten ihm dabei nur das Zeichen geben, das er sein wahres Schicksal verfolgen soll, und das ist offensichtlich jenes, selbst zum High Lord des Nil-Imperiums zu werden!

Dennoch – es ist wahrlich kein geringes Ziel, den Pharao selbst zu stürzen. Hooded Cobra war sich darüber im Klaren, dass dies ein ideales Timing und eine perfekte Vorbereitung erfordern würde. Glücklicherweise bot sich genau diese Gelegenheit, als Doktor Möbius seine neueste und größte Erfindung offenbarte. Dabei handelte es sich um den Mandjet, ein fliegendes Schlachtschiff, das mit einer unaufhaltsamen Superwaffe der Verrückten Wissenschaft bewaffnet war. Hooded Cobra erkannte, dass die Eroberung des Mandjets den Göttern endlich seine Würdigkeit beweisen würde. Dann würde er bald der unangefochtene Meister des Nil-Imperiums sein, und die ganze Erde würde vor ihm erzittern.

Doch es ist gar nicht so einfach, die Kontrolle über diese Superwaffe an sich zu reißen. Der Mandjet ist ständig stark bewacht, und seine einzigartige Steuerung ist für jemanden, der nicht speziell in ihrer Bedienung geschult ist, nur schwer zu verstehen. Wenn der Mandjet fliegt, wird er von einem Sonnenschild umhüllt, das praktisch undurchdringlich ist. Außerdem verfügt nur

Möbius über die Handschuhe, die nötig sind, um die Superwaffe des Mandjets zu bedienen. Diese trägt die Bezeichnung die Feuer des Ra und es handelt sich um einen Megalaser, der dazu in der Lage ist, praktisch alles zu Schutt und Asche zu legen. Da Hooded Cobra schon lange ein vertrauenswürdiger Scherge von Möbius ist, plant er, an Bord zu sein, wenn dieser das Schlachtschiff in den Einsatz führt, um damit den Mittleren Osten zu erobern. In der Hitze der Schlacht wird sich ihm zweifellos die perfekte Gelegenheit bieten, um zuzuschlagen. Die größte Herausforderung wird wohl darin bestehen, Möbius lange genug zu überwältigen, um ihm die Kontrolle zu entreißen.

Während die Konstruktion des Mandjets in die entscheidende Phase ging, beauftragte Möbius Hooded Cobra damit, einige der wichtigen Komponenten für die tödlichen Waffensysteme für ihn zu beschaffen.

Dazu gehörte das Auge Sobeks, ein legendärer Edelstein aus dem Ägypten, das nie existiert hat. Es befand sich im Besitz von Nefru-Khem-Un. Die Legenden besagten, dass er einen Pharao mit der unglaublichen Macht dieses Edelsteins gestürzt hat. Diese Macht ist angeblich dazu in der Lage, die Gegner des Trägers in Asche zu verwandeln. Die Wächter des Pharaos knieten vor der Macht von Nefru-Khem-Un. Der Hohepriester tötete den Pharao und beanspruchte den Titel für sich. Er herrschte mehrere Jahrzehnte, doch es gelang ihm nicht, Nachwuchs zu zeugen, und zudem wurde er vom Volk gehasst. Als der Zeitpunkt seines Todes gekommen war, hatte sich das Volk gegen ihn gewandt. Seine auserwählten Priester vertraten die Ansicht, dass er eines Tages durch ein Gefäß wieder zum Leben erweckt werden würde, das als „Die Schlange, die unter Menschen wandelt" bekannt ist. Um sich auf die Ankunft dieses Gefäßes vorzubereiten, errichteten sie eine geheime Gruft in den Tiefen der Sahara, die weit vom Sitz des Imperiums entfernt lag. Natürlich füllten sie sie mit zahlreichen tödlichen Fallen, um Grabräuber abzuhalten, und versiegelten das schwere Tor, sodass es nur von einem Was-Zepter geöffnet werden kann. Dann nahmen sich die Priester selbst das Leben, um auf ewig über das Grab wachen zu können.

Natürlich ist Hooded Cobra der Ansicht, dass wohl er selbst mit dem auserwählten Gefäß gemeint sein muss. Immerhin beschreiben ihn die Worte „Die Schlange, die zwischen Menschen wandelt" perfekt. Er war nun um so mehr davon überzeugt, dass der Mandjet und seine Macht sein Schicksal sein würden. Begeistert verfolgt er die Möbius' Pläne und sammelt die Teile ein, die der Pharao benötigt. Schlussendlich werden sie ihm ja selbst von Nutzen sein.

Den Standort des Auges Sobeks zu ermitteln, erwies sich als schwieriger als er geplant hatte. Schließlich fand er Abkhemurna, den Standort von Nefru-Khem-Uns Grabmal und musste feststellen, dass es praktisch von Sand begraben war. Er forderte Verstärkung an und versammelte einen Zug Sturmsoldaten, um das

Sicherheitsstufe Beta?

Wenn die Storm Knights in deiner Kampagne bereits Sicherheitsstufe Beta haben, stellt das kein Problem dar! Die Begegnungen in Die Feuer des Ra sollten dennoch eine Herausforderung darstellen. Hast du aber den Eindruck, dass sie es zu leicht haben, könntest du es mit folgenden Optionen probieren:

- **Verbessere die Gegner:** Erhöhe die Anzahl der realitätsgehärteten Gegner, und gib ihnen mehr Möglichkeiten. Gib ihnen schwere Waffen (auch eine gute Menge an Granaten), oder gib ihnen Talente wie Ausdauer, Schläger und Wirbelwind. Du solltest es zuerst mit einer dieser Optionen probieren und erst weitere Optionen hinzufügen, wenn die Begegnungen noch immer zu einfach sind.
- **Erhöhe die Anzahl der Gegner:** Es ist eine bessere Option, die Gegner stärker zu machen, aber die Anzahl kann man jederzeit und sofort erhöhen. Überall dort, wo die Gegner als eine Anzahl pro Storm Knight angegeben sind, kannst du diese Zahl schrittweise erhöhen. Denk daran, dass dadurch auch mehr realitätsgehärtete Gegner anwesend sind. Bei den meisten Gegnern ist die Anzahl der realitätsgehärteten Gegner Selten, was einen derartigen Gegner je 10 Feinde bedeutet. Wenn du sehr viele Gegner im Spiel hast, ist es wichtig, dass du auch Gruppenaktionen und Schaden für Horden benutzt.

Du solltest all das nur tun, wenn die Spieler wirklich den Eindruck erwecken, dass sie sich nicht herausgefordert fühlen. Manche Kämpfe sind eben einfach und manche schwer. Selbst ein einfacher Kampf kann nach ein bisschen Würfelpech und ein paar Entkoppelungen und Wunden zu viel auf einmal sehr schwer werden. Es ist am besten, wenn du das Verbessern der Gegner sehr vorsichtig angehst. Immerhin sind die Storm Knights die Helden und sollten sich auch so fühlen dürfen!

„ICH WERDE MEINE ULTIMATIVE RACHE BEKOMMEN, UND NICHT EINMAL MÖBIUS KANN MICH DARAN HINDERN!"
– HOODED COBRA

Grabmal auszugraben. Dies nahm mehrere Wochen in Anspruch.

Nachdem er Nefru-Khem-Uns Grabmal freigelegt und die tödlichen Fallen darin überwunden hatte, musste er feststellen, dass sich bei den Schätzen des toten Pharaos kein mystischer Edelstein befand. Stattdessen fand er eine uralte Schriftrolle, in der die Information stand, dass der Edelstein im Augentempel in Abkhemurna aufbewahrt wurde und dass man diesen nur mit einem speziell eingestimmten Was-Zepter öffnen konnte, das gemeinsam mit dem Hauptarchitekten der Anlage begraben war. Das Pech hatte Hooded Cobra erneut übel mitgespielt. Er fand das Grab des Architekten, doch dieses war bereits geplündert worden.

Es dauerte lange, die gestohlenen Gegenstände aufzuspüren, und er musste sich dafür eine üble Tirade von Doktor Möbius anhören. Doch dies stärkte nur noch seine Entschlossenheit, den Pharao schlussendlich zu stürzen und seinen Platz einzunehmen. Hooded Cobra gelang es endlich, die verlorene Urne mit dem Zepter zu finden. Es befand sich nun in einer kleinen ägyptischen Kunstausstellung in Venedig. Sobald er es in seinen Besitz bringen kann, kann er die nächste Phase des Plans in Angriff nehmen, und dann wird der Mandjet ihm gehören!

Die Storm Knights stoßen auf diesen Plan und finden sich unvermittelt in ein gefährliches Wettrennen verstrickt, in dem es um nichts weniger geht, als Hooded Cobra aufzuhalten und die neue Superwaffe von Möbius zu zerstören, bevor er sie dazu einsetzen kann, um das Schlachtenglück in den Possibility Wars zu seinen Gunsten zu wenden.

ABENTEUER-ZUSAMMENFASSUNG

Das Abenteuer spielt ungefähr acht Monate nach der ursprünglichen Invasion. Zu diesem Zeitpunkt sind die Storm Knights weit gereist, haben etliche Abenteuer erlebt und sich einen guten Ruf beim Delphi-Rat verdient.

Sie werden aufgerufen einzuschreiten, als der Schurke Hooded Cobra ins Museum Venedigs einbricht, um einen Kanopenkrug zu stehlen. Das führt die Helden nach Kairo, wo sie eine Journalistin retten, die für eine Untergrund-Zeitung arbeitet und die über so einiges Wissen über Hooded Cobra und seine Pläne verfügt.

Dank ihrer Informationen gelingt es den Helden, die verbliebenen Kanopenkrüge aufzuspüren, von denen einer ein mysteriöses Zepter enthält, das mit Abkhemurna in Verbindung steht. Dabei handelt es sich um eine uralte Ruine der Wüste, in der sich angeblich die letzte Ruhestätte eines Pharaos aus dem Ägypten, das nie existiert hat, befindet. Sie glaubt, dass Hooded Cobra das Auge Sobeks sucht, bei dem es sich um einen mächtigen Edelstein handelt, der mit dem Pharao begraben ist. Die Storm Knights reisen nach Abkhemurna und stellen fest, dass es sich momentan um eine Ausgrabungsstätte handelt, an der es nur so von Sturmsoldaten wimmelt. Sie wagen sich in das mit Fallen gespickte Grab, um den Edelstein vor Hooded Cobra zu erreichen, sodass dieser ihn nicht für Doktor Möbius beanspruchen kann.

Dann werden sie von Dr. Alexus Frest kontaktiert, dem Anführer der Mystery Men, der der Ansicht ist, dass Doktor Möbius den Edelstein als Schlüsselkomponente für eine neue Superwaffe benötigt. Da der Großteil der Mystery Men momentan zerstört oder vernichtet ist, versucht sich Dr. Frest mit den Amazonen zu verbünden, um Möbius aufzuhalten. Die Helden reisen in die Dschungel des Kongo, um dort den Bogen Sekanas zu bergen. Dabei handelt es sich um einen Ewigkeitssplitter, mit dem sich, gemäß der Ansicht von Frest, das Wohlwollen der Amazonen gewinnen lässt, um ein Bündnis mit ihnen zu etablieren. Die Helden erreichen Hespera und die Königin der Amazonen Aegea Kosmos und müssen feststellen, dass Möbius ebenfalls bereits versucht, sie auf seine Seite zu ziehen. Um ihr Vertrauen zu gewinnen, müssen die Helden gegen The Red Hand antreten, was schlussendlich zu einem brutalen Kampf gegen zahlreiche Sturmsoldaten führt. Dies führt auch zur Enthüllung des größten Geheimnisses der Amazonen.

Die Storm Knights kehren nach Kairo zurück, und Frest beauftragt die Helden damit, mehr über Möbius' Pläne in Erfahrung zu bringen. Sie finden heraus, dass sie etwas mit dem Mandjet, einer fliegenden Superwaffe, zu tun haben. Im Verlauf von zwei Akten schleichen sich die Helden in Möbius' Basis in Theben, um die technischen Pläne des Mandjets zu stehlen. Dabei finden sie auch mehr über Hooded Cobras wahre Ziele heraus und sehen sich mit dem schrecklichen Omegatron konfrontiert. Dann dringen sie zum Victoriasee vor, wo der Mandjet erbaut wurde, um mehr über seinen Verteidigungsschild, die Aura Atens, herauszufinden, der sich bisher als undurchdringlich erwiesen hat.

Mit diesen Informationen ausgerüstet und vielleicht mit ein paar neuen Verbündeten an ihrer Seite, gehen die Storm Knights auf einen verzweifelten Einsatz, um den Mandjet aufzuhalten, bevor er Beirut angreifen kann. Sie kämpfen sich an Bord vor, schlagen sich mit der seltsamen Mannschaft herum und treten dem Team von Hooded Cobra gegenüber, das an Bord gekommen ist, um den Mandjet selbst zu stehlen. Während der endgültigen Konfrontation taucht Pharao Möbius selbst auf. Können die Helden die Waffe zerstören, bevor sie ihrem verderblichen Verwendungszweck zugeführt wird? Oder werden sie der feurigen Verdammnis anheimfallen?

TIMING DER AKTE

Akt Eins sorgt dafür, dass der Delphi-Rat und die Storm Knights in die Geschehnisse verstrickt werden. Eine Spur von Hinweisen führt sie in direkter Linie zu Akt Zwei. Akt Drei führt die Geschehnisse fort und führt zu Akt Vier. Die Akte Fünf und Sechs sind Aufträge, die nebenbei Zeit für andere Delphi-Aufträge oder sogar kurze Abstecher in andere Reiche zwischen den Akten lassen. Das Team sollte es aber nicht übertreiben! Akt Sieben ist das Finale und spielt direkt nach dem Abschluss aller anderen Akte.

LADY HOURGLASS, HOODED COBRA UND BRICK-KNUCKLE BRANKO

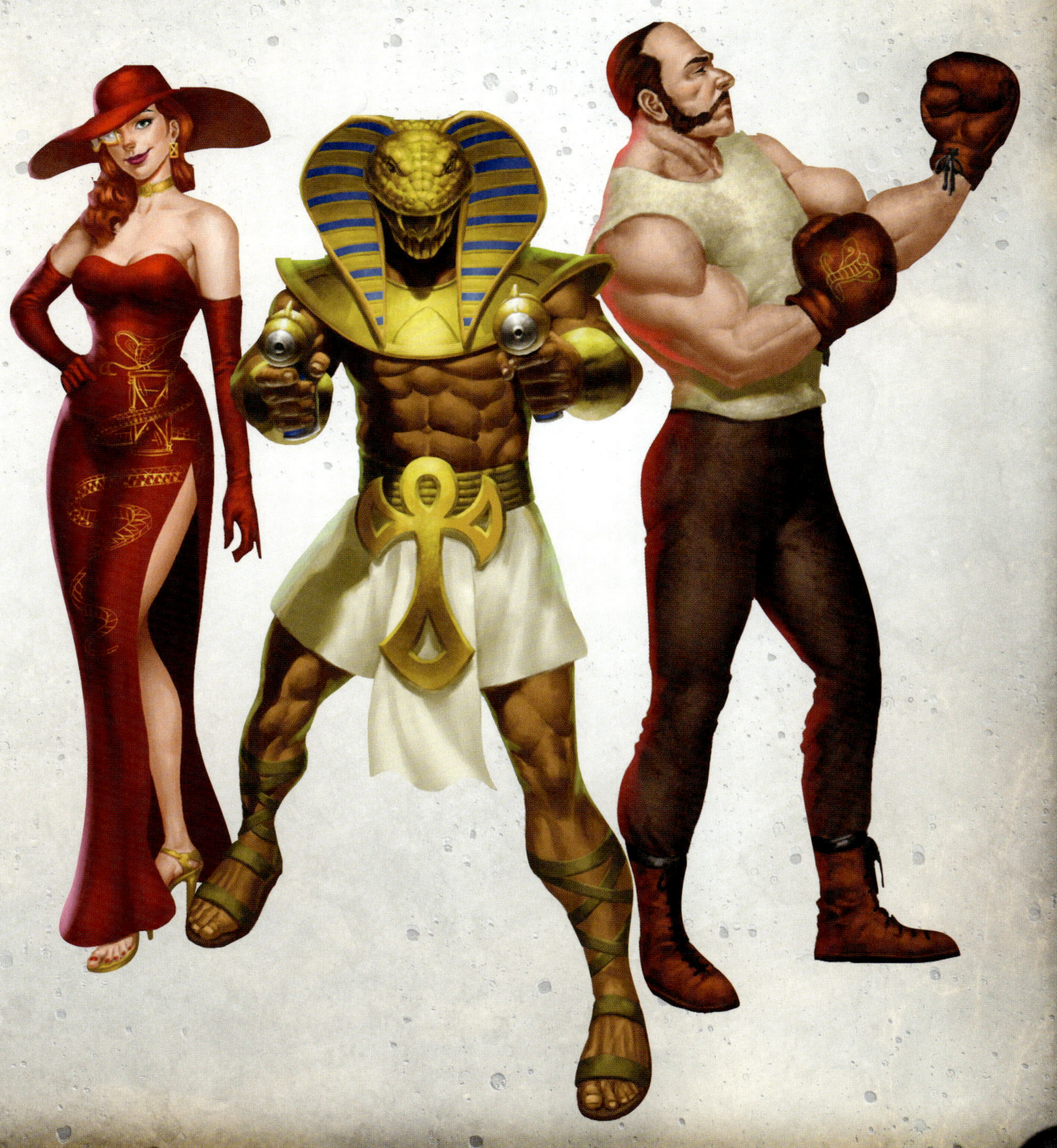

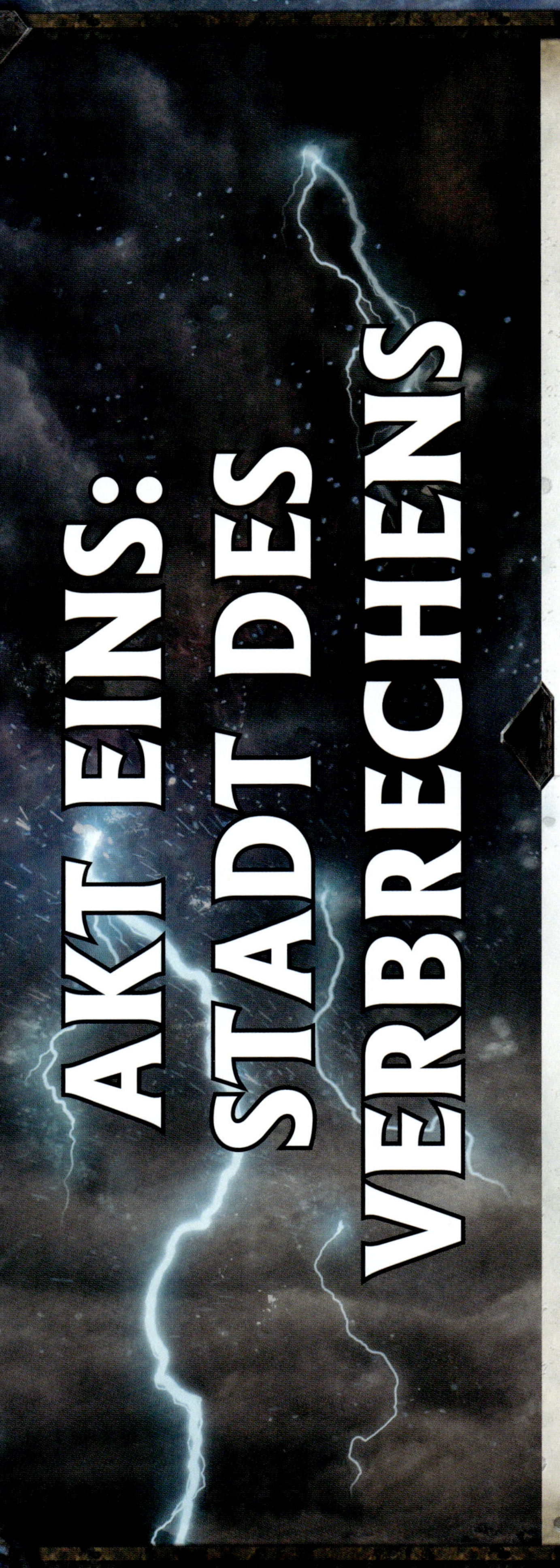

AKT EINS: STADT DES VERBRECHENS

Dieser Akt führt die Helden auf Ermittlungen in die zwielichtige Unterwelt von Kairo. Sie befinden sich auf einem Wettrennen gegen die Schergen von Hooded Cobra, um zuerst das mächtige Zepter zu finden, das in einem von vier Kanopenkrügen verborgen ist.

ÜBERSICHT

Szene Eins: Der Delphi-Rat schickt die Storm Knights zu einem Museum in Venedig in Italien, um die Agenten des Nils daran zu hindern, einen unbekannten Gegenstand aus dem Museum zu stehlen. Nachdem sie in das Museum vorgedrungen sind, müssen sie Hooded Cobra und seine Sturmsoldaten durch die Kanäle von Venedig im halsbrecherischen Tempo bei einem Bootsrennen verfolgen. Sie sind auf der Spur eines mysteriösen Kanopenkrugs.

Szene Zwei: Die Helden reisen nach Kairo und versuchen sich dort mit einer Kontaktperson des Delphi-Rats in einer heruntergekommenen Spelunke im Untergrund treffen. Sie finden heraus, dass sie von einem Schurken entführt wurde, der sie dazu bringen will, den Standort ihrer Untergrund-Zeitung, des Weckrufs von Kairo, zu enthüllen. Die Helden schlagen sich mit einem Mafiaboss herum und eine rivalisierende Gangsterbande überfällt den Klub.

Szene Drei: Die Reporterin Shafira Azar wurde auf die Spitze des Cairo Towers gebracht und dort an eine Bombe gefesselt. Die Storm Knights müssen sie retten, bevor die Bombe hochgeht.

Szene Vier: Shafira enthüllt den Storm Knights, dass eine geheimnisvolle Verbrechergruppe, die sich selbst als die Retribution League bezeichnet, in ganz Kairo nach bestimmten Kanopenkrügen sucht, die vor ein paar Wochen bei einer Auktion verkauft wurden. Die Krüge stammen aus einer Ruine in der Wüste, und in einem davon befindet sich scheinbar ein Schlüssel, den die Retribution League benötigt, um in ein ganz bestimmtes Grabmal vorzudringen. Einer der Krüge ist in einem Antiquitätenladen aufgetaucht, und die zwei anderen Krüge wurden an die Oasis Studios, eine Produktionsgesellschaft von Dreamland, verkauft. Die Helden müssen einen Filmdreh infiltrieren, um sich die Kanopenkrüge zu schnappen, bevor ihnen die Agenten von Hooded Cobra zuvorkommen.

Szene Fünf: Einer der Kanopenkrüge wurden von Sahir Faisal, einem weltgewandten ägyptischen Filmstar, „ausgeborgt". Er will damit seinen neu eröffneten luxuriösen Nachtklub schmücken. Die Helden versuchen, auch diesen Krug zuerst in ihre Finger zu bekommen, um herauszufinden, was sich darin verbirgt. Hooded Cobra ist dummerweise bereits am Nachtklub und erlangt den letzten Krug zuerst. Das führt die Helden auf eine wilde Verfolgungsjagd durch die Straßen Kairos, die ein explosives Ende auf einem Flugplatz außerhalb der Stadt findet.

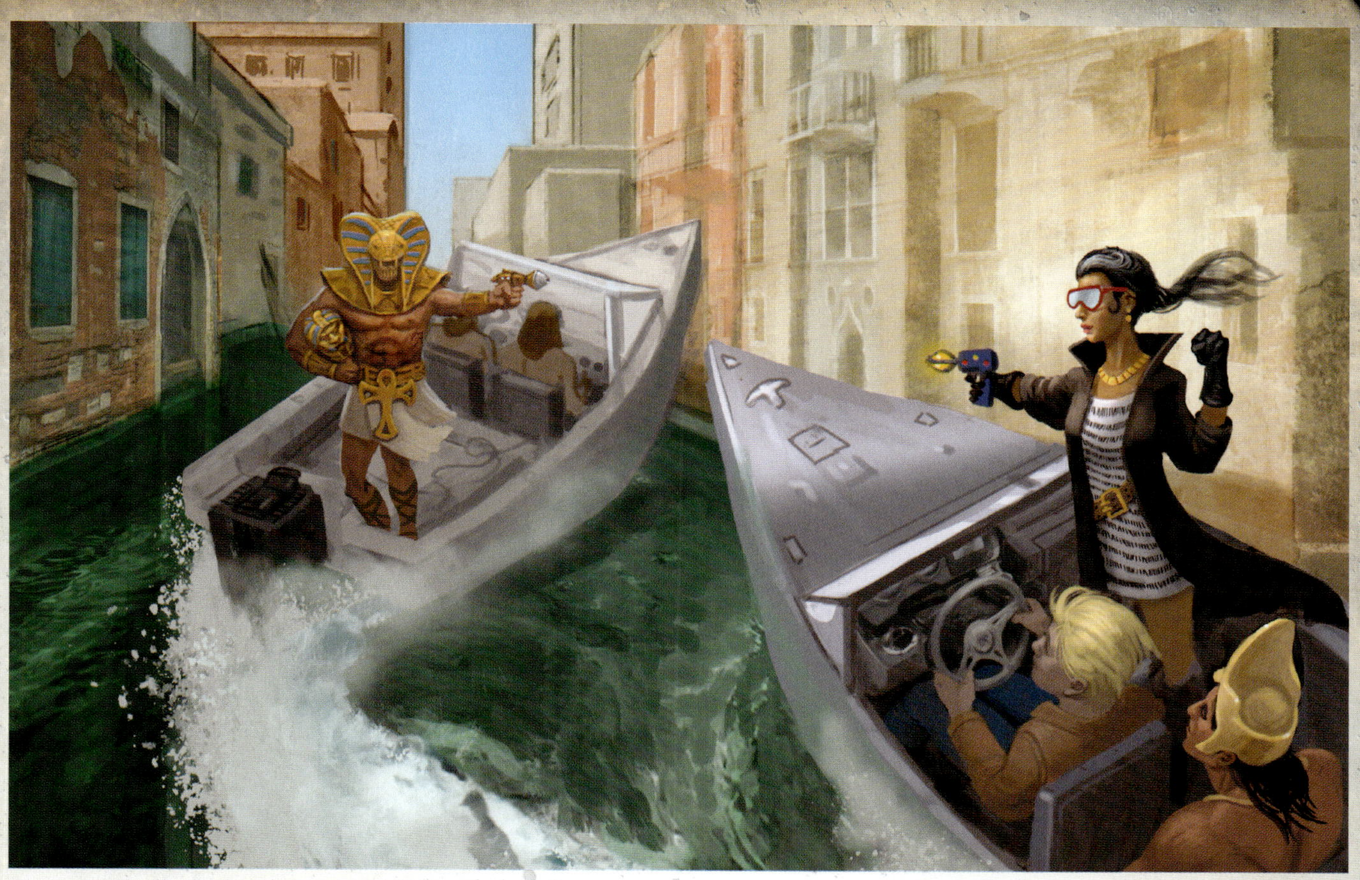

Die meisten Schurken des Nil-Imperiums scheuen davor zurück, sich in das Gebiet der Zentralerde zu wagen.

SZENE 1: EINE NACHT IM MUSEUM

Standardszene. Venedig, Italien. Zentralerde, Dominante Zone. Das Team wurde nach Venedig geschickt, um in ein Museum einzubrechen, bevor ihnen die Agenten aus dem Nil-Imperium zuvorkommen. Lies den folgenden Text vor oder erzähle ihn mit deinen Worten:

Vor gerade einmal zwölf Stunden seid ihr in Rom eingetroffen. Ihr wurdet in eine geheime Operationsbasis des Delphi-Rats im Keller unter einem Café gerufen. Im Besprechungsraum wartet ein Japaner in einem perfekten Anzug mit scharf getrimmtem Spitzbart auf euch. Er hat sich als „Snowflake" vorgestellt, der stellvertretende Direktor des Delphi-Rats, der für das Nil-Imperium zuständig ist. Nach einer Runde von Begrüßungen hat er euch an einen Tisch gebeten, auf dem Karten von Afrika, Notizen, Luftaufnahmen, Dossiers und alle anderen Arten von Aufklärungsdaten verstreut liegen. Er schiebt diese zur Seite und schiebt euch eine zusammengefaltete Notiz zu.

„Diese Botschaft wurde von einem unserer Informanten in Kairo abgefangen. Sehen Sie es sich mal an."

Die Botschaft trägt das Datum von vorgestern und lautet:

NUR FÜR DEN PHARAO. AUSGRABUNGEN FAHREN WIE GEPLANT FORT. AUGE SOBEKS NAHE. BENÖTIGE WAS UM GROSSES SIEGEL ZU ÖFFNEN. BESCHAFFUNG IM MUSEO DELL'ANTICO VENEDIG.

Snowflake sieht euch mit einem amüsierten Gesichtsausdruck zu, wie ihr die Nachricht lest. „Ganz genau, wir wissen auch nicht, was das bedeuten soll. Aber es muss sehr wichtig sein. Die Nachricht war codiert und ganz eindeutig nicht für fremde Augen bestimmt. Wir haben erst kürzlich eine ägyptische Enigma-Maschine in die Finger bekommen, und das war auch der einzige Grund, warum wir die Botschaft überhaupt knacken konnten. Pharao Möbius ist eindeutig hinter etwas her. Doch egal, um was es sich handelt, wenn es Möbius in die Finger bekommen will, dann wollen wir es zuerst bekommen."

„Ihr Auftrag besteht darin, zu diesem Museum zu gehen und herauszufinden, hinter was Möbius her ist. Seine Agenten sind auf dem Weg, es ist also eilig. Der Kurator des Museums ist gerade in Übersee unterwegs, und sein Assistent ist leider völlig unfähig und nicht kooperativ. Wir müssen das also auf die harte Tour durchziehen. Warten Sie bis das Museum geschlossen hat, verschaffen Sie sich Zugang, und sehen Sie sich um. Wir haben Ausrüstung, die bei der Infiltration nützlich sein sollte. Dann müssen Sie nach Kairo reisen und sich

dort mit unserer Informantin Shafira Azar treffen. Sie ist eine Reporterin für den Weckruf von Kairo, eine Untergrund-Zeitung. Sie wartet auf Sie in einer Ginstube namens Micks. Normalerweise würde ich jetzt sagen, stellen Sie Ihre Fragen, aber wir haben es eilig und ich weiß ohnehin sonst nichts weiteres über diesen Auftrag."

Ein paar Stunden später seid ihr in Venedig und nehmt das Museum unter Beobachtung. Nach Sonnenuntergang seid ihr den patrouillierenden Wachen ausgewichen und seid über die Rückwand aufs Dach geklettert. Alles ist glatt gelaufen. Das ist ja ein Kinderspiel.

Ihr schreckt aus euren Gedanken, als ihr die Sicherheitskameras am Ende der Galerie entdeckt. Ein wenig Staub, der aus einem offenen Dachfenster nach unten rieselt, offenbart das Lasernetzwerk, das den Boden überzieht. Na gut, doch nicht so ein Kinderspiel.

In der Hauptgalerie befindet sich die römische Ausstellung des Museums. Der Raum ist über 30 Meter lang und fast halb so breit. Das Dachfenster, durch das die Storm Knights gekommen sind, befindet sich in der Mitte der Galerie in einer Höhe von 20 Metern. Direkt darunter befindet sich die Statue eines sitzenden Julius Cäsar. Überall im Raum stehen römische Statuen, Streitwagen, Gladiatorenrüstungen, Tongefäße, Waffen, die Büsten von mürrisch blickenden Senatoren und so weiter.

Der Raum ist mit drei Sicherheitsmaßnahmen gesichert. Die erste Sicherheitsmaßnahme sind Fenstersensoren, von denen die Helden natürlich bereits den Sensor entschärft haben, der ihren Einstiegspunkt gesichert hat. Laserstrahlen sind mit einem Alarm gekoppelt und führen kreuz und quer durch den Raum. Schlussendlich gibt es noch zwei ständig hin– und herschwenkende Kameras, die die Galerie über beide Seiten abdecken. Zauber oder Spezialausrüstung können benutzt werden, um diese Sicherheitsmaßnahmen auf kreativem Weg auszuhebeln. Andernfalls ist eine Sehr Schwere (MW 16) *Heimlichkeits*-Probe erforderlich, um die Halle zu erreichen. Zwei bewaffnete Sicherheitsleute befinden sich in einem Büro am Rand der Halle. Sie werfen immer wieder einen Blick auf die Übertragungen der verschiedenen Kameras, die überall im Museum platziert sind. Wenn jemand bei der *Heimlichkeits*-Probe scheitert, wird im ganzen Gebäude Alarm ausgelöst, und die Wächter eilen herbei. Hinter dem Gang befindet sich ein kleiner Raum für Besucher, in dem sich eine Karte befindet, auf der die Helden den Weg zur ägyptischen Ausstellung ermitteln können. Dummerweise muss man dazu auch an den Fenstern des Wachraums vorbei.

Doch in dem Moment, wo die Storm Knights die ägyptische Ausstellung erreichen, bekommen sie es mit ihren Rivalen zu tun. Lies folgenden Text vor oder erzähle ihn mit deinen Worten:

Die ägyptische Ausstellung ist nicht so groß wie die römische Ausstellung, über die ihr das Gebäude betreten habt, verfügt allerdings ebenfalls über zahlreiche ausgestellte Artefakte, wie beispielsweise Sarkophage, antike Werkzeuge in Schaukästen und so weiter. In den Ecken befinden sich Überwachungskameras. Wenn sich hier auch Laser befinden sollten, könnt ihr sie zumindest nicht entdecken. In dem Augenblick, in dem ihr den Raum betretet, wird das Gebäude von einer lauten Explosion erschüttert. Eine Staubwolke ergießt sich aus dem gegenüberliegenden Ende, und aus einem großen Loch, das dort auf einmal klafft, stürmt ungefähr ein halbes Dutzend Sturmsoldaten. Zwischen ihnen schreitet eine Gestalt hindurch, die ihr zuerst für den Kommandanten haltet. Dann erkennt ihr, dass er eine Maske trägt und eine Art braune Lederrüstung. Er zeigt mit einem Finger auf euch und kreischt mit schriller Stimme: „Haltet sie auf!"

Beim Anführer handelt es sich um Hooded Cobra, einen berüchtigten Schurken, der für Doktor Möbius arbeitet. Die Sturmsoldaten eröffnen kreuz und quer das Feuer auf die Helden. Glücklicherweise gibt es genug Hindernisse, hinter denen man in Deckung gehen kann. Hooded Cobra durchsucht derweil hektisch die Ausstellung. Nach zwei Runden schlägt er ein Display ein und schnappt sich einen Kanopenkrug, der mit dem Kopf von Anubis geschmückt ist. Er kreischt triumphierend auf und flieht durch die Öffnung. Die Sturmsoldaten bleiben zurück und decken seinen Rückzug.

- **Wachmann (2):** siehe Seite 110
- **Sturmsoldaten (2 je Storm Knight):** siehe Seite 109 Die Sturmsoldaten gehen in Deckung und halten die Helden unter Beschuss, um sie am Vorrücken zu hindern.

Alarmglocken ertönen und Metalltore knallen überall im Gebäude herab. Dadurch bietet sich das Loch in der Wand als einziger Ausgang an. Dahinter führt eine Treppe zu einer Anlegestelle am Wasser. Dort besteigen Hooded Cobra und eine Handvoll Sturmsoldaten zwei Schnellboote. Mit halsbrecherischer Geschwindigkeit jagen sie den Kanal entlang. Es gibt noch weitere Schnellboote, die hier vertäut sind, und die Helden können die Verfolgung aufnehmen.

KANALRENNEN

Benutze die Regeln für Verfolgungsjagden in *Torg Eternity*. Die Spieler müssen entscheiden, wer das Boot lenkt. Ein anderer Charakter kann ihm dabei assistieren (siehe Gruppenaktionen in *Torg Eternity*). Jede Seite muss eine erfolgreiche Probe auf *Wasserfahrzeuge* ablegen, um Schritte zu beenden. Die Boote haben eine Höchstgeschwindigkeit von 12, dadurch sind sie „Schnell" und es ist schwer sie zu treffen (–2). Es ist jedoch ziemlich halsbrecherisch, mit solch einem Tempo durch die engen, sich windenden Kanäle von Venedig zu hetzen, und alle Proben auf *Wasserfahrzeuge* erfolgen mit einem Malus von –2. Das Boot von Hooded Cobra beginnt die Verfolgungsjagd bereits bei Schritt B.

- **Möglicher Rückschlag:** Eine von Laternen beleuchtete Gondel befindet sich plötzlich im Weg.

- **Komplikationen:** Kleine Zusammenstöße mit Säulen, Brückenstützen und anderen Booten sorgen für Beschädigung am Schnellboot und zunehmenden Malusse auf die *Wasserfahrzeug*-Proben.
- **Kritisches Problem:** Ein Abwassertor schließt sich, kurz nachdem es das Schnellboot von Hooded Cobra noch geschafft hat, es zu durchqueren. Die Helden können eine Rampe benutzen, um mit einer erfolgreichen Probe auf *Wasserfahrzeuge* darüber hinwegzuschießen. Wenn sie scheitern, müssen sie sich einen Weg durch einen Nebenkanal suchen und dann erneut aufschließen.

Sobald die Helden Hooded Cobra einholen, öffnet er den Kanopenkrug und heult vor Enttäuschung auf, weil dieser leer ist. Ein Helikopter taucht über den Dächern auf und schwebt über dem Boot. Lady Hourglass wirft ein Seil herab und Hooded Cobra packt es, um zu fliehen. Er lässt die Sturmsoldaten zurück, und diese kämpfen oder ergreifen die Flucht, je nachdem, wie sie ihre Chancen einschätzen.

Wenn Hooded Cobra bereits mit dem Schnellboot entkommt, müssen ihn die Helden bis nach Kairo verfolgen und auf das Treffen mit Shafira Azar warten, um endlich mehr über den Kanopenkrug in Erfahrung zu bringen.

- **Sturmsoldaten (4 je Boot):** siehe Seite 109, die Seiten der Boote bieten Teildeckung
- **Hooded Cobra:** siehe Seite 104
  Hooded Cobra kann während der Verfolgungsjagd nur eine seiner Pistolen der Verrückten Wissenschaft verwenden, da er mit der anderen Hand den Kanopenkrug umklammert.

SZENE 2: MAFIOSI

Standardszene. Nil-Imperium, Dominante Zone. Erinnere die Spieler bei Bedarf daran, dass sie sich als Nächstes mit Shafira Azar, der Kontaktperson des Delphi-Rats in Kario, in der Ginstube Micks treffen sollen. Diese befindet sich in einem zwielichtigen Teil von Altkairo.

Dieser Teil der Stadt besteht aus einem Gewirr von Behausungen und engen Straßen. In zahlreichen Durchgängen stehen irgendwelche schattigen Gestalten herum und beäugen die Umgebung misstrauisch. Als sich eure Gruppe der Ginstube nähert, könnt ihr bereits beschwingte Jazzmusik hören, die auf die Straße dringt.

Der Rausschmeißer beäugt euch misstrauisch, macht dann aber doch knurrend Platz. Ihr geht eine kurze Treppe hinunter und kommt in einen lauten Raum, der vor Energie zu vibrieren scheint. Eine dicke Rauchwolke hängt unter der niedrigen Decke. Im Licht mehrerer Scheinwerfer swingen Männer und Frauen begeistert zu den Klängen der lebhaften Jazzmusik, die von einer Band aus vier Personen gespielt wird. Jenseits der Bühne befinden sich mehrere Spieltische, um die ebenfalls zahlreiche Personen drängen. Missmutig blickende Schergen in Nadelstreifenanzügen mustern den Raum aus den Ecken heraus.

Der Ort wird von einem Barkeeper geleitet, der ein amerikanischer Stormer ist und Mick Morrison heißt. Er hat nicht viel für dieses „neumodische Jazzzeugs übrig", aber es lockt die Kundschaft in Scharen an.

Shafira befindet sich nicht im Micks. Sie wurde vor weniger als eine Stunde von einer Truppe Schläger der Baz-Brüder entführt. Ein mysteriöser Kunde hat sie dafür gut bezahlt. Dieser Kunde war Professor Plasmo, ein böses Genie, dessen genialer Plan, eine Million Dollar aus der First Empire Bank mit Hilfe von Roboterschlangen zu rauben, durch Shafiras Reportagen vereitelt wurde. Professor Plasmo ist erst kürzlich aus dem Gefängnis freigekommen und möchte nun der nervigen Reporterin ein Ende bereiten – ein endgültiges Ende.

Die Mafiaschläger lungern hier herum, um ihren Sieg zu feiern. Sie werden von Nasser „Scars" Ghanem angeführt, einem kleinen Kapo der Bazbrüder. Die Storm Knights erregen seine Aufmerksamkeit, vor allem, wenn sie nach Shafira fragen. Er ruft sie zu seinem Tisch, auf dem mehrere Kerzen brennen, um mehr über ihre Verbindung zu der Reporterin in Erfahrung zu bringen. Mit einem klassischen Mafiaakzent informiert er die Helden, dass Shafira im Cairo Tower Restaurant „abhängt" und dort eine „explosive Zeit" hat. Daraufhin lachen seine Schergen wie Hyänen.

Just in diesem Augenblick stürmen feindliche Vollstrecker das Restaurant mit Tommy Guns in den Händen. Diese arbeiten für eine andere Mafiafamilie von Kairo, und zwar für die Hajjars. Diese befindet sich im Krieg mit den Baz-Brüdern. Das Chaos bricht aus. Kunden fliehen voller Panik kreuz und quer über den Tanzboden, während die angreifenden Hajjar-Vollstrecker und die Schergen der Baz-Brüder den Klub in ein regelrechtes Kriegsgebiet verwandeln.

Die Vollstrecker der Baz-Brüder rund um Scars fallen in den ersten Salven. Die Helden können sich entscheiden, ob sie gegen die Hajjar-Vollstrecker kämpfen oder einfach nur dabei helfen wollen, die Gäste in Sicherheit zu bringen und Scars seinem Schicksal zu überlassen. Wenn sie Scars helfen, ist er ihnen angemessen dankbar. Er könnte sich zu einem nützlichen Verbindungsmann in Kairo entwickeln, der aber dennoch ziemlich rüpelhaft und unberechenbar ist.

- **Hajjar-Vollstrecker:** ein Vollstrecker je Storm Knight und ein zusätzlicher Vollstrecker, der Scars direkt angreift, siehe Seite 108
- **Nasser „Scars" Ghanem:** siehe unten

NASSER „SCARS" GHANEM

Nasser ist ein hochrangiges Mitglied der Baz-Brüder. Sein Gesicht wurde durch einen Säureangriff schwer entstellt. Er handelt oft unvorhersehbar und schwankt zwischen jovialem Getue und blankem Sadismus. Er trägt normalerweise einen Nadelstreifanzug sowie einen Fedora und hat einen Gehstock mit einem runden Griff.

Zitat: „Rede du Verräter, oder ich lass dir ein paar Betonlatschen verpassen."

Attribute: Charisma 7, Geschicklichkeit 9, Verstand 7, Geist 8, Stärke 11

Fertigkeiten: Ausweichen 11, Beruf (Mafiascherge) 10, Einschüchtern 13, Feuerwaffen 11, Finden 8, Gassenwissen 11, Landfahrzeuge 10, Manövrieren 11, Nahkampfwaffen 12, Realität 10, Verspotten 8, Waffenloser Kampf 11

Bewegung: 9; **Robustheit:** 11; **Schock:** 8; **Wunden:** 1

Ausrüstung: Stockschwert (Schaden Str +3), 38er Revolver (Schaden 12, Reichweite 10/25/40)

Vorzüge: Schläger

Möglichkeiten: keine

Spezielle Fähigkeiten: –

SZENE 3: EINE AUSSICHT, ZUM STERBEN SCHÖN

Standardszene, Nil-Imperium, Dominante Zone. Um Shafira zu retten, müssen sich die Helden beeilen und den Cairo Tower rasch erreichen. Dabei handelt es sich um einen freistehenden, 180 m hohen Wolkenkratzer auf der noblen Zamalekinsel im Zentrum der Stadt. Lies folgenden Text vor oder erzähle ihn mit deinen eigenen Worten:

Die Zamalekinsel ist wesentlich wohlhabender als andere Viertel in Kairo, und das sieht man. Wunderschöne Parks befinden sich zwischen den sauberen Ziegelsteingebäuden. Über der Oper von Kairo erhebt sich ein schmaler Turm, dessen Außenseite von einem aufwendigen Netz aus gekreuzten Balken überzogen ist. Ganz oben befinden sich ein nobles, sich drehendes Restaurant und eine gläserne Aussichtsplattform. Eine breite Straße, die mit Palmen gesäumt ist, führt zum Eingang. Kurz nachdem ihr eingetroffen seid, hört ihr den panischen Schrei einer Frau, der vom Dach des Gebäudes dringt. Offenbar gilt es, keine Zeit zu verlieren!

Shafira wurde ganz oben auf einer kleinen Plattform an den Turm gebunden, die man nur über eine Wartungsleiter erreichen kann, die sich auf der Beobachtungsplattform befindet. An ihre Brust sind zwanzig Stangen Dynamit gebunden. Das reicht aus, um sie verlässlich in Fetzen zu sprengen und auch gleich noch die oberen Stockwerke des Turms mitzunehmen. Wenn es nicht gerade spät in der Nacht ist, sind auch noch Dutzende weitere unschuldige Personen im Restaurant bedroht. Der Auslöser ist mit dem sich drehenden Boden des Restaurants verbunden. Wenn sich das Restaurant einmal vollständig gedreht hat (was eine Stunde in Anspruch nimmt), berühren sich zwei Drähte und lösen die Bombe aus. Doch zu dem Zeitpunkt, an dem die Helden das Dach erreichen, sind es nur noch wenige Momente, bis das passiert.

In der unmittelbaren Nähe schwebt der verabscheuenswerte Professor Plasmo mit seinem Raketenrucksack. Das obere Stockwerk des Cairo Towers wird von mehreren Plasmo-Bots verteidigt, die versuchen, die Helden abzufangen, während Professor Plasmo mit seiner Zarganium Nullblasterpistole auf sie schießt.

Wenn noch Leute im Restaurant sind, schauen sie neugierig aus den Fenstern und beobachten das Spektakel. So oder so können die Helden das Geräusch seines Raketenrucksacks bereits hören, wenn sie das Restaurant erreichen. Sie können auch hören, wie er sich über sein Opfer lustig macht. Er beschimpft sie dafür, seinen geheimen Plan zu enthüllen und verlangt von ihr, den geheimen Standort der Druckerpresse des *Weckrufs von Kairo* zu enthüllen, wenn sie nicht dem Untergang geweiht sein will.

Wenn man Shafiras Fesseln löst oder die Zündschnur durchschneidet, wird die Bombe ausgelöst. Man muss sie beim Auslöser selbst entschärfen. Die Schnur ist leicht zu bemerken. Sie führt zu einer versperrten Zugangsluke, hinter der der Motor des Restaurants liegt. Dummerweise wird diese Luke von den Plasmo-Bots entschlossen verteidigt. Der Antriebsraum selbst ist mit zahlreichen, gefährlichen, sich drehenden Zahnrädern gefüllt und dahinter kann man mehrere leuchtende und blinkende Geräte sehen, die einander sehr ähneln! Um den richtigen Zünder zu finden und zu entschärfen, ist eine Dramatische Probenabwicklung erforderlich.

- **Schritt A:** Um den korrekten Auslöser zu identifizieren, ist eine Schwere (MW 14) Probe auf *Verstand* oder *Wissenschaft* erforderlich.
- **Schritt B:** Man muss den Zahnrädern mit einer Schweren (MW 14) *Geschicklichkeits*-Probe ausweichen, um den Auslöser zu erreichen. Bei einem

Fehlschlag erleidet der Held 10 + 1 BW Schaden, und bei einem Patzer ist er vorübergehend unbeweglich.

- **Schritt C:** Die Zündschnur zum Auslöser zurückverfolgen. Dabei handelt es sich um eine Einfache (MW 8) *Finden*-Probe.
- **Schritt D:** Den Auslöser entschärfen. Dazu ist eine Schwere (MW 14) Probe auf *Wissenschaft* oder *Schwere Waffen* (auf *Verstand* basierend) nötig.

Wie üblich haben die Helden fünf Runden, um ihr Ziel zu erreichen. Wenn sie scheitern, explodiert das Dynamit mit 19 Schaden in einer Mittelgroßen Explosion. Man kann auch versuchen, die Rotation des Restaurants zu stoppen, indem man die Zahnräder verkeilt. Dazu ist eine Schwere (MW 14) Probe auf *Wissenschaft* erforderlich, die auf *Stärke* statt auf *Verstand* basiert. Bei einem Erfolg haben die Helden eine zusätzliche Runde Zeit, bevor die Bombe hochgeht. Bei einem Patzer scheitern sie nicht nur, sondern der Held, der den Versuch unternommen hat, verletzt sich so, wie das bei Schritt B beschrieben ist.

Dilemmas

Wenn ein Dilemma auf der Dramakarte steht, wird die Sache noch gefährlicher.

- **Möglicher Rückschlag:** Eine Gruppe von wirbelnden Zahnrädern, die so eng beieinander sind, dass man ihnen nicht ausweichen kann, nähert sich und zwingt die Gruppe zu einem vorübergehenden Rückzug.
- **Komplikation:** Ein Kurzschluss sorgt dafür, dass sich die Zahnräder beschleunigen.
- **Kritisches Problem:** Der Auslöser und die Zündschnur sind eine Attrappe. Die Helden müssen von vorne beginnen, um das richtige Gerät zu finden.

Wenn die Helden scheitern und Shafira auf dem Cairo Tower stirbt, wendet sich ihr Redakteur (siehe **Der Weckruf von Kairo** auf Seite 16) an die Helden. Er spricht sie diskret aus einer Telefonzelle heraus an, während sie in den Straßen von Kairo unterwegs sind. Er verfügt ebenfalls über die wichtigen Informationen.

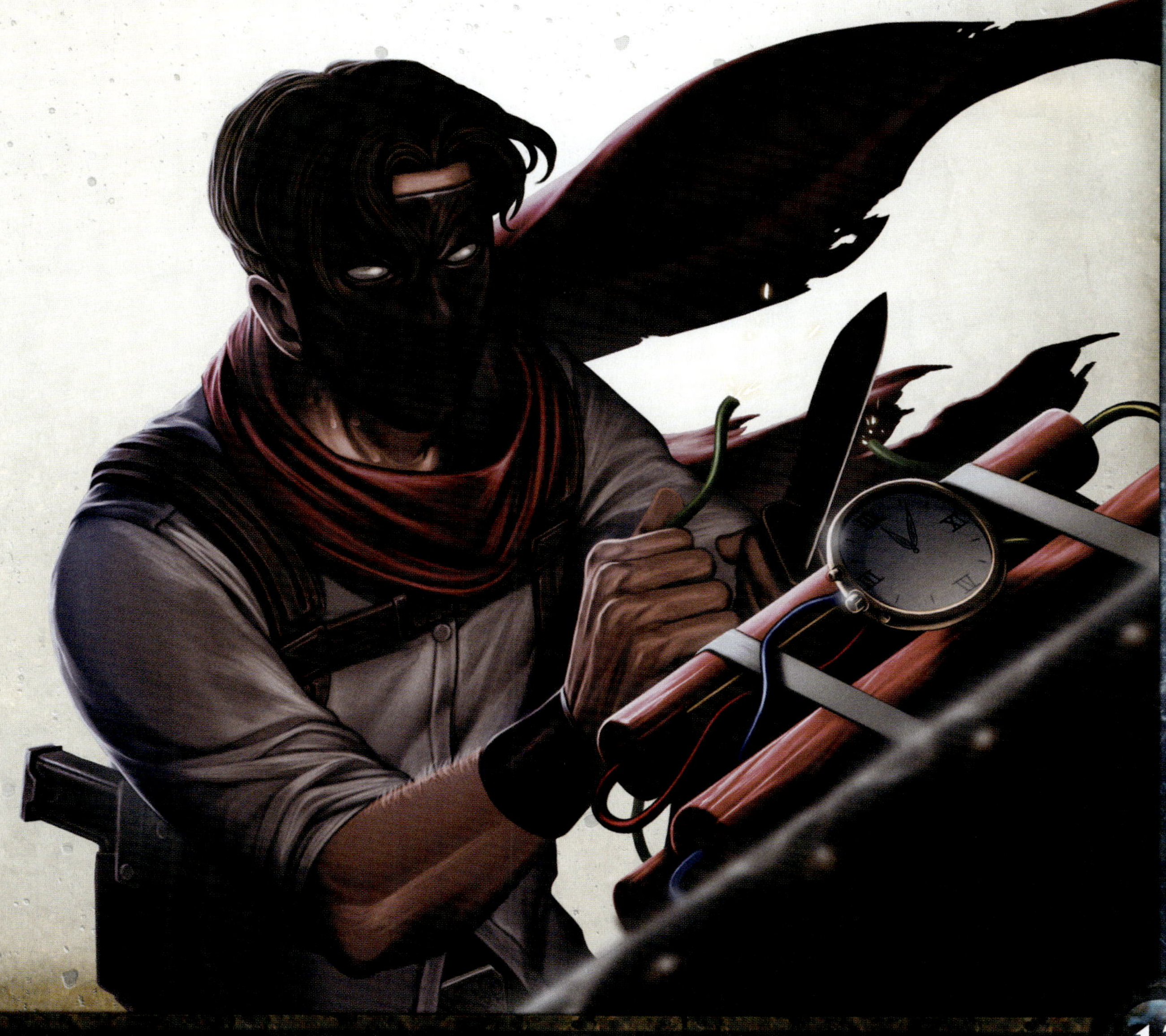

- **Plasmo-Bots:** 3 je Storm Knight, siehe unten
- **Professor Plasmo:** siehe unten

PLASMO-BOT

Diese hässlichen Roboter verfügen über bauchige Leiber auf dürren Beinen. Sie haben eine dreifingrige Greifklaue, die am Ende eines langen, flexiblen Arms sitzt, und in ihren kuppelförmigen Köpfen befinden sich rote Augen, die Hitzestrahlen verschießen.

Attribute: Charisma 5, Geschicklichkeit 10, Verstand 8, Geist –, Stärke 12

Fertigkeiten: Energiewaffen 12, Finden 9, Manövrieren 12, Spurenlesen 9, Waffenloser Kampf 12

Bewegung: 10; **Robustheit:** 14 (2); **Schock:** –; **Wunden:** 1

Ausrüstung: –

Vorzüge: –

Möglichkeiten: niemals

Spezielle Fähigkeiten:

- **Rüstung:** Metallkörper +2
- **Plasmostrahl:** Schaden 10, Reichweite 10/20/40
- **Greifklauen:** Stärke +2/14
- **Stumpfsinnig:** immun gegen Angriffe mit *Einschüchtern* und *Verspotten*
- **Unerbittlich:** Plasmo-Bots ignorieren Schock.

PROFESSOR PLASMO

Professor Plasmo ist ein typischer Verrückter Wissenschaftler mit dicker Brille, weißem Haar und Arbeitskittel. Er spricht mit einer affektierten Stimme und unterbricht seine Sätze immer wieder mit manischem Gelächter.

Attribute: Charisma 6, Geschicklichkeit 8, Verstand 13, Geist 10, Stärke 8

Fertigkeiten: Beweisanalyse 15, Energiewaffen 10, Finden 15, Gelehrsamkeit 15, Tricksen 15, Verspotten 9, Willenskraft 13, Wissenschaft 17

Bewegung: 8; **Robustheit:** 8; **Schock:** 10; **Wunden:** 3

Ausrüstung: Gedankenstrahlpistole (Schaden 10, nicht tödlich, ignoriert Rüstung, kleine Explosion), Raketenrucksack, Trickgeräte-Bausatz

Vorzüge: Gadgetmeister, Trickgeräte

Möglichkeiten: 3

Spezielle Fähigkeiten: –

SHAFIRAS GESCHICHTE

Falls es den Storm Knights gelingt, die Bombe zu entschärfen und Shafira zu retten, führt sie sie in das verborgene Büro des Weckrufs von Kairo. Dieses können sie in Zukunft als Safe House benutzen, wann immer sie in Kairo sind. Unterwegs erzählt sie ihnen alles, was sie weiß:

- Der Weckruf von Kairo (siehe Seite 16) ist eine Untergrund-Zeitung, die sich darauf spezialisiert hat, die Taten von örtlichen Gangstern und Schurken aufzudecken sowie die Missetaten von Pharao Möbius ins Licht zu rücken. Shafira hat von einem geheimnisvollen neuen Verbrechersyndikat gehört, das sich die Retribution League nennt. Es steht mit ein paar Überfällen und Rauben in Verbindung, die an verschiedenen Orten im Nil-Imperium stattgefunden haben.
- Agenten der Retribution League suchen nach Kanopenkrügen. Diese gehören zu einem Set von vier Krügen, das von einem Grabräuber an einen Antiquitätenhändler verkauft wurde. Der Händler hat einen für seine Sammlung behalten und die anderen bei einer Auktion vor zwei Wochen verkauft. Einer der Kanopenkrüge wurde vom Museo Dell'Antico in Venedig gekauft. Dies ist der Krug, den die Helden Hooded Cobra abgeknöpft haben.
- Die anderen Krüge wurden an die Oasis Pictures verkauft, eine Filmgesellschaft, die in Dreamland arbeitet. Dabei handelt es sich effektiv um das Gegenstück Hollywoods hier im Nil-Imperium. Dort wird momentan ein ägyptischer Abenteuerfilm namens „Der verlorene Smaragd" gedreht, in dem Sahir Faisal, der größte Filmstar von Dreamland, die Hauptrolle spielt.
- Shafira hat Nachforschungen angestellt und herausgefunden, dass sich in den Kanopenkrüge die Organe eines unbekannten Architekten aus dem Ägypten, das nie existiert hat, befinden. Seine Gruft war Teil einer größeren Begräbnisanlage, die in den Tiefen der Sahara liegt, und zwar bei einer Stätte namens Abkhemurna in der Nähe der Oasenstadt Abu Minqar. Über den Ort ist nur wenig bekannt, allerdings muss er für Möbius von großer Bedeutung sein, da sich dort eine aktive Ausgrabung befindet, an der sich Dutzende Sturmsoldaten und örtliche Arbeiter aufhalten.

SZENE 4: EIN BESUCH BEIM FILM

Standardszene. Nil-Imperium, Dominante Zone. Dreamland besteht aus mehreren Filmstudios und liegt westlich vom Plateau von Gizeh. In der Umgebung finden sich Golfplätze und die Wohnorte reicher Personen. Das Gebiet steht unter der Kontrolle der sogenannten Silver Screener, einer losen Organisation von Filmproduzenten, die das Verbrechen in der Gegend gut unter Kontrolle haben. Sie werden nicht gerade begeistert darauf reagieren, wenn die Storm Knights hier Ärger machen.

Lies folgenden Text vor oder erzähle ihn mit deinen Worten:

Die Straße führt euch am Plateau von Gizeh mit seinen bekannten Pyramiden vorbei in ein Gebiet, wo die Wüste von Menschenhand geprägt wurde. Die Straße führt an reichen Wohngebieten mit schützenden Mauern und Golfplätzen vorbei. Das Grün der Golfplätze bildet einen starken Kontrast zu den schier endlosen Sanddünen. Von einem gigantischen Plakat aus lächelt euch der weltmännische Filmstar Sahir Faisal an, und auf dem Plakat steht der Slogan: „Dreamland, wo Stars geboren werden!" Die Studioanlage befindet sich hinter einer 10 Meter hohen Betonmauer. Durch einen bewachten Eingang könnt ihr zahlreiche Bühnen mit aufgebauten Kulissen sehen. Ein Wächter mit einem Notizbrett steht neben dem Eingang.

Es wird nicht leicht, hier Einlass zu finden. Die Studios sind dafür bekannt, sehr große Geheimhaltung bezüglich ihrer laufenden Produktionen zu halten, und lassen nicht einfach so jede dahergelaufene Person auf ihr Gelände. Wenn die Namen der Storm Knights nicht auf der Liste des Wärters stehen, wird er sie nicht einlassen. Man kann auch die Außenmauer mit einer Sehr Schweren (MW 16) *Stärke*-Probe oder mit entsprechender Spezialausrüstung überwinden.

Sobald es die Storm Knights nach drinnen geschafft haben, wird die Sache auch nicht unbedingt einfacher. Die Anlage besteht aus 20 gigantischen Studiogebäuden und einem hinteren Bereich, in dem eine ganze fiktive Stadt mit mehreren Straßen aufgebaut ist. Drei Wächter patrouillieren hier ständig. Außerdem ist es hier meist sehr geschäftig und die Filmmannschaften oder Schauspieler rufen die Wachen bei jeder verdächtigen Aktivität. Um die Bühne zu finden, auf der Oasis Pictures gerade den „Verlorenen Smaragd" dreht, ohne zuvor unnötige Aufmerksamkeit zu erregen, ist eine Standard (MW 10) Probe auf *Gassenwissen* erforderlich.

Oasis Pictures benutzt Gebäude 15. Ein Teil des großzügig dimensionierten Innenraums wurde in eine Gruft voller Mumien und Fallen verwandelt, und in den anderen Teilen befinden sich kleinere Sets, wie beispielsweise das Büro eines Privatdetektivs, ein kaputter Jeep in der Wüste und der Galasaal eines Ozeanriesen. Haufen von Hintergründen und Ausrüstung liegen dazwischen herum. Die Dreharbeiten für diesen Tag wurden abgeschlossen, und das Gebäude steht leer. Die Helden können die Kanopenkrügen leicht bei den Requisiten für die Gruft finden. Doch he, das steht ja nur ein Krug!

Wenn sich die Helden ein wenig umsehen, finden sie eine Notiz, die der Regisseur an die Tür von Sahir Faisals Ankleide geklebt hat:

Mr. Faisal!

Die Direktion des Studios hat herausgefunden, dass Sie einen der Kanopenkrüge für Ihren Nachtklub abgezweigt haben. Sie schreien schon nach meinem Blut! Eine derartige Vorgangsweise ist selbst für eine Person von Ihrem Ruf nicht angemessen. Bitte, bringen Sie die Sache in Ordnung.

– Alberto

WIR WISSEN, WIE WIR EUCH ZUM SPRECHEN BRINGEN!

Eine beliebte Vorgehensweise von Spielern besteht darin, Feinde gefangen zu nehmen und sie zu verhören, bis sie mit den wichtigen Informationen herausrücken. Die bemannten Mitglieder der Retribution League sind allerdings verschlagen und es ist gar nicht so leicht, sie zu schnappen. Selbst wenn das gelingt, haben sie wesentlich mehr Angst vor Hooded Cobra oder Möbius selbst als vor den Helden, und wenn man sie ins Gefängnis wirft, werden sie nicht lange dort sein. Sie werden daher eher keine Fragen beantworten, sondern die Helden nur verspotten oder beleidigen. Ihre namenlosen Schergen sind weniger mutig und der Sache treu, allerdings haben sie keine wirkliche Ahnung von den geheimen Plänen. Dennoch können erfolgreiche Proben auf *Einschüchtern* oder *Überreden* ein paar Ergebnisse liefern:

- **Standard:** Hooded Cobra ist auf der Suche nach einer Reihe von Kanopenkrügen und ist davon überzeugt, dass sich in einem davon ein wichtiges Zepter befindet.
- **Gut:** Hooded Cobra ist der Anführer einer geheimen Schurkenvereinigung namens Retribution League.
- **Hervorragend:** Das Zepter ist in Wahrheit irgendeine Art magischer Schlüssel.

DER WECKRUF VON KAIRO

Shafira arbeitet für den Weckruf von Kairo, eine Untergrund-Zeitung, die vom Herausgeber Suleiman Hassan betrieben wird. Vor dem Krieg gehörte er zur finanziellen Elite der Stadt, doch durch die Folgen der Invasion sind all seine Geschäfte pleite gegangen. Er wird von Schulden geplagt und macht sich große Sorgen angesichts der vielen neuen, aggressiven Schurken in seiner Heimat. Darum hat er den Weckruf im Keller eines seiner vielen Lagerhäuser ins Leben gerufen. Die unverblümten Artikel des Weckrufs zielen auf die Aktivitäten von Banden, Schurken und Möbius selbst. Dadurch hat sich die Zeitung natürlich eine Menge Feinde gemacht.

Momentan ist die Zirkulation auf 300 Stück zweimal die Woche begrenzt, die mit einer handbetriebenen Druckermaschine hergestellt werden, doch Suleiman träumt davon, die Reichweite der Zeitung und die Häufigkeit ihres Erscheinens auszudehnen. Er hat zwei Reporter. Da wäre einerseits Shafira und auch ein eifriger, aber naiver junger Mann namens David Shalhoub. Seine Frau Nespera kümmert sich um das Layout und bedient die Druckerpresse. Was Suleiman nicht weiß, ist, dass ihn seine Frau in Wahrheit verabscheut, da sie ihn für den tiefen Sturz ihrer Familie verantwortlich macht und die Ansicht vertritt, dass es nur seiner Unfähigkeit geschuldet ist, dass er sich nicht an die neue Realität anpasst. Sie versorgt die Hajjar-Familie insgeheim mit Informationen, und sie hat sie auch bezüglich Shafiras Rolle bei der Zeitung informiert.

Das Büro befindet sich unter einem Lagerhaus in einer unscheinbaren Nebenstraße Kairos. Hinter einer Tür führt eine schmale Metalltreppe in den Keller. Der Großteil des Raumes ist von einer schweren, aus zwei Maschinen bestehenden Druckerpresse belegt. Die Maschine ist alt, macht immer wieder Zicken und könnte auch leicht sabotiert werden. Tische, auf denen die Seiten gestaltet werden, ziehen sich an den Wänden entlang. Auf einem metallenen Schreibtisch mit einer Lampe steht eine schwarze Underwood Schreibmaschine für das Personal. Im hinteren Bereich befindet sich Suleimans kleines Büro. Dort hat er seinen eigenen Schreibtisch und mehrere Aktenschränke, die vor Dokumenten förmlich überquellen. Ein kleines aufstellbares Fenster in der Decke führt auf die Straße.

SHAFIRA AZAR

Shafira ist die leitende Reporterin des Weckrufs von Kairo. Sie ist die Tochter eines ägyptischen Vaters und einer schottischen Mutter und hat langes, hellbraunes Haar und grüne Augen. Sie ist für ihre Furchtlosigkeit und ihren Killerinstinkt, wenn sie eine Story verfolgt, bekannt. Sie möchte Möbius und seine Schergen als die Schurken bloßstellen, die sie wirklich sind. Sie verfügt über ein Netzwerk von Informanten und Kontaktleuten in ganz Kairo und sogar im Großteil des restlichen Nil-Imperiums, die sie ständig mit neuen Spuren versorgen.

Zitat: „Die Leute haben das Recht zu erfahren, was hier wirklich vor sich geht."

Attribute: Charisma 11, Geschicklichkeit 9, Verstand 9, Geist 11, Stärke 8

Fertigkeiten: Beruf (Reporterin) 12, Beweisanalyse 12, Feuerwaffen 10, Finden 11, Gassenwissen 13, Gelehrsamkeit 10, Heimlichkeit 11, Realität 12, Schlösserknacken 10, Überreden 13, Willenskraft 13

Bewegung: 11; **Robustheit:** 8; **Schock:** 11; **Wunden:** 3

Ausrüstung: Fernglas, Taschenlampe, Feuerzeug, Notizbuch

Vorzüge: Linguist

Möglichkeiten: 3

Spezielle Fähigkeiten: –

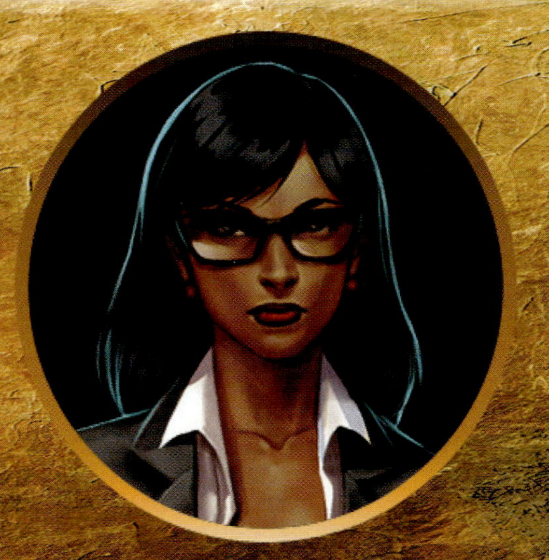

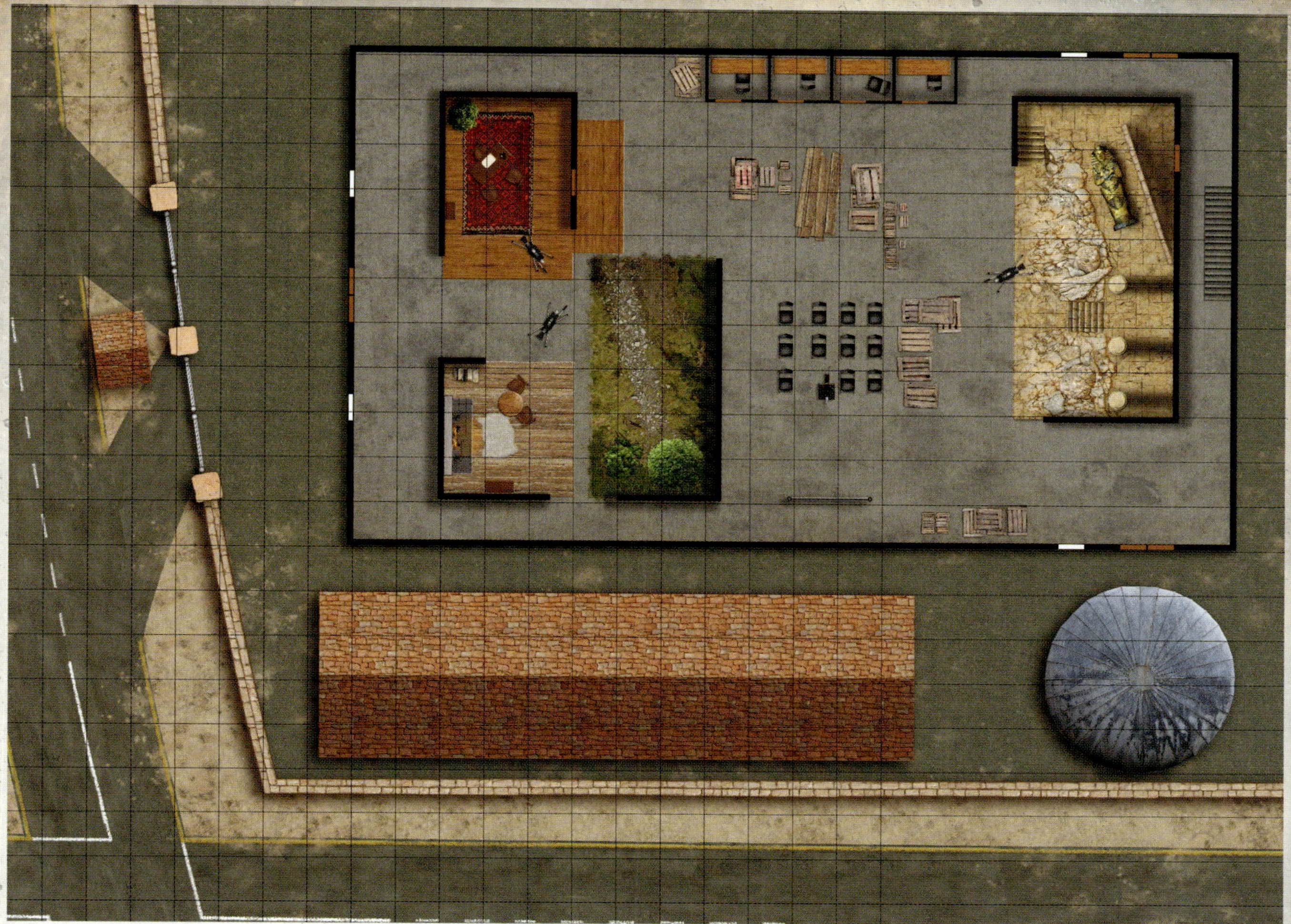

Kurz darauf stürmen mehrere Sturmsoldaten das Gebäude, die von Brick-Knuckle Branko angeführt werden. Sie werden von zwei fetten Studiomanagern begleitet, die sie anflehen, ihnen zu glauben, dass sie keine Ahnung von der Herkunft der Krüge hatten und dass sie doch keinesfalls den Agenten des Pharaos im Weg stehen wollten. Die Helden haben keine Gelegenheit mehr, sich ungesehen aus dem Gebäude zu schleichen. Branko und seine {Seite 17}Schergen tun alles, um die Kanopenkrüge in die Finger zu bekommen. Dummerweise sind auch in diesem Krug nur vertrocknete Eingeweide. Branko zieht sich sofort zurück, sobald er herausfindet, dass der Krug leer ist.

Sobald die Helden Dreamland verlassen haben, finden sie rasch heraus, dass Sahir Faisal gerade eben einen noblen Nachtklub in Heliopolis eröffnet hat, der den Namen Klub Anubis trägt. Er ist momentan bei den reichen Städtern verdammt in.

- **Wachmänner (3):** siehe Seite 110
- **Sturmsoldaten (2 je Storm Knight):** siehe Seite 109
- **Brick-Knuckle Branko:** siehe Seite 105

SZENE 5: LETZTE DRINKS IM KLUB ANUBIS

Dramatische Szene. Nil-Imperium, Dominante Zone. Das Rennen beginnt. Die Helden müssen den Klub Anubis rechtzeitig erreichen und sich den letzten Kanopenkrug schnappen, bevor dies die Retribution League tut. Dummerweise ist Hooded Cobra bereits dort. Seine Verbündete, Lady Hourglass, hat bereits ihre Gedankenkontrolle gegen Sahir Faisal eingesetzt und den Krug für sich beansprucht. Lies folgenden Text vor oder erzähle ihn mit deinen Worten:

Der Klub Anubis befindet sich in einem großen Gebäude im Stil des Art déco, entlang eines wichtigen Boulevards in Heliopolis. Hier stinkt es förmlich nach Reichtum. Es ist kurz nach Sonnenuntergang und bereits jetzt hat sich eine große Menschenmenge aus Kairos Oberschicht versammelt. Die Männer tragen Fracks und die Frauen teure Abendkleider. Scheinwerfer strahlen in den Himmel. Ein Neonschild über der Tür stellt Anubis selbst dar, wie er gerade unter einer Palme abhängt und einen Cocktail schlürft. Auf einem Poster neben der Tür ist die Darstellung einer noblen Diva, die wie eine ägyptische Königin gekleidet ist und den Bühnennamen Kleopatra führt.

Eine angemessene Kleidung ist hier Vorschrift. Die Helden können Smokings beziehungsweise Kleider in einem nahen Geschäft kaufen, ohne dafür eine Probe ablegen zu müssen, oder sich diese anderweitig durch eine Probe auf *Gassenwissen* oder *Überreden* beschaffen. Falls sie dabei keinen Erfolg haben, können sie sich hineinschummeln, sobald Hooded Cobra zuschlägt, weil dann genügend Chaos herrscht. Dadurch versäumen sie aber die erste Runde des Kampfes (siehe unten). Selbst seltsam aussehende Helden wie Edeinos oder Zwerge werden eingelassen, wenn sie angemessen bekleidet sind, aber der Türsteher besteht darauf, dass sie alle Waffen abgeben. „Das ist ein angesehener Klub und wir wollen hier keinen Ärger". Kleine Waffen, die man irgendwo in der Kleidung versteckt, erregen kein Aufsehen. Wenn sich die Storm Knights nicht damit abfinden wollen, werden sie einen anderen Weg ins Gebäude finden müssen. Nachdem es die Helden nach drinnen geschafft haben, lies folgenden Text vor oder erzähle ihn mit deinen eigenen Worten:

Die ganze Einrichtung des Klub Anubis' ist in einem kühlen Nilblau mit goldenen Elementen gehalten und strahlt förmlich Wohlstand und Eleganz aus. Eine Bühne mit Palmen ragt in den Tanzboden, und am Rand befinden sich Tische mit Kerzen, an denen man elegant dinieren kann. Viele der Tische sind bereits besetzt, und einige Leute tanzen gerade zur Mondscheinsonate, die von einem Orchester gespielt wird. Ein Kellner führt euch zu eurem Tisch. Ihr seht euch gerade nach Sahir Faisal um, als die Lichter gedämpft werden und ein Mann verkündet, dass Kleopatra gleich die Bühne betreten wird. Sie hat ihren Auftritt in einem prächtigen, ägyptischen Kleid, trägt einen Kopfschmuck in Form einer goldenen Schlange und hat ein aufwendiges Halsband mit einem Skarabäus aus Lapislazuli angelegt. Die Menge applaudiert begeistert, als sie beginnt „Baby, sei mein Pharao heute Nacht" zu singen. Sie hat noch nicht einmal ganz die erste Strophe beendet, als euch Faisal auffällt, der gerade aus einem Büro kommt. Er wirkt irgendwie benommen. Er wird von einer Frau in einem roten Abendkleid begleitet, die ein Monokel vor ihrem rechten Auge trägt. Ihr Gewand ist mit einem atemberaubenden Stundenglassymbol geschmückt, das ihre unglaubliche Figur nur noch weiter betont. In ihren Händen hält sie den Kanopenkrug.

Den Helden bleiben nur ein paar Augenblicke, um zu reagieren. Die Band hört abrupt zu spielen auf und Hooded Cobra tritt mit einem Trupp Sturmsoldaten auf die Bühne. Er schnappt sich Kleopatra und hält ihr eine Strahlenpistole an den Kopf. „Bringt mir den Krug!", kreischt er.

Die Zuschauer stöhnen schockiert auf. Lady Hourglass wirft den Krug zu Hooded Cobra, doch er kann ihn gerade nicht packen, und er schlittert über den Boden.

In diesem Moment bricht Panik aus. Die elegante und getragene Atmosphäre zerschellt förmlich und die Gäste rennen chaotisch durcheinander oder versuchen, durch die Türen zu fliehen. Dummerweise sind sie alle versperrt oder werden von Schergen bewacht. In jeder Runde wird der Krug von irgendjemandem zufällig irgendwo anders hin gekickt.

Um den Krug in dem ganzen Chaos zu erreichen, wird eine modifizierte Dramatische Probenabwicklung verwendet. Leite diese ähnlich wie eine Verfolgungsjagd gegen Lady Hourglass und einen realitätsgehärteten Sturmsoldaten (die getrennt agieren), wobei jeder Schritt eine Standard (MW 10) *Geschicklichkeits*-Probe ist. Beschreibe immer wieder, wie der Krug sich dreht, über den Boden schlittert, unter Tischen hindurch gekickt wird, an der Bühne vorbeisaust und so weiter.

Die Sache wird noch komplizierter, weil die anderen Sturmsoldaten die Helden gleichzeitig angreifen. Wenn einer der beiden Schurken gewinnt, schnappt er sich den Krug und wirft ihn Hooded Cobra zu. Dieser kichert voller Begeisterung, zerbricht den Krug und holt triumphierend ein goldenes Zepter hervor, das so lang ist wie ein Unterarm.

Hooded Cobra nimmt an diesem Kampf nicht direkt teil. Er hält Kleopatra als seine Geisel und wartet darauf, die Flucht zu ergreifen, sobald sich einer seiner Schergen den Krug schnappt.

- **Sturmsoldaten:** 2 je Storm Knight und ein realitätsgehärteter Sturmsoldat. Siehe Seite 109
- **Lady Hourglass:** siehe Seite 105

VERFOLGUNGSJAGD IN KAIRO

Hooded Cobra flieht aus dem Nachtklub und nimmt dabei Kleopatra als Geisel mit. Er flüchtet durch den Eingang in die Küche und zwar zu dem Zeitpunkt, an dem er das Zepter in seinen Besitz bringt oder es an die Helden verliert. Selbst wenn die Helden das Zepter nun bereits in ihren Händen haben, sollten sie schon aufgrund des Gesetzes des Heldentums die Verfolgung aufnehmen, um Kleopatra zu retten.

Hooded Cobra und seine verbleibenden Schergen fliehen in einem Rolls Royce Phantom Roadster, der in einer nahen Seitengasse parkt und nehmen Kurs auf den Flughafen. Zwei andere Autos und ein, zwei Motorräder mit Beiwagen, die normalerweise zur Beförderung von Sturmsoldaten dienen, stehen in der Nähe und können rasch von den Storm Knights genutzt werden, um die Verfolgung aufzunehmen.

Jede Seite legt Proben auf *Landfahrzeuge* ab, um Schritte zu erzielen. Die Fahrzeuge sind ungefähr gleich schnell. Sie haben eine Höchstgeschwindigkeit von 12, wodurch man einen Malus von –2 erleidet. Die Verfolgung führt durch mehrere Seitenstraßen. Dann geht es über einen geschäftigen Boulevard von Heliopolis mit Gegenverkehr, über einen Gehsteig mit Passanten und sogar durch die Lobby eines teuren Hotels. Zwei Sturmsoldaten im Fahrzeug von Hooded Cobra eröffnen das Feuer auf die Charaktere. Die Konsequenzen für irgendwelche Passanten und dergleichen sind ihnen dabei völlig egal.

- **Möglicher Rückschlag:** Es gibt zahlreiche potenzielle Hindernisse und diese reichen von Passanten bis hin zu Autos und Bäumen.
- **Komplikationen:** Ein Reifen platzt, der Motor beginnt zu überhitzen, es trägt eine schwere Beule davon, weil es mit etwas kollidiert, oder die Achse wird verbogen.
- **Kritisches Problem:** Das Fahrzeug überschlägt sich in einer engen Kurve. Wenn der Fahrer nicht eine erfolgreiche Probe auf *Landfahrzeuge* ablegt, damit es wieder auf den Rädern landet, nimmt die Verfolgungsjagd ein vorzeitiges Ende.

Hooded Cobras wichtigstes Ziel ist seine eigene Sicherheit. Wenn er dazu das Zepter loslassen muss, tut er sogar das. Er wirft es jedoch an eine Stelle, die sehr schwer zu erreichen ist, damit die Helden die Verfolgung einstellen müssen, um es zu bergen. Wenn er nicht über das Zepter verfügt, wirft er Lady Hourglass vor das Fahrzeug der Helden und zwingt diese so zu einer Vollbremsung. Für diesen Verrat verrät sie Hooded Cobra ihrerseits, wenn man sie verhört und enthüllt seine Pläne bezüglich Abkhemurna.

Wenn es den Helden nicht gelingt, Hooded Cobra einzuholen, endet die Verfolgungsjagd, sobald sein Roadster das Tor eines nahen Flughafens durchbricht. Dort wartet bereits ein Flugzeug mit laufenden Maschinen auf ihn, das ihn nach Abkhemurna bringt. Die Helden kommen zu spät und können dem Flugzeug nur noch zusehen, wie es abhebt. Er steht in der Luke und kichert höhnisch. Er lässt Kleopatra zurück. Die Sängerin hat ihren Zweck erfüllt.

- **Sturmsoldaten:** 3 je Storm Knight, siehe Seite 109
- **Hooded Cobra:** wenn er noch frei ist, siehe Seite 104
- **Lady Hourglass:** wenn sie noch frei ist, siehe Seite 105
- **1933er Daimler-Benz:** siehe Seite 110
- **Motorrad mit Beiwagen (2):** siehe Seite 110
- **Rolly-Royce Phantom:** Hooded Cobras Fahrzeug. Lady Hourglass ist mit ihm im Fahrzeug, wenn sie aus dem Klub fliehen konnte. Siehe Seite 110

DIE GEHEIME KARTE

Falls Hooded Cobra hier oder später gefangen wird, dann finden die Helden eine seltsame Karte bei ihm – siehe Seite 63. Auf dieser ist ein Geheimeingang nach Theben verzeichnet, obwohl das nicht unbedingt gleich offensichtlich ist. Wenn die Helden die Karte nicht auf diesem Weg finden, gibt es andere Möglichkeiten, sie vor Akt 5 zu entdecken. Andernfalls stellt sie ein interessantes Puzzlestück dar, dessen Verwendungszweck erst später ersichtlich wird.

NACHSPIEL

Shafira schlägt vor, dass sich die Helden im Büro des Weckrufs ausruhen. Suleiman hält ein paar Schlafsäcke bereit. Er hat auch noch ein paar Nachforschungen betrieben und dabei folgende Informationen aufgedeckt:

- Das Zepter, hinter dem Hooded Cobra her war, ist allem Anschein nach ein Was-Zepter. Dabei handelt es sich um ein mystisches, amaatisches Werkzeug, mit dem der Träger Zauber wirken kann, die mit einem entsprechenden Schauplatz verbunden sind.
- Abkhemurna befindet sich in der Nähe der modernen Stadt Abu Minqar. Es handelt sich um die Begräbnisstätte eines längst vergessenen Priesters aus dem Ägypten, das nie existiert hat.
- Nefru-Khem-Un verfügte über einen seltsamen Edelstein, der Strahlen voller zerstörerischer Energie verschießen konnte. Mit seiner Hilfe konnte er den amtierenden Pharao stürzen und den Thron für sich selbst beanspruchen.

Unabhängig davon, ob Hooded Cobra mit dem Was-Zepter entkommen ist oder nicht, verfügen die Helden damit auf jeden Fall über ausreichend Informationen, um sein Ziel, die Ruinen von Abkhemurna, zu erreichen.

„KLEOPATRA“

AKT ZWEI: VOM SAND VERSCHLUNGEN

In diesem Akt eilen die Helden durch die endlosen Sanddünen der Sahara, um Hooded Cobra daran zu hindern, das Auge Sobeks im Grambal von Abkhemurna an sich zu reißen. Diese Reise bringt sie in eine Auseinandersetzung mit einem Zug Sturmsoldaten, aber vor allem müssen sie sich mit den Gefahren eines Grabmals voller Fallen herumschlagen.

ÜBERSICHT

Szene Eins: Auf dem Weg nach Abu Minquar werden die Storm Knights von zwei Paket Kampfjets abgeschossen. Dadurch stranden sie mit minimalen Vorräten in der Wüste. Sie treffen auf einen Beduinenstamm, der sie darüber informiert, wie man nach Abu Minquar kommen kann. Wenn alles gut läuft, können sie zu wichtigen Verbündeten werden.

Szene Zwei: Die Helden kommen nach Abu Minqar und suchen Abdul Bishara, den örtlichen Waffenhändler auf, der seine Waren von einem Geschäft mit falscher Front verkauft, das sich auf dem geschäftigen Soukmarkt mitten in der Stadt befindet. Sturmsoldaten, die von ihrer Ankunft Wind bekommen haben, überfallen sie auf dem Markt.

Szene Drei: Die Helden wagen sich in die Ausgrabungsstätte unweit der Stadt vor und hoffen darauf, dass sie es doch schneller als Hooded Cobra zum Grabmal schaffen. Wenn sie es geschafft haben, sich mit den Beduinen zu verbünden, starten diese einen sehr nützlichen Ablenkungsangriff, während die Helden die Stätte infiltrieren. Andernfalls müssen sie einen anderen Weg finden, möglichst ungesehen zwischen den Zelten zum Grabmal zu gelangen.

Szene Vier: Im Augentempel weichen die Storm Knights zahlreichen Fallen aus und überwinden Hindernisse, um die Augenkammer zu erreichen. Sie werden von Abdul Bishara betrogen, wodurch es Hooded Cobra gelingt, sie in eine Todesfalle zu locken.

Szene Fünf: Hooded Cobra ist nun im Besitz des Auges und nimmt den Zug nach Theben. Die Helden werden von einem mysteriösen Gönner befreit und starten eine verzweifelte Verfolgungsjagd auf den Zug, um das Auge doch noch in ihren Besitz zu bringen.

SZENE 1: MAYDAY

Standardszene. Nil-Imperium, Dominante Zone. Abkhemurna liegt ungefähr 500 Kilometer südwestlich von Kairo, in den Tiefen der Sahara. Die schnellste Möglichkeit dorthin zu kommen, ist mit dem Flugzeug. Die Helden können eine Douglas DC-2 vom Delphi-Rat anfordern. Shafira besteht darauf, sie zu begleiten. Sie möchte doch nicht solch eine atemberaubende Geschichte verpassen! Außerdem hat sie einen nützlichen Kontaktmann in Abu Minqar. Dabei handelt es

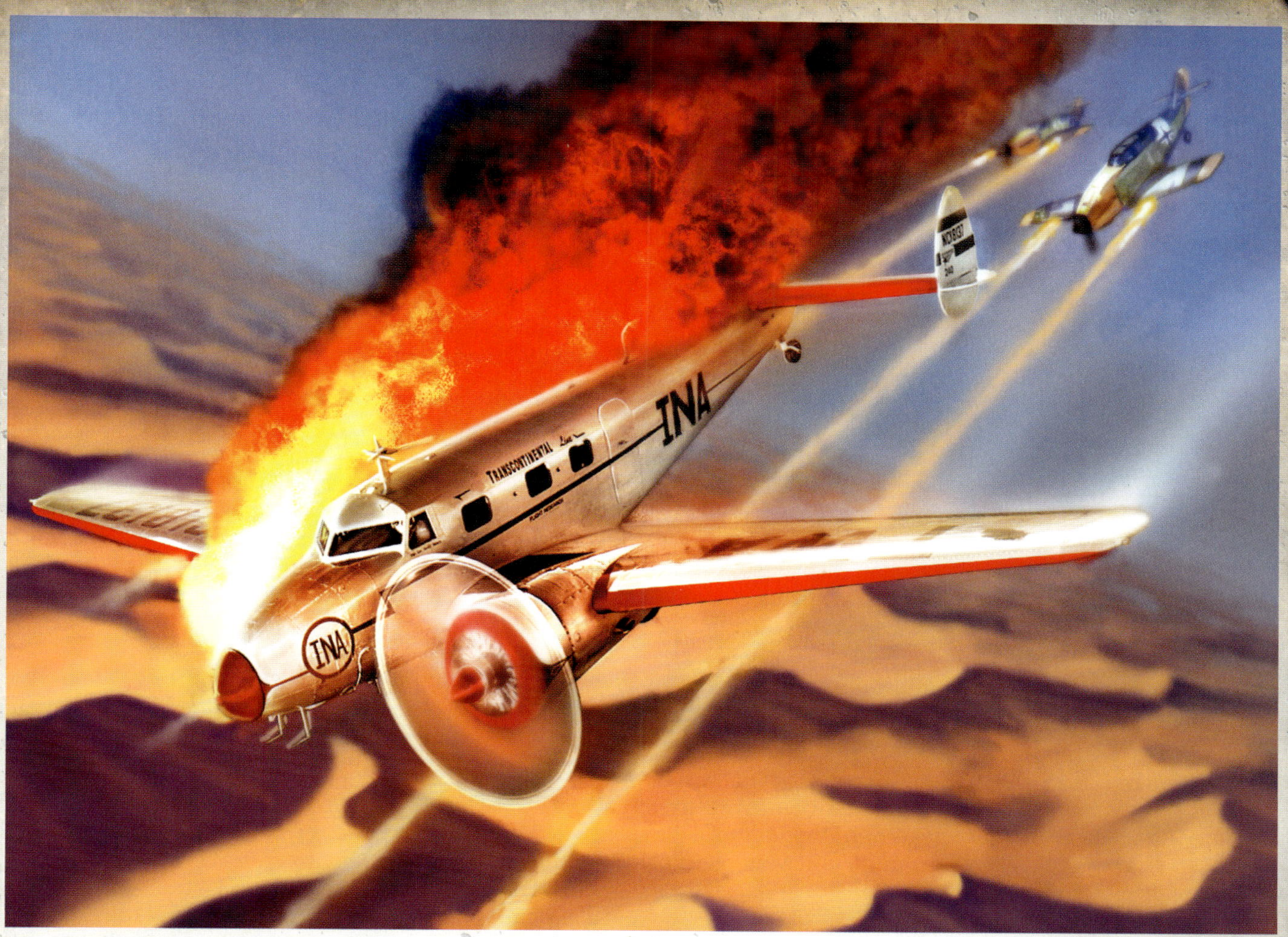

Pakets sind keine modernen Düsenflugzeuge, aber sie sind schnell, schwer bewaffnet und können Einsätze in die Realität der Zentralerde fliegen.

sich um einen örtlichen Waffenhändler, der ein nützlicher Führer sein könnte. Auf jeden Fall müssen die Helden möglichst rasch nach Abkhemurna kommen. Lies folgenden Text vor oder erzähle ihn mit deinen Worten.

Die endlose sandige Sahara, die nur vom Wind geformt wird, breitet sich unter euch in alle Richtungen aus, soweit das Auge sehen kann. Der Flug hat bisher mehrere Stunden in Anspruch genommen, und ihr schätzt, dass ihr euch inzwischen Abu Minqar nähern müsst. Es wird sicher nicht leicht werden, sich einzuschmuggeln, aber Shafira kennt einen örtlichen Waffenhändler namens Abdul Bishara, der euch dabei helfen kann. Abduls wahres Geschäft verbirgt sich hinter der Front eines Korbhändlers auf dem Souk, dem Markt der Stadt. Er wird euch angeblich mit allem ausstatten können, was ihr benötigt, um die Sturmsoldaten bei Abkhemurna zu umgehen. Vielleicht könnt ihr der Retribution League ja noch zuvorkommen und ihnen die Beute abjagen.

Eure Gedanken werden von lauten Aufschlägen auf den Flügeln unterbrochen. Das laute Surren der Maschinen wird vom Donnern von Jets übertönt. Durch das Fenster seht ihr zwei Pakets, die an euch vorbeifliegen und dann in eine harte Kurve ziehen, um einen neuen Anflug vorzunehmen.

Die Kampfjets patrouillieren in der Nähe der Ausgrabungsstätte. Das Flugzeug der Storm Knights ist bereits beim ersten Anflug schwer beschädigt worden. Die Angreifer machen noch zwei Vorbeiflüge und decken es mit weiteren Schüssen ein, um ganz sicherzugehen, dass es abstürzen wird, außer die Storm Knights schaffen es irgendwie, sie abzuwehren.

- **Paket Kampfjets (2):** siehe Seite 94.

Doch egal, ob das gelingt oder nicht, wird das Flugzeug der Storm Knights so schwer beschädigt, dass es auf jeden Fall abstürzen wird. Dichter schwarzer Rauch steigt aus dem Antrieb auf und das Flugzeug bockt wie wild. Die Storm Knights haben nur wenige Augenblicke, um eine Notlandung vorzubereiten. Frag die Spieler, was sich ihre Helden greifen. Alles außer ihren persönlichen Gegenständen und Waffen, also beispielsweise zusätzliche Ausrüstung und Wasser, befindet sich in Kisten im Lagerraum.

Es gibt genügend Fallschirme für alle, aber diese sind aufgrund ihres niedrigen Tech-Axioms nicht so zuverlässig wie moderne Fallschirme. Jeder muss eine Einfache (MW 8) Probe auf *Luftfahrzeuge* oder *Geschicklichkeit* ablegen, und wer scheitert, erleidet bei der Landung 5 + 1 BW Schaden. Helden, die versuchen, mehr Ausrüstung mitzunehmen als sie normalerweise tragen können, legen diese Probe mit einem Malus von –2 ab. Jeder, der so dumm ist, an Bord des Flugzeugs zu bleiben, wenn es abstürzt, erleidet die Höchstgeschwindigkeit (14) + 2 BW Schaden.

Es dauert nicht lange, bevor ein naher Beduinenstamm die schwarze Rauchsäule bemerkt und sich neugierig nähert. Lies folgenden Text vor oder erzähle ihn mit deinen eigenen Worten:

Ihr seht eine Gestalt auf einem Pferd. Sie trägt eine staubige weiße Robe. Im Gesicht erkennt man nur ihre Augen. Über die Schulter trägt die Gestalt ein langes Gewehr, und an der Seite baumelt ein Schwert. Sie mustert euch unbeweglich. Dann tauchen weitere Gestalten auf Pferden und Kamelen über einer Anhöhe in Sichtweite auf. Bald sind es ungefähr 50 schweigende Krieger, die euch mustern.

Die Nomaden sind keineswegs hier, um gegen die Helden zu kämpfen. Vielmehr wollen sie die Überlebenden des Absturzes retten. So lange sich die Helden nicht offen feindselig verhalten, werden sie nach ein paar weiteren schweigenden Momenten vom Anführer Khaled Ahmasi begrüßt. Er bietet ihnen Wasser an. Diese Beduinen sind wahrlich keine Freunde von Möbius und spucken auf seinen Namen.

Die Storm Knights können eine *Überreden*-Probe ablegen. Bei einem Fehlschlag zeigt ihnen Khaled nur den Weg nach Abu Minqar und wünscht ihnen viel Erfolg. Bei einem Erfolg eskortieren die Nomaden die Helden zur Stadt. Bei einem Guten oder besseren Resultat freunden sich die Beduinen mit ihnen an. Khaled bietet ihnen an, das Lager der Sturmsoldaten am nächsten Tag zu Mittag zur Ablenkung anzugreifen. Dadurch sollte das Grabmal kurzfristig unbewacht sein.

Mit der Hilfe der Beduinen erreichen die Helden die Stadt ohne Probleme. Wenn sie allein reisen, benötigen sie eine Schwere (MW 14) Probe auf *Stärke* oder *Überlebenskunst*, aber nur, wenn sie keine Nahrung und kein Wasser bei sich haben; siehe in diesem Fall *Überlebenskunst* in *Torg Eternity*.

SZENE 2: EIN WARMES WILLKOMMEN

Standardszene. Die Storm Knights kommen nach Abu Minqar. Es handelt sich um eine kleine landwirtschaftliche Stadt mit etwa 4.000 Bewohnern rund um eine permanente Oase. Vor der Invasion war die Stadt relativ modern. Sie wurde in den 80ern von der ägyptischen Regierung errichtet. Durch die Axiomswelle wurde sie transformiert und wirkt jetzt wie eine wesentlich ältere Stadt, wie sie es vor Tausenden Jahren in dieser Gegend gegeben hat. Die moderne Technologie ist hier selten, und was vorhanden ist, ist in einem sehr schlechten Zustand. Kamele und Pferde dienen hauptsächlich als Transportmittel, und Autos sind ein seltener Anblick. Auch die Moschee der Stadt wurde durch die Axiomswelle transformiert und ist nun ein amaatischer Tempel.

Lies folgenden Text vor oder erzähle ihn mit deinen eigenen Worten:

Abu Minqar liegt am Fuß einer knochenweißen Böschung. Bei der Stadt handelt es sich um einen grünen Fleck, der beinahe von der endlosen Sahara verschluckt wird. Die Straßen der Stadt führen in gewundenen Pfaden zwischen weißen Sandsteingebäuden hindurch. Ihr seht nur wenige Fahrzeuge oder andere Anzeichen von Technologie. Tatsächlich fühlt ihr euch so, als ob ihr auf einmal viele Jahrhunderte in die Vergangenheit gereist wäret. Männer und Frauen tragen Roben und Körbe auf den Köpfen oder führen Eselskarren durch die staubigen Straßen. Ein Stadtmusikant spielt eine hypnotische Melodie auf einer Mizmar. Ihr bemerkt mehrere Sturmsoldaten, die sich einen Weg durch die Menschenmenge bahnen und sich dabei wachsam umsehen. An ihren Hüften baumeln die typischen KK08 Pistolen.

Doch hier befindet sich auch ein Mann, der euch laut Shafira mit Vorräten und Informationen helfen kann. In der Mitte der Stadt findet ihr den Souk, einen engen, vollgestopften Markt, wo die Händler Stoffballen, Nahrung, Wasser, Töpfe, Tiegel und alle anderen nur vorstellbaren Kinkerlitzchen verkaufen. Shafira duckt sich mit euch in eine Seitengasse, sodass ihr eine Sturmsoldatenpatrouille vermeidet und führt euch in eine schattige Seitengasse, wo sich ein Marktstand befindet, auf dem sich die Körbe türmen. Ein untersetzter Händler reißt die Augen weit auf, als er sie sieht: „Shafira! Meine süße Shafira! Welcher Segen der Götter führt dich nach Abu Minqar?"

Die Zwei begrüßen sich freundlich. Abdul sieht sich kurz um, ob die Luft rein ist, und räumt dann einen Stapel Körbe zur Seite, hinter dem sich ein geheimer Eingang in einen Raum befindet, in dem er seine wahren Waren lagert. Dabei handelt es sich um Kisten voller geschmuggelter Pistolen, Gewehre und anderer militärischer Ausrüstung.

Vermutlich hat Abdul so ziemlich alles von den Ausrüstungslisten für das Nil-Imperium oder die Zentralerde in *Torg Eternity* auf Lager. Die Helden können diese Ausrüstung mittels Requisition erlangen oder einfach kaufen. Sie legen dazu eine Probe auf *Gassenwissen* oder *Überreden* mit einem Malus von –4 ab.

Vielleicht haben es die Helden eilig und möchten auf das Treffen mit Abdul verzichten, oder vielleicht vertrauen sie ihm schlicht und einfach nicht. In solch einem Fall ist Abdul dennoch anwesend, wenn sie aus dem Augentempel kommen.

SOUK-SHOWDOWN

Doch dummerweise hat Abdul keine ehrlichen Absichten. Er ist zwar kein Freund von Möbius, doch schlussendlich ein gewiefter Händler und Söldner. Nachdem die Helden gegangen sind, gibt er einem nahen Wachposten ein Zeichen. Bevor es die Gruppe schafft, den Souk zu verlassen, sehen sie mehrere Sturmsoldaten, die von einem Offizier angeführt werden, durch die Menge auf sich zukommen. Sie möchen die Helden verhaften. Die Passanten weichen zurück und bilden eine Art natürliche Barriere rund um die Helden, um sich das Spektakel nicht entgehen zu lassen. Wenn es allerdings zu einer Schießerei kommt, ergreifen sie panisch die Flucht, sodass sie kein wirkliches Hindernis darstellen.

- **Sturmsoldaten:** 2 je Storm Knight, siehe Seite 109.

SZENE 3: AUSGRABUNGSSTÄTTE IN DER WÜSTE

Standardszene. Die Ruinen von Abkhemurna erstrecken sich auf einem Plateau über Abu Minqar ungefähr 6 Kilometer westlich der Stadt. Sie wurden erschaffen, um die Grabmäler der Priester, Generäle und wichtigsten Diener von Pharao Nefru-Khem-Un zu beherbergen. Die steinernen Korridore und Kammern wurden vom Sand verschlungen und sind praktisch in Vergessenheit geraten. Als Hooded Cobra auf die Geschichte von Nefru-Khem-Un stieß, wurde er durch die wenigen noch vorhandenen Texte hierher geführt.

Er ließ eine vorübergehende Basis errichten, klärte die Gegend auf, und setzte örtliche Arbeiter für die Ausgrabungsarbeiten ein. Das nahm zahlreiche Wochen in Anspruch. Jetzt liegen die vom Wetter gegerbten Gebäude wieder offen und sind zugänglich.

Er und seine Assistenten, darunter auch die Zauberin Nathifa, erforschten die Gebäude nach Hinweisen auf Nefru-Khem-Um. Sie fanden einen Eingang, von dem sie der Ansicht sind, dass dieser zur Begräbniskammer des Pharaos führt. Dummerweise war er durch ein massives Tor mit einer Maat-Matrix verschlossen, das man nicht öffnen konnte. Man konnte es nicht einmal mit einer großen Ladung Dynamit in die Luft jagen. Er fand heraus, dass ein Was-Zepter mit dem Grabmal verbunden war und dass dieses in einem Kanopenkrug zu finden sein musste. Das führte Hooded Cobra auf jene Suche, die nun auch die Helden hierher gebracht hat.

Eine Straße führt von der Stadt auf die Anhöhe. Sie wurde von den Sturmsoldaten angelegt, um Vorräte und Arbeitskräfte von der Stadt zur Ausgrabung zu transportieren. Es handelt sich um eine noch recht neue sandige Straße, auf der man die Spuren von zahlreichen Lastwagen sehen kann. Eine verdeckte Vorgehensweise der Storm Knights könnte darin bestehen, direkt von unten auf die Anhöhe zu klettern. Dabei durchqueren die Charaktere die landwirtschaftlichen Felder.

Lies folgenden Text vor oder erzähle ihn mit deinen Worten:

Die lange begrabenen Ruinen von Abkhemurna liegen auf einem Hügel, auf dem sich ein flaches Plateau befindet, im Westen der Stadt. Eine ganze Armee von örtlich rekrutierten Arbeitern hat Straßen, Plätze, die mit Säulen gesäumt sind, und große Gebäude, die aus gigantischen Steinblöcken bestehen, freigelegt. Sie treiben sich überall auf der Ausgrabung herum und schwitzen und fluchen, während sie mit Schaufeln und Spitzhacken arbeiten, um noch mehr freizulegen. Grausame Sturmsoldaten bewachen sie und peitschen immer wieder den einen oder anderen Arbeiter aus, der ihrer Ansicht nach zu langsam arbeitet. Am östlichen Rand befinden sich etliche primitive Zelte für die Arbeiter, und im Norden befinden sich strahlend weiße Unterkünfte für die Sturmsoldaten. Um hier hereinzukommen, müsst ihr einen Stacheldrahtzaun überwinden und der Aufmerksamkeit der Wachtürme in den Ecken entgehen.

Der Großteil von Abkhemurna erinnert noch immer an die umliegende Wüste, außer dass hier praktisch überall der Boden aufgewühlt wurde. Hier befindet sich eine ganze Kompanie Sturmsoldaten, die aus drei Zügen besteht. Sie ist in den Zelten und Pavillons im Norden untergebracht. Ein Trupp befindet sich ständig

AUSGEBREMST!

Dieses Kapitel geht davon aus, dass die Helden das Was-Zepter am Ende von Akt 1 beschafft haben. Wenn Hooded Cobra über das Zepter verfügt, musst du einige Anpassungen vornehmen. Das Große Siegel ist dann offen und die mit Fallen gesicherte Rampe jenseits der Eingangsgalerie (siehe unten) ist mit den Leichen von Sturmsoldaten übersät, die die Fallen ausgelöst haben. Außerdem gibt es tote Sturmsoldaten in der Falschen Kammer und das gefälschte Auge fehlt. Hooded Cobra hat es mitgenommen, um es zu untersuchen und seinen Sieg zu feiern. Dann hat er herausgefunden, dass es gefälscht ist. Während die Helden den Tempel durchsuchen, bereitet er sich auf einen weiteren Vorstoß vor und wird dabei von Abdul Bishara kontaktiert. Daraufhin verfällt er auf den Plan, einfach zu warten, bis ihm die Helden das Auge bringen.

Wenn die Helden irgendwann während dieser Szene oder während sie in Abu Minqar oder Abkhemurna sind, gefangen werden, führt man sie Hooded Cobra vor. Dieser sieht das als gute Gelegenheit, die Helden die Drecksarbeit für ihn erledigen zu lassen und schickt sie in den Tempel.

in Abu Minqar und patrouilliert dort durch die Straßen. Auf der östlichen Seite befinden sich die Zelte für die Arbeiter. Hooded Cobra und seine Begleiter haben in einem Gebäude mit mehreren Kammern im Zentrum ihr Lager aufgeschlagen. Dort waren einst, während der Errichtung der ganzen Anlage, die Aufseher untergebracht. Eine vor Kurzem erbaute Eisenbahnstrecke verbindet die Anlage mit den Schienen der eigentlichen Eisenbahn in Abu Minqar. Diese wiederum stellen die Anbindung der kleinen Stadt mit dem restlichen Imperium dar. Die ganze Anlage ist mit einem Stacheldrahtzaun umgeben und verfügt über Wachtürme.

Man kann sich der Anlage nur über die 90 Meter lange Böschung aus losem Sand im Westen und Süden nähern. Dadurch kommen die Helden oben aufs Plateau und mit erfolgreichen Proben auf *Heimlichkeit* entgehen sie den aufmerksamen Blicken der Soldaten auf den Wachtürmen.

Wenn die Storm Knights Freundschaft mit den Beduinen aus Szene Eins geschlossen haben, greifen diese das Lager wie vereinbart zum Höchststand der Sonne an. Die Horde reitet über den östlichen Zaun und im Lager bricht Chaos aus. Eine Sirene beginnt zu heulen. Dank dieser Ablenkung kommen die Helden völlig mühelos zum Eingang des Augentempels. Andernfalls müssen sie Dutzenden Wachen aus dem Weg gehen und ihr Ziel erreichen, was alles andere als ein Kinderspiel ist.

- **Beduinen (60):** siehe Seite 108. Die Beduinen greifen natürlich keine Helden an, außer diese zeigen sich feindselig. Sie konzentrieren sich auf die Sturmsoldaten.
- **Sturmsoldaten (40):** siehe Seite 109.

SZENE 4: DER AUGENTEMPEL

Standardszene: Der Augentempel ist eine würfelförmige Anlage, die aus schweren Steinblöcken besteht. Er wird tagsüber und nachts aus verschiedenen Richtungen heraus beleuchtet. Wachposten stehen vor dem Großen Siegel. Dabei handelt es sich um ein hohes und breites Tor, das von verwitterten Hieroglyphen geschmückt ist. Hooded Cobras Versuch, das Siegel einfach in die Luft zu sprengen, hat ein paar Hieroglyphen beschädigt, aber sonst nicht viel erreicht, da es von einer Maat-Matrix geschützt wird. Wenn jemand das Was-Zepter in Händen hält, kann er es öffnen, indem er das Zepter vor sich hält und dem Tor einfach befiehlt, sich zu öffnen. Mit einem lauten Donnern und herabregnendem Sand verschwindet es nach oben in einem Spalt.

Sobald die Storm Knights bereit sind, den Tempel zu betreten, lies folgenden Text vor oder erzähle ihn mit deinen eigenen Worten:

Hinter dem Tor befindet sich eine hohe Eingangsgalerie, an deren Rand sich Säulen entlangziehen. Aufwendige Hieroglyphen erzählen die Geschichte von Nefru-Khem-Un und seinem Aufstieg vom einfachen Priester zum Pharao sowie seinen vielen Jahren grausamer Herrschaft. Nefru-Khem-Un hält einen roten Edelstein empor, der an ein Reptilienauge erinnert. Ein schrecklicher Strahl bricht aus ihm hervor und verbrennt alle, die sich ihm widersetzen. Dutzende Leichen, von denen nur noch mit Spinnweben überzogene Knochen übrig sind, liegen an den Seiten des Raums am Boden verstreut. Auf der gegenüberliegenden Seite führt eine Rampe durch einen Torbogen in die Dunkelheit.

Die Knochen stellen keine Gefahr dar. Sie stammen von Dutzenden Priestern Nefru-Khem-Uns, die sich hier freiwillig geopfert haben, um sein Grab auf spirituelle Weise zu bewachen. Hinter dem Durchgang führt der Gang weiter unter die Erde. Dieser Abschnitt ist mit zahlreichen Fallen gesichert. Es befinden sich Druckplatten in der Mitte, die Dornen auslösen, die den ganzen Gang entlang aus dem Boden schießen und alle, die sich in diesem Gang befinden, gleichzeitig treffen. Die Dornen richten 15 + 1 BW Schaden an (oder 15 + 2 BW bei einem Patzer). Man kann sie mit einer Standard *Wissenschafts*-Probe oder einer Schweren (–4) *Ausweichen*-Probe vermeiden. Die Falle wird von jemandem, der das Was-Zepter hält, nicht ausgelöst.

DIE FALSCHE AUGENKAMMER

Der Gang wird wieder flach und führt in einen Raum, der auf den ersten Blick wie der letzte Ruheort von Sobeks Auge aussieht. Lies folgenden Text vor oder erzähle ihn mit deinen eigenen Worten:

Am Ende dieser unheimlich wirkenden, kugelförmigen Kammer befindet sich eine erhöhte Plattform mit einem erhobenen Podest, auf dem ein Edelstein in Form eines Reptilienauges ruht. Er ist trotz der Jahrhunderte, die vergangen sind und dem Staub, der ihn bedeckt, noch immer strahlend rot. Ein aufwendiges Muster aus Fliesen befindet sich zwischen euch und dem Podest. Am gegenüberliegenden Ende des Raums befinden sich acht große Hieroglyphen an der Wand. Sie zeigen folgende Symbole: Frau, Eule, Mann, Skarabäus, Geier, Feder, Ankh und Kobra. Bei jeder Hieroglyphe befindet sich auch ein rubinrotes Symbol. Ist es ein Muster? Die einzigen anderen Gegenstände in dem Raum sind zwei Statuen, die wild blickende Pharaonen darstellen. Ihr vermutet, dass es sich um Darstellungen von Nefru-Khem-Un selbst handelt.

Der Edelstein ist ein falsches Auge Sobeks, das von einer Staubschicht überzogen ist und hier nur platziert wurde, um Grabräuber in die Irre zu führen. Auf jeder Fliese befindet sich eines der acht Symbole auf der gegenüberliegenden Wand. Um den Raum sicher zu durchqueren, muss man die Fliesen in der richtigen Reihenfolge betreten. Der Schlüssel besteht in den Rubinsymbolen, die neben den jeweiligen Hieroglyphen an der Wand angebracht sind. Diese zeigen an, in welche Richtung man von dieser Fliese aus weitergehen muss, also beispielsweise nach oben, unten, rechts usw. (siehe Karte auf Seite 111. Wenn man auf die Fliesen tritt, versinken diese mit einem satten Klick im Boden. Wählt man eine falsche Fliese aus, wird der Zauber *Magische Falle* aktiviert, der mit einer Maat-Matrix verbunden ist. Er löst einen *Feuerschlag* aus, der von dem Podest ausgeht und in Form einer Mittelgroßen Explosion beim Ziel aufschlägt, das die falsche Fliese betreten hat. Er richtet 16 + 1 BW Schaden an (oder 16 + 2 BW bei einem Patzer). Man kann dem Effekt mit einer Schweren (–4) *Ausweichen*-Probe entgehen. Die Falle kann auf keine Art und Weise entschärft werden. Sie wird deaktiviert, sobald man das Falsche Auge vom Podest genommen hat.

Sobald die Helden beim Auge Sobeks angekommen sind, erkennen sie relativ mühelos, dass es aus Glas gefertigt ist. Untersucht man die Säule, auf der es geruht hat, findet man heraus, dass man sie herabdrücken kann. Tut man dies, erzittert der Raum, und dann öffnet sich eine Geheimtür im Boden, hinter der eine Treppe tiefer ins Grabmal führt.

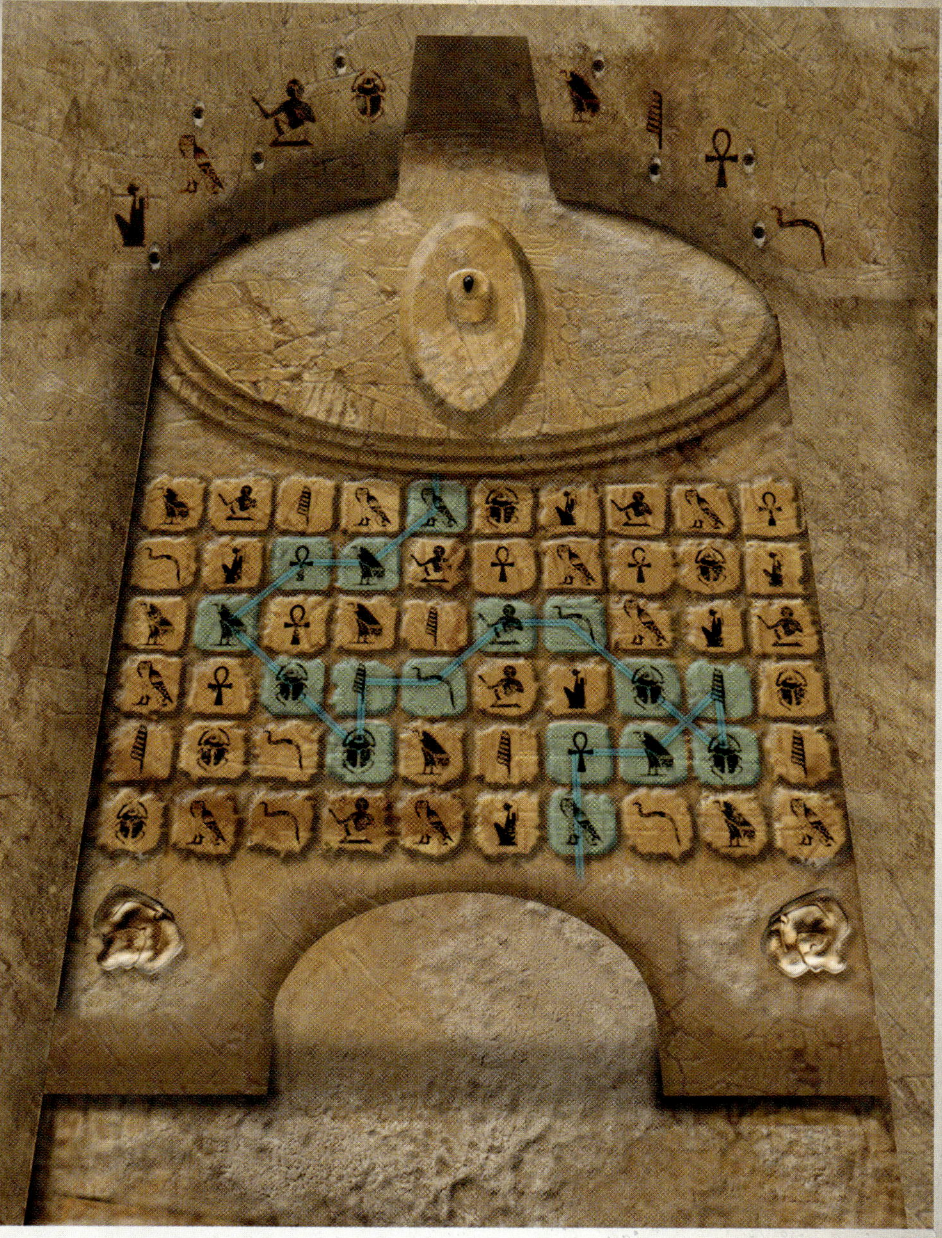

Auf der Seite 111 findest du eine Version ohne eingezeichnete Route, die du den Spielern als Handout geben kannst.

DIE TOTENHALLE

In diesem Raum wurden der Pharao Nefru-Khem-Un und seine treuesten Priester einbalsamiert. Lies folgende Beschreibung vor oder erzähle sie mit deinen Worten:

Der Gang führt sogar noch tiefer unter die Erde und endet in einem langen, schmalen Raum. In der Mitte befinden sich mehrere Steintische. An den Wänden lehnen verschiedene Särge. Viele davon sind zerbrochen, und in ihnen befinden sich die vermodernden Überreste von alten Mumien. Alles ist mit Staub und Spinnweben überzogen, die sich hier im Verlauf der Äonen angesammelt haben. Eine Steintür ist auf halbem Weg nach unten steckengeblieben. Der Spalt ist breit genug, um sich darunter hindurch zu quetschen. Schale Luft steigt unter dem Spalt hervor, und die Spinnweben flattern traurig in der Luft, während der Luftzug ein unheimliches, seufzendes Geräusch erzeugt.

Eine kurze Untersuchung zeigt, dass die Steinplattformen zur Einbalsamierung verwendet wurden. Alte Werkzeuge wie Haken und Hammer liegen im Staub verstreut. Wenn man ihn betritt, erwachen mehrere Mumien in ihren Särgen zum Leben. Sie greifen eine Person, die das Was-Zepter hält, nicht an. Den Rest der Gruppe allerdings schon.

Nur eine Person kann sich auf einmal durch den Spalt an der gegenüberliegenden Seite quetschen und benötigt dazu eine ganze Runde. Wenn man den Stein höher heben will, ist dazu eine Heroische (MW 18) *Stärke*-Probe erforderlich.

- **Mumien (1 je Storm Knight):** Die Mumien sind langsam und dämlich, aber sehr stark, siehe Seite 109

HALLE DER WIRBELNDEN MESSER

Von der Totenhalle aus geht es noch tiefer in die Erde hinab. Der Gang führt die Helden zu einer tödlichen Halle mit mehreren Fallen. Der Auslöser ist eine Druckplatte am Ende der Treppe und wird ausgelöst, sobald die Helden um die Ecke kommen. Dadurch wirbeln Sägen, Dornen und geschwungene Klingen aus verborgenen Löchern und verwandeln die ganze Halle in einen tödlichen Hindernisparcours. Um ihn zu überwinden, ist eine Anspruchsvolle (MW 12) *Geschicklichkeits*-Probe erforderlich. Der erlittene Schaden wird durch den Erfolg bestimmt:

- **Fehlschlag:** 10 + 2 BW Schaden
- **Standard:** 10 + 1 BW Schaden
- **Gut:** 10 Schaden
- **Hervorragend:** kein Schaden

Die Falle kann entschärft werden, indem man den gut sichtbaren Hebel am gegenüberliegenden Ende zieht, oder indem man den Auslöser sabotiert. Dazu ist eine Anspruchsvolle (MW 12) Probe auf *Wissenschaft* oder *Verstand* erforderlich.

SANDE DES TODES

Hinter der Halle der Wirbelnden Messer führt der Gang die Helden schnurstracks in eine extrem gefährliche Todesfalle. Lies folgenden Text vor oder erzähle ihn mit deinen eigenen Worten:

Der Gang führt in einen langen, schmalen Raum. Am Rand stehen Statuen der ägyptischen Götter, die ein grausames Grinsen im Gesicht tragen. Aufwendige Hieroglyphen und Kartuschen – oval Umrahmte Königsnamen – bedecken die freien Wände. Am gegenüberliegenden Ende befindet sich ein schweres Steintor mit einem dunklen Loch in der Mitte. Über dem Loch befindet sich eine Kartusche, in der man drei konzentrische Scheiben sieht. Obwohl ihr nur einen kleinen Bereich von jedem Ring sehen könnt, könnt ihr doch erkennen, dass sie mit Hieroglyphen überzogen sind.

Die Hieroglyphen an den Wänden erzählen die Geschichte von Nefru-Khem-Uns Herrschaft als Pharao. Die Statuen selbst stellen nur eine Dekoration dar und erfüllen keine Funktion.

Sobald eine Person die Mitte erreicht, knallt ein schwerer Steinblock am Eingang herab. Falls sich zu diesem Zeitpunkt noch jemand dort befindet, kann er sich dazu entscheiden, nach vorne in den Raum zu springen oder nach draußen zurück in den Gang. Dies ist problemlos und ohne Probe möglich. Jemand, der so dumm ist, sich nicht zu bewegen, erleidet 16 + 2 BW Schaden und wird unter dem Steinblock eingequetscht. Er kann nicht erneut angehoben werden, bis die Falle entschärft wurde. Dann beginnt Sand aus schmalen Schlitzen in der Decke zu rieseln. Es handelt sich um eine Todesfalle (siehe *Nil-Imperium Quellenbuch*). Sie kann nur mit einer Dramatischen Probenabwicklung entschärft werden.

- **Schritt A:** Erkläre den Spielern, dass der Türmechanismus den Namen der Helden von Nefru-Khem-Uns Kartusche benötigen. Man kann diese unter den zahlreichen Kartuschen an der Wand finden, aber welche Kartusche ist korrekt? Dazu ist eine Schwere (MW 16) *Beweisanalyse*-Probe erforderlich oder eine Sehr Leicht (MW 6) *Sprachen (Alt-Ägyptisch)*-Probe.
- **Schritt B:** Der beengte Raum, der Sand, der den Raum rasch füllt, und die böse grinsenden Statuen erfordern eine Standard (MW 10) *Geist*-Probe, um nicht vor Panik handlungsunfähig zu werden.
- **Schritt C:** Sie müssen die Steinräder in der Kartusche an der Tür so drehen, dass sie die korrekten Hieroglyphen zeigen. Der Mechanismus ist alt und eingerostet, und dies erfordert eine Anspruchsvolle (MW 12) *Stärke*-Probe.
- **Schritt D:** Man muss überprüfen, ob die eingestellten Hieroglyphen korrekt sind, indem man durch das schmale Loch greift, den Hebel zieht und sich dabei die Hand nicht durch die sich drehenden Zahnräder im Loch zerfleischen lässt. Dabei handelt es sich um eine Standard (MW 10) *Geschicklichkeits*-Probe. Bei einem Patzer erleidet der Held, der seine Hand ins Loch gesteckt, hat 6 + 1 BW Schaden.

Wie üblich haben die Helden 5 Runden, um die Aufgabe zu erfüllen. Es gibt zu viele Schlitze, und die Kraft des Sandes ist zu stark, als dass irgendetwas seinen Fluss aufhalten könnte.

DILEMMAS

Wenn ein Dilemma auf der Dramakarte steht, wird die Sache noch gefährlicher.

- **Möglicher Rückschlag:** Der Sand schüttet sich an einer Stelle auf, an der er im Weg ist, und muss zur Seite geschaufelt werden.
- **Komplikation:** Der Sand macht es schwer, sich im Raum zu bewegen. Ein Fehlschlag führt zu einem Malus von –1 auf alle anderen Proben.
- **Kritisches Problem:** Die Helden haben einen Fehler bei der Übersetzung begangen und müssen von vorne anfangen und es mit einer anderen Kartusche versuchen.

Wenn die Helden scheitern, füllt der Sand den ganzen Raum, sie werden bewusstlos und müssen eine Ausgeschaltet-Probe ablegen. Dann fließt der Sand nach ein paar Minuten wieder ab und Hooded Cobra nimmt die Überlebenden gefangen.

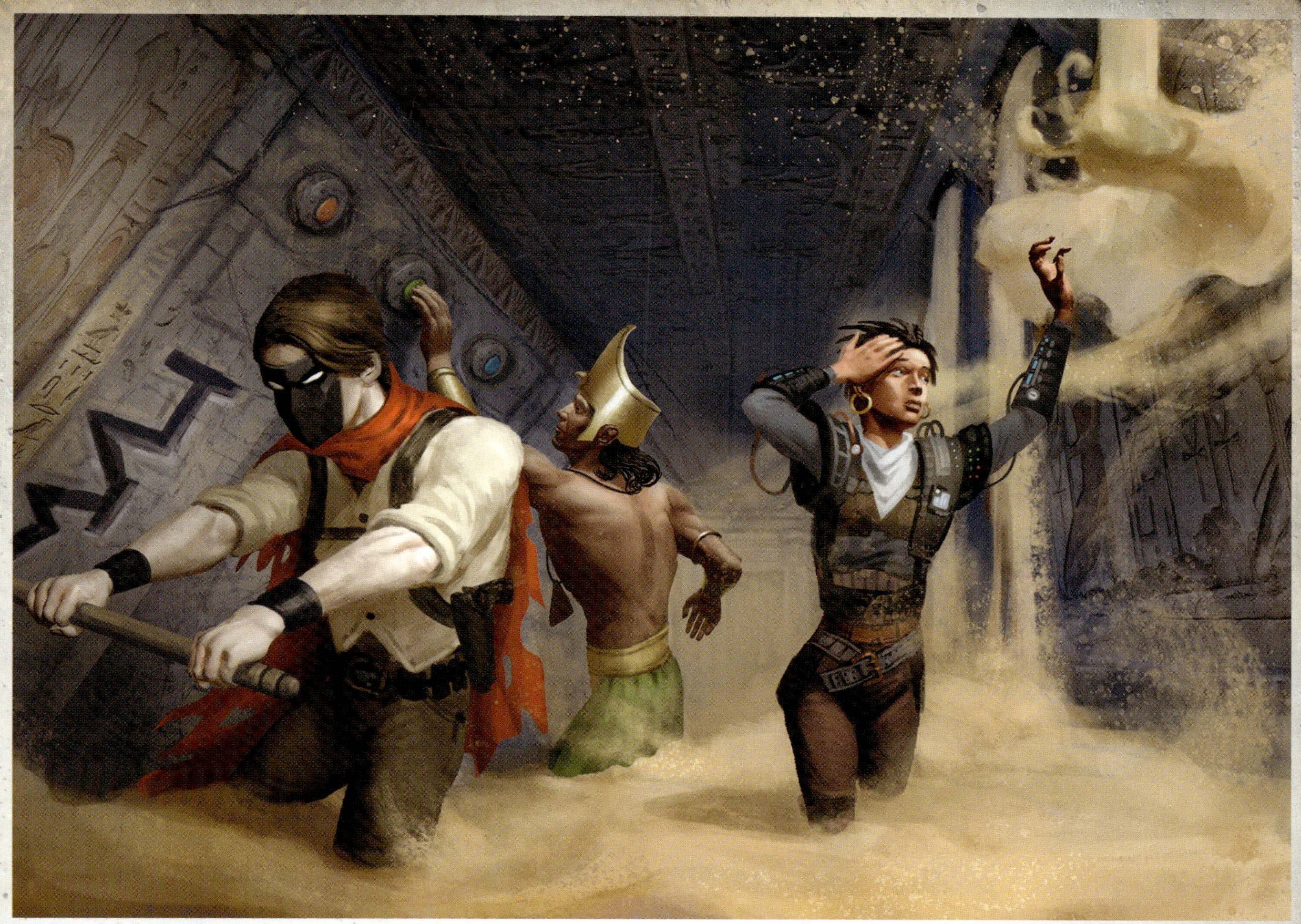

Zusammenarbeit ist der Schlüssel, wenn man in einer Todesfalle steckt und die Zeit abläuft. Natürlich nur, wenn man sich nicht gleichzeitig mit Feinden herumschlagen muss.

DIE AUGENKAMMER

Ganz am Ende des Tempels ruht das echte Auge Sobeks. Auf ihm lag die große Macht von Pharao Nefru-Khem-Un begründet. Lies folgenden Text vor oder erzähle ihn mit deinen eigenen Worten:

Der Gang führt euch schließlich zu einer Treppe, die in eine große Kammer führt. Der Boden besteht aus runden Steinen und leuchtet schillernd. Mehrere Säulen erstrecken sich weit nach oben und verschwinden in der Dunkelheit. In der Mitte des Raumes befindet sich eine Steinplattform, und auf ihr ruht ein blutroter Edelstein, der trotz all der Äonen völlig frei von Staub ist. Das Auge Sobeks! Doch dann haltet ihr mitten im Schritt jäh inne. Der ganze Boden bewegt sich, so als ob die Steine selbst am Leben seien. Dann erstarrt ihr, als euch auffällt, dass sich Tausende Skarabäuskäfer auf dem Boden befinden. Ihre glitzernden Chitinhüllen bilden einen tödlichen Mantel. Es fallen sogar noch weitere der tödlichen Käfer aus Vertiefungen in den Wänden oder von der Decke herab. Sie krabbeln hin und her und suchen in den alten Knochenhaufen nach Nahrung.

Dieser spezielle Schwarm wird von der Maat-Matrix des Tempels am Leben gehalten. Er kann den Raum nicht verlassen und nicht auf die Plattform in der Mitte krabbeln. Wenn die Käfer getötet werden, wird ihre Zahl rasch aufgefrischt.

Überraschenderweise ist das Podest mit dem Auge Sobeks nicht direkt mit einer Falle gesichert. Doch wenn man das Auge entfernt, löst man dadurch noch eine letzte Komplikation aus. Der ganze Tempel beginnt einzustürzen. Die Storm Knights müssen es aus dem Tempel schaffen, bevor sie zerquetscht werden.

Das Auge Sobeks: Das Auge ist kein Ewigkeitssplitter, sondern ein mächtiges spirituelles Relikt, das ein Spiritual-Axiom von 14 benötigt, um zu funktionieren. Dieser faustgroße blutrote Rubin hat einen Einschluss in der Mitte, der das Licht auf hypnotische Weise bricht. Einmal pro Szene kann der Träger mit dem Auge einen Strahl sengender Energie verschießen, der gleich gehandhabt wird wie das Wunder *Blitzschlag*.

- **Skarabäusschwarm:** siehe Seite 109

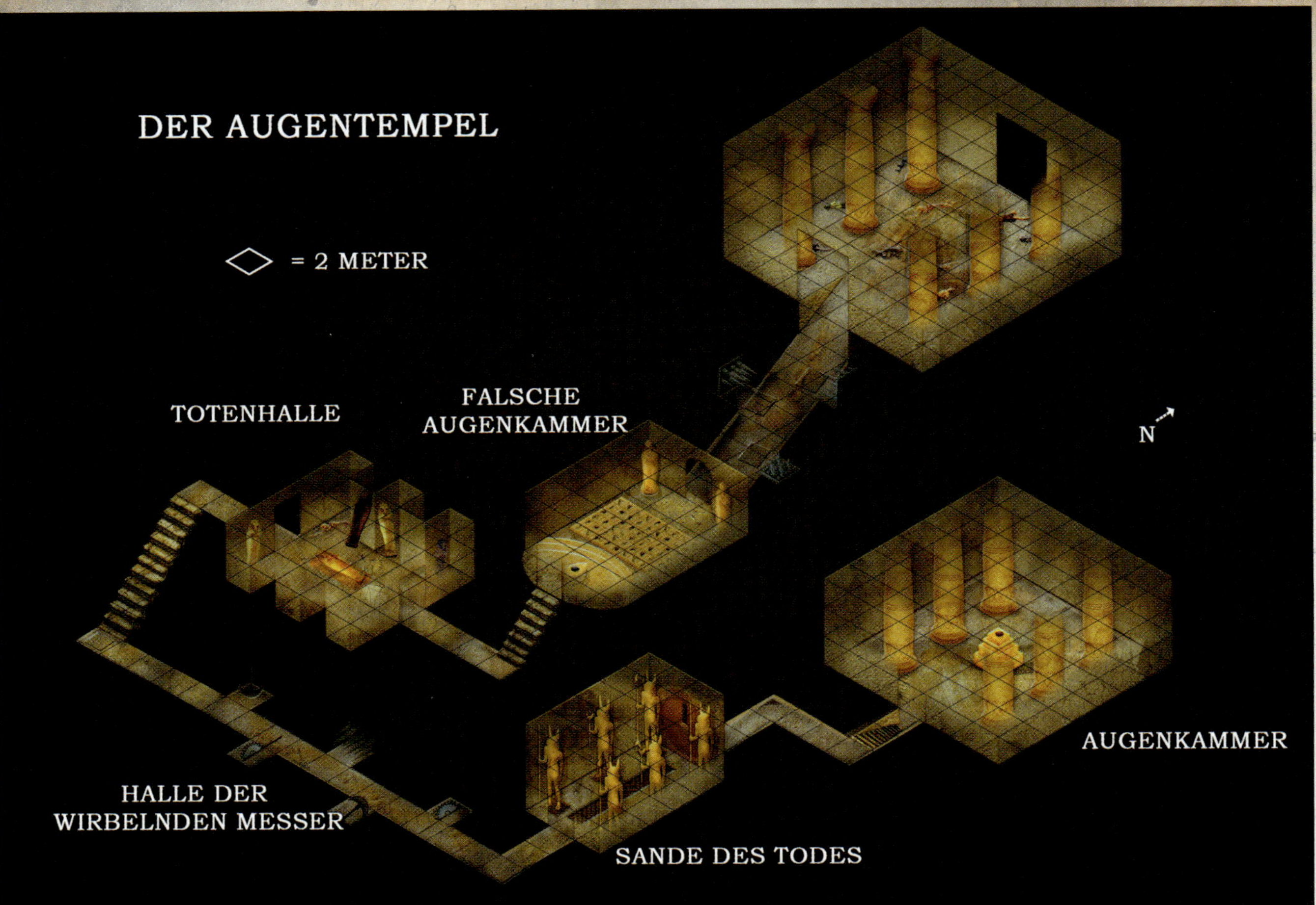

VERRAT!

Wenn die Helden das Grabmal verlassen, erwartet man sie bereits. Hooded Cobra wartet auf sie mit einer kleinen Armee von Sturmsoldaten. An seiner Seite befindet sich Abdul Bishara. Er wirkt etwas zerknirscht und meint, dass es nur „ums Geschäft" geht. Die Helden haben keine Wahl, als sich zu ergeben. Hooded Cobra liebt es zu protzen und er reibt ihnen seinen Sieg genüsslich unter die Nase, während er ihnen das Auge Sobeks abnimmt und seinen Schergen befiehlt, die Helden abzuführen.

Dieser Augenblick repräsentiert einen Aspekt des Gesetzes der Moral. Es mag schwierig sein für die Spieler, eine Niederlage einfach so zu akzeptieren. Behandle daher die Geschehnisse narrativ, und gib ihnen gar keine Gelegenheit, etwas Dummes zu tun. Du kannst sie ja auch daran erinnern, dass die Schurken unweigerlich irgendwann einen Fehler begehen, nachdem sie ihre Beute gefangen haben. Vielleicht kannst du ihnen die Sache versüßen, indem du jedem von ihnen eine Möglichkeit für ihren bewiesenen Heldenmut gibst.

SZENE 5: TODESZUG NACH THEBEN

Dramatische Szene. Die Helden wurden gefangen genommen, doch es bietet sich ihnen eine überraschende Fluchtmöglichkeit. Dann lernen sie, dass ihre Beute zu Möbius gebracht werden soll, wenn sie das nicht verhindern.

Zu Beginn der Szene sind die Helden geknebelt und an den Füßen und Händen aneinander an eine Säule gefesselt. Lies folgenden Text vor oder erzähle ihn mit deinen Worten:

Hooded Cobra hat euch eure Besitztümer und das Auge Sobeks abgenommen. Dann wurdet ihr von den Sturmsoldaten durch das Lager bis zu einem teilweise freigelegten Gebäude gebracht. Offenbar hat es sich früher um Zeremonienkammern für die Priester gehandelt, die Abkhemurna beaufsichtigt haben. Jetzt handelt es sich um die Operationsbasis von Hooded Cobra. Ihr werdet mit gefesselten Handgelenken und Knöcheln an eine Säule gebunden. „Genießt euer neues Zuhause, Storm Knights", kichert er, „denn es wird euer Letztes sein!" Nach einem Anfall manischen Gelächters lässt er euch zurück. Es bleibt nur eine Wache, die euch von der Tür aus beobachtet.

Ihr ringt unauffällig mit euren Fesseln und versucht euch loszumachen, doch nach ein paar Minuten hört ihr plötzlich ein dumpfes Krachen, und die Wache bricht in sich zusammen. Einer der Arbeiter schleicht in den Raum. Sein Kopf ist verhüllt, und ihr könnt nur die Augen sehen. In seinen Händen hält er das Was-Zepter für den Augentempel, welches er als Keule benutzt hat. Er nimmt die Kopfbedeckung ab, und ihr erkennt, dass „er" eine Frau mit kurzem schwarzen Haar ist. Sie schneidet eure Fesseln durch und flüstert: „Keine Zeit für lange Vorstellungen. Ich bin The Raven. Hooded Cobra ist mit dem Auge nach Abu Minqar geeilt und plant, den Zug nach Theben zu nehmen. Er darf keinen Erfolg haben. Trefft mich in Kairo. Dort habe ich weitere wichtige Informationen für euch. Steckt das in die Telefonzelle in Terminal 3 in der Ramses Station. So, ich sorge für eine Ablenkung, und ihr seht zu, dass ihr weiterkommt!" Sie reicht euch eine Holzmünze, auf der das Abbild eines Rabens prangt. Dann ist sie verschwunden.

Die unbekannte Retterin der Helden ist, ganz so wie sie es gesagt hat, eine Superheldin namens The Raven. Sie hat ihre Operationsbasis in Kairo und hat die Pläne von Lady Hourglass verfolgt, wodurch sie auf die ganze Geschichte mit Hooded Cobra gestoßen ist. The Raven ist verschwunden, bevor man ihr Fragen stellen kann. Die Besitztümer der Helden lagern praktischerweise im angrenzenden Raum. Sie werden nicht bewacht. Draußen eilen die Wachen jedoch hierhin und dorthin und befolgen irgendwelche Befehle.

Sobald die Helden nach draußen gelangen, wird das Lager von einer Explosion erschüttert, und eine Flammenlanze schießt aus dem Treibstofflager empor. Sturmsoldaten eilen dorthin und geben einen einfachen Fluchtweg frei.

Solange die Helden nichts tun, um ungewollte Aufmerksamkeit zu erregen, erreichen sie das Fahrzeuglager ohne Probleme. Sie haben eine große Auswahl von Fahrzeugen vor sich.

- **Jeeps (4):** siehe Seite 110
- **Aaki Halbkette (2):** LKW mit einer Transportfläche, die von Zeltstoff überspannt ist, siehe Seite 110.
- **Motorräder (5):** eines hat einen Beiwagen, siehe Seite 110
- **Rolls-Royce Phantom Special:** Hooded Cobras Roadster, siehe Seite 110

Zwischen dem Treibstoff, der Munition und einem Haufen Granaten findet man auch ein Maschinengewehr mit 30er Kaliber. All das liegt unter einem Tarnnetz bereit. Die Jeeps und die Aakis verfügen jeweils über eine drehbare Geschützstellung, auf der man eine der Waffen montieren kann. Um sie zu bedienen nutzt man *Schwere Waffen.*

Die Schlüssel stecken praktischerweise bei allen Fahrzeugen in der Zündung. Zwei nervöse Sturmsoldaten bewachen das Gebiet. Sie versuchen, die Helden nicht aufzuhalten, wenn sie sie sehen, sondern verstecken sich möglichst rasch und geben über Funk Alarm.

RENNEN ZUR STATION

Die Helden müssen jetzt rechtzeitig nach Abu Minqar kommen, um den Zug zu erreichen. Eine Straße führt in Schlangenlinien vom Plateau mit der Ausgrabung über die Böschung nach unten zur Stadt. Leider gibt es keine Möglichkeit, die Ausgrabungsstätte zu verlassen, ohne Aufmerksamkeit zu erregen. (Wenn es die Helden zu Fuß versuchen, entkommt Hooded Cobra mit Sicherheit.)

Die Storm Knights haben sofort Gesellschaft. Ein Trupp Sturmsoldaten verfolgt sie mit ihren eigenen Fahrzeugen. Sechs Sturmsoldaten fahren mit einem Aaki, auf dem sich ein Kocha Maschinengewehr befindet. Sie werden von Jeeps mit je vier Sturmsoldaten begleitet, und zwei weitere Sturmsoldaten übernehmen die Flanke auf Motorrädern. Ihr Anführer ist in einem der Jeeps und bellt von dort aus seine Befehle.

Hierbei handelt es sich um eine Verfolgungsjagd, bei der es darum geht, den Zug in Abu Minqar zu erreichen, bevor dieser abfährt. Eine Zugangsstraße führt über die Böschung von der Ausgrabung zur Stadt. Die Fahrer legen Proben auf *Landfahrzeuge* gegen MW 12 (die Geschwindigkeit des Zugs) ab, um einen Schritt zu gewinnen.

Die Sturmsoldaten setzen alle verfügbaren Waffen ein, um die Helden aufzuhalten. Der Fahrer des LKW scheut nicht einmal davor zurück, zu versuchen, das Fahrzeug der Helden zu rammen. Dazu muss er eine Standard (MW 10) *Geschicklichkeits*-Probe ablegen.

- **Jeeps (2):** siehe Seite 110 mit jeweils vier Sturmsoldaten (Seite 109).
- **Aaki Halbkette (1):** siehe Seite 110mit sechs Sturmsoldaten und einem Kocha Maschinengewehr (Schaden 14, Langer Feuerstoß)
- **Motorräder (2):** siehe Seite 110, mit je einem Sturmsoldaten

HALTET DEN ZUG AUF!

Sobald die Storm Knights ihr Fahrzeug ausgewählt haben, müssen sie Abu Minqar rechtzeitig erreichen, um den Zug aufzuhalten. Sie werden beinahe sofort von einem Trupp Sturmsoldaten mit eigenen Fahrzeugen flankiert, die ihnen den Weg abschneiden wollen.

Sechs Gegner sind in einem LKW mit einem fix montierten Kocha Maschinengewehr. Sie werden von jeweils vier Sturmsoldaten in zwei Jeeps begleitet, und diese werden noch von zwei Sturmsoldaten auf

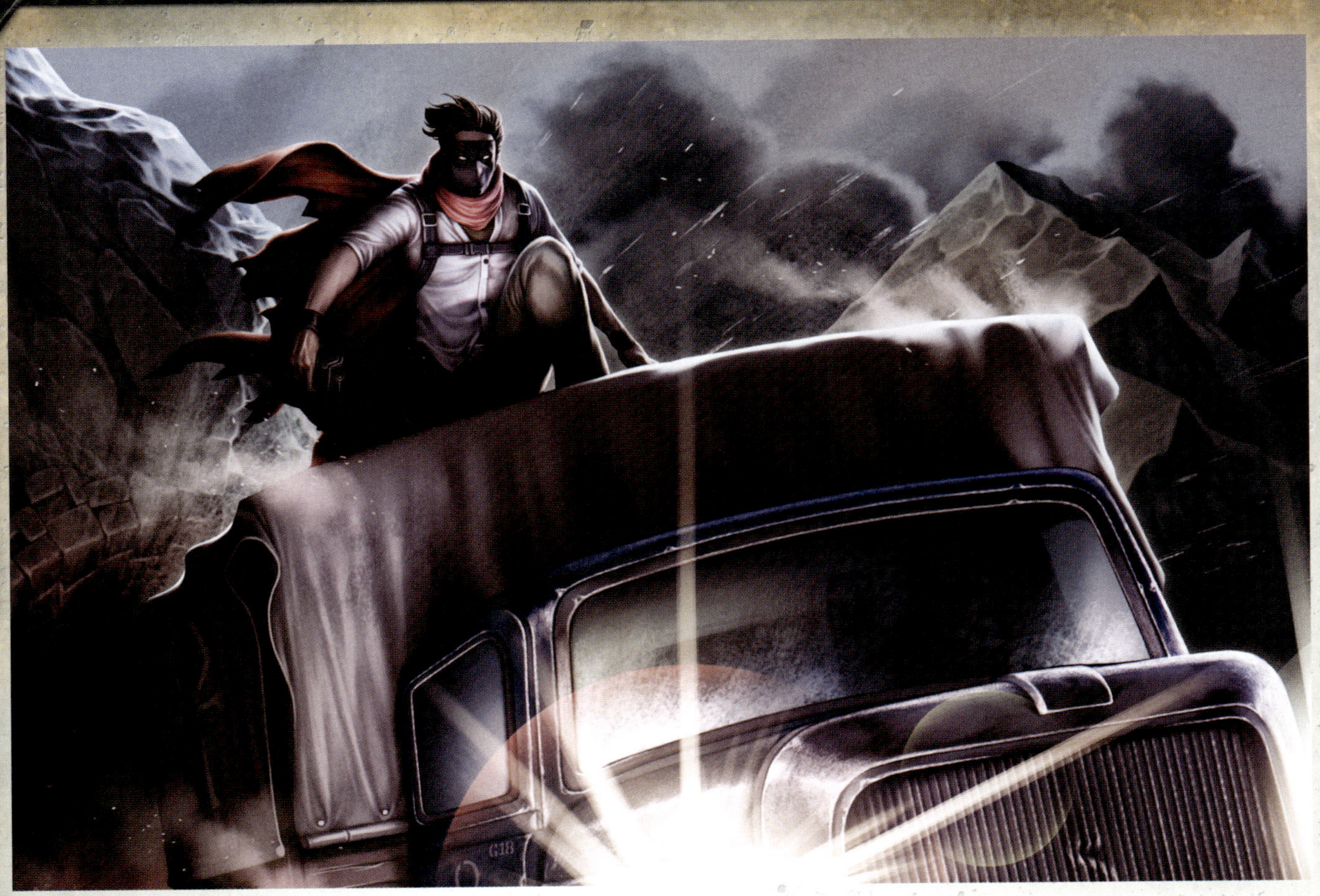

Ein unerwarteter Sandsturm ist das Resultat eines Rückschlags beim Rennen nach Abu Minqar und sorgt für Probleme.

Motorrädern flankiert. Der Anführer ist ein realitätsgehärteter Sturmsoldat, der Befehle aus einem der Jeeps erteilt.

Sobald ein Fahrzeug Schritt C absolviert, sehen es die Sturmsoldaten im hinteren Wagen (siehe unten) und eröffnen das Feuer mit der Kocha (Schaden 14, Langer Feuerstoß). Sobald ein Fahrzeug Schritt D vollendet, ist es nahe genug, damit seine Sturmsoldaten auf ein anderes fahrendes Fahrzeug springen können. Dies gilt erst, wenn sich die Verfolgungsjagd zu diesem Zeitpunkt in Runde 4 oder später befindet. Der Sprung ist eine Standard (MW 10) *Geschicklichkeits*-Probe. Bei einem Fehlschlag gerät der Held beinahe unter die Räder und erleidet 5 + 1 BW Schaden (oder 5 + 2 BW Schaden). Der Charakter hängt dann halb unter einem Fahrzeug fest und erleidet diesen Schaden in jeder Runde, bis er sich wieder an Bord ziehen kann, indem er eine Standard *Stärke*-Probe ablegt.

Während der Verfolgungsjagd durchqueren die Fahrzeuge eine vielfältige Landschaft, die sich von der Böschung über die Wüste und durch die Stadt erstreckt. Die verschiedenen Abschnitte der Verfolgungsjagd sorgen daher auch für unterschiedliche Hindernisse.

Runde 1: Die Verfolgungsjagd führt die gewundene Zufahrtsstraße entlang, die am verfallenden Rand der Böschung verläuft. Mögliche Hindernisse hier sind bröckelnder Schotter, Lieferfahrzeuge, die den Verfolgern entgegenkommen, und große Felsbrocken. Wenn man nicht aufpasst und über den Rand der Böschung stürzt, resultiert dies vermutlich in einer Katastrophe. Die Straße ist so eng, dass maximal zwei Fahrzeuge nebeneinander fahren können.

Runde 2: Am Fuß des Hügels wird die Straße breiter und durchquert ein trockenes Stück Wüste. Hindernisse hier sind Ausschwemmungen, Ziegen, die die Straße überqueren, und aufgewirbelter Sand, der den Helden in die Augen gerät.

Runde 3: Die Straße durchquert landwirtschaftliches Gelände, das von der Oase Wasser erhält. Man kommt an Hainen von Feigenbäumen vorbei und an den Steinmauern von verlassenen Gebäuden. Die Verfolgungsjagd ist nun in der Nähe der Stadt, und es sind immer wieder andere Personen auf der Straße. Hindernisse sind Ochsenwagen, ein Verkaufsstand mit Früchten und herumstreunendes Vieh.

Runde 4: Die Straße führt hier direkt durch Abu Minqar, und die Helden müssen im Zickzack durch gewundene Straßen fahren, auf denen sich zahlreiche Menschen herumtreiben. Mögliche Hindernisse sind unschuldige Passanten, hölzerne Marktstände, Hindernisse, die nicht direkt umfahren werden können, sodass man quer durch ein Gebäude fahren muss, und Haufen von Waren in Kisten oder Fässern.

Runde 5: Der letzte Abschnitt der Verfolgungsjagd führt die Helden in die offene Wüste hinter Abu Minqar. Der Zug ist bereits aus der Station gefahren, aber er hat noch keinen großen Vorsprung! Um ihn zu erreichen, muss man die Straße verlassen und direkt durch die Wüste fahren. Mögliche Hindernisse sind steile Sanddünen, Stellen mit losem Sand und kleine Sandstürme, die die Sicht behindern und drohen, den Antrieb mit Staub zu ersticken. Wenn es zu diesem Zeitpunkt zu einem Rückschlag kommt, führt der Weg schnurstracks auf einen Canyon zu, über den nur eine baufällige Hängebrücke führt. Entweder müssen die Charaktere jetzt auf den Zug springen oder es mit einer Sehr Schweren (MW 16) *Landfahrzeuge*-Probe über die Brücke schaffen. Doch das ist extrem gefährlich. Wenn man dabei scheitert, erlebt man einen tödlichen Absturz (40 + 1 BW Schaden). Na ja, auf jeden Fall bleiben dann nicht einmal Leichen zurück!

Sobald die Storm Knights auf dem Zug sind, sind ihre Probleme noch immer nicht vorbei. Der Zug besteht aus sieben Frachtwaggons und der Lok. Er hat eine Höchstgeschwindigkeit von 12, bewegt sich aber momentan nur mit 9. In den Frachtwaggons sind die üblichen Waffen und Ausrüstungsgegenstände für Sturmsoldaten in der Wüste. In einem Waggon befinden sich die geplünderten Schätze aus einem der Grabmäler von Nefru-Khem-Un, wie vergoldete Möbel und Statuen, zeremonielle Gegenstände, Haufen von Münzen und Schmuckstücken und sogar der Sarkophag von Nefru-Khem-Un selbst.

Sturmsoldaten sind überall im Zug stationiert. Oben auf dem letzten Wagen befindet sich ein Maschinengewehrnest mit einer Kocha, die von den Sturmsoldaten in diesem Wagen bedient wird. Die Sandsäcke, die rund herum aufgetürmt sind, bieten Deckung mit einer Robustheit von 10.

Im Wagen direkt hinter der Lok befinden sich sechs weitere Sturmsoldaten, die von einem realitätsgehärteten Elite-Sturmsoldaten angeführt werden. Dort hält sich auch Hooded Cobra auf, und er hat das Auge Sobeks. Wenn ihm die Schergen ausgehen, die er als lebende Schutzschilde einsetzen kann, wirft er das Auge aus dem Zug und zerschießt die Kupplung der Lok mit seinen Strahlenpistolen. Wenn es ihm gelingt, die Storm Knights zu besiegen, entkommt er mit dem Auge, aber andernfalls opfert er es, um seine Flucht sicherzustellen.

Während dieser Phase des Kampfes kommt es zu fortwährenden Komplikationen durch das **Gesetz der Dramatik**. Ein paar Möglichkeiten sind ein Granatenfehlwurf, wodurch Waggons abgekoppelt werden, Schaden an einer Gerüstbrücke, sodass diese auf den Zug zu stürzen droht, und ein Fehlschuss, der den Lokführer tötet, sodass der Zug außer Kontrolle gerät und wie verrückt beschleunigt.

- **Sturmsoldaten:** 3 je Storm Knight, siehe Seite 109
- **Elite-Sturmsoldat (1):** siehe Seite 108
- **Hooded Cobra:** siehe Seite 104

NACHSPIEL

Zu diesem Zeitpunkt haben die Helden entweder das Auge Sobeks erobert oder Hooded Cobra kehrt damit triumphierend zu Möbius zurück. In diesem Fall wird es im Mandjet integriert und zu einer schrecklichen Waffe.

So oder so wissen die Storm Knights momentan vermutlich nicht so recht, was sie als Nächstes tun sollen. Sie werden wohl nach Kairo zurückkehren, um sich mit ihrem mächtigen und mysteriösen neuen Verbündeten zu treffen. Dort können sie sich erneut im Büro des Weckrufs ausruhen, wenn dies nötig ist. Shafira verabschiedet sich von ihnen. Sie hat momentan genügend Abenteuer erlebt und muss eine Geschichte schreiben!

AKT DREI: EXPEDITION IN DIE FINSTERNIS

In diesem Akt treffen die Storm Knights auf Dr. Alexus Frest, den Anführer der Mystery Men. Er erzählt ihnen von Doktor Möbius' mysteriösem Projekt in der Wüste. Nakatomi und Dr. Frest möchten, dass sich die Helden das Vertrauen der Amazonen verdienen. Er beauftragt sie daher damit, den Bogen Sekanas zu bergen, einen mächtigen Ewigkeitssplitter, der mit einer uralten Kriegerkönigin des Kongos in Verbindung steht.

Die Helden reisen in den Kongo. Dort bekommen sie es mit einem gefährlichen Rivalen zu tun, müssen eine gefährliche Flussreise hinter sich bringen und stoßen auf einen verlorenen Tempel, in dem sich nun ein Albtraum aus Orrorsh eingenistet hat.

ÜBERSICHT

Szene Eins: In Kairo lokalisieren die Storm Knights das geheime Labor des Delphi-Rats, das unter der Ramses Station liegt. Dort treffen sie endlich auf Dr. Frest und zwei weitere Mystery Men. Sie erhalten den Auftrag, den Bogen Sekanas zu bergen, damit sie ihn den Amazonen als Geschenk überreichen können.

Szene Zwei: Die Helden reisen nach Kisangani, dem Außenposten im Kongo, der am nächsten zur Verlorenen Stadt Zembiti liegt, um von dort aus eine Expedition auszurüsten.

Szene Drei: Nachdem sie eine Flusspassage organisiert haben, stellen sie fest, dass sich ihnen berüchtigte Flusspiraten in den Weg stellen.

Szene Vier: Die Storm Knights kommen im Außenbereich der Verlorenen Stadt Zembiti an und finden die Überreste einer früheren Expedition, die hier niedergeschlachtet worden ist. Sie versuchen, den Generator wieder in Betrieb zu nehmen und das Lager zu erforschen. Dabei werden sie von den kopflosen Zombies der eheMalussegen Schatzsucher angegriffen.

Szene Fünf: Sie durchsuchen die Ruinen nach dem Bogen und stoßen auf einen Affenstamm, der durch das Böse befleckt wurde, das sich vom Albtraumbaum aus ausbreitet.

Szene Sechs: Im Zentrum von Zembiti stoßen die Storm Knights auf einen massiven Albtraumbaum, der die Form einer Banyan-Feige angenommen und seine bösen Wurzeln durch den Stein getrieben hat. Der Bogen Sekanas wartet in einem versiegelten Grab zwischen seinen Wurzeln, doch bevor sie ihn für sich beanspruchen können, müssen sie sich mit Sir Arthur Killingsworth und einer gigantischen Python herumschlagen.

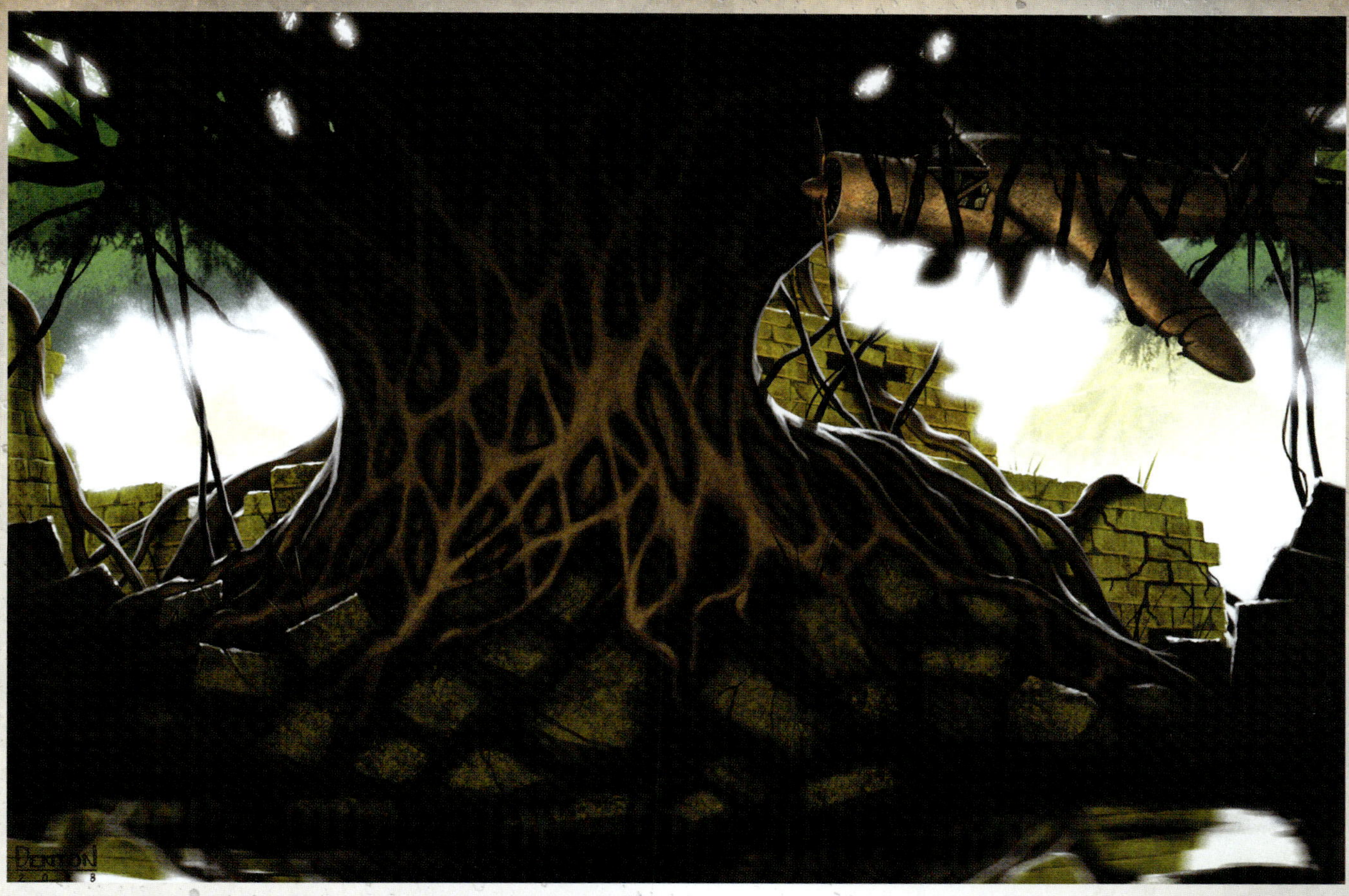

SZENE 1: DIE TUNNEL UNTER KAIRO

Standardszene, Nil-Imperium, Reine Zone. The Raven, die mysteriöse Frau, die die Helden in der Wüste gerettet hat, wartet in Kairo auf sie. Zwei oder drei Tage nach der Verfolgungsjagd zum Zug kommen die Helden an einer geschäftigen Eisenbahnstation an, um sie aufzuspüren. Der einzige Hinweis ist die seltsame Münze, die sie ihnen gegeben hat.

In den Tunneln unter der Stadt stoßen sie auf ein geheimes Labor der Verrückten Wissenschaft, das von Joe Molson aka „Zed" betrieben wird. Dort halten sich momentan auch Nakatomi, The Raven und Dr. Frest, der Anführer der Mystery Men höchstpersönlich, auf. Dr. Frest hat wichtige neue Informationen und eine ebenso wichtige neue Aufgabe. Die Storm Knights sollen Freundschaft mit den Amazonen schließen, einem großen Stamm wilder Kriegerfrauen, die durch die Axiomswelle auf Kreta entstanden sind. Das Problem ist, dass sie normalerweise ziemlich feindselig sind. Aber Dr. Frest ist der Ansicht, dass ein bedeutsames Geschenk das Blatt wenden und die Amazonen auf die Seite der Storm Knights ziehen könnte. Er weiß von einem mächtigen Ewigkeitssplitter, der sich eignen würde. Dabei handelt es sich um den Bogen Sekanas, der in einer verlorenen Stadt im Kongo begraben ist.

Lies folgenden Text vor oder erzähle ihn mit deinen eigenen Worten:

Die gigantische Ramses Station ist ein geschäftiger Verkehrsknotenpunkt. Sie ist im koptischen Stil errichtet und wird von einer hoch aufragenden Statue von Ramses selbst geschmückt. Das Sandsteingebäude verfügt im Inneren über eine spektakuläre Galerie mit Lotussäulen und einem riesigen Kronleuchter im Art-déco-Stil, der wie eine verkehrte Pyramide aussieht. Ihr drängt euch zwischen den Menschenmengen hindurch und kommt zu Terminal Drei, wo ihr eine Telefonzelle seht, auf der ein Schild „Außer Betrieb" hängt. Ihr werft die Münze ein und eine geheime Öffnung erscheint. Dahinter sind erstaunlicherweise enge Stufen, die in die Tiefe führen.

Ihr landet in einem höhlenartigen Ziegelraum, in dem sich ein gut ausgerüstetes Labor mit surrenden Maschinen, Tischen mit Bechergefäßen, in denen Flüssigkeiten blubbern, Flaschen, Elektrizität, die zwischen zwei Antennen nach oben steigt und allerlei Schalttafeln mit Drehrädern und Hebeln befinden. The Raven erwartet euch bereits und begrüßt euch mit einem kurzen Nicken und verschließt dann die Tür hinter euch. Mitten im Raum warten noch drei andere Personen auf euch. Die erste Gestalt ist euch bereits vertraut. Es handelt sich um Snowflake, den stellvertretenden Direktor des Delphi-Rats, der in Italien mit euch gesprochen hat. Ein weiterer

Mann sieht wie eintypischer Verrückter Wissenschaftler aus. Er trägt eine Brille mit sehr dicken Gläser und eine Lederschürze, in der zahlreiche Werkzeuge verstaut sind. Der dritte Mann ist hübsch, im besten Alter und hat graue Strähnen im Haar. „Willkommen", begrüßt euch Snowflake. „Ich bin froh, dass Sie es geschafft haben."

Wenn die Helden noch nicht auf Dr. Frest getroffen sind, stellt ihn Nakatomi kurz vor und erklärt den Helden, wie er auf die Zentralerde und hier ins Nil-Imperium gelangt ist (siehe das *Nil Imperium Quellenbuch*). Außerdem stellt er den Wissenschaftler als Zed vor, einen Agenten des Delphi-Rats, der auf das Gebiet der Verrückten Wissenschaft spezialisiert und für dieses Labor verantwortlich ist. Schlussendlich stellt er ihnen The Raven vor, eine Superheldin, die jetzt ihr normales schwarzes Gewand trägt, das durch Krallen an den Händen und eine lange Peitsche komplettiert wird.

Wenn die Helden bereit sind, übernimmt Dr. Frest die Kontrolle und erklärt, warum sie hier sind. Lies folgenden Text vor oder erzähle ihn mit deinen eigenen Worten:

„Seit Kurzem verdichten sich die Gerüchte, dass Pharao Möbius eine gefährliche neue Waffe baut. Wir wissen wenig darüber, außer dass sie vermutlich fliegen kann. Raven hier verfolgt Hooded Cobra bereits sein einiger Zeit, und wir sind der Ansicht, dass er Teile für Doktor Möbius beschafft, die dieser für die Waffe benötigt. Das Auge Sobeks hat etwas mit der ganzen Sache zu tun. Vermutlich will er die Waffe benutzen, um die Grenzen seines Imperiums auszudehnen. Seine letzten Eroberungszüge haben die Grenzen des Nils bis nach Kreta und über Saudi-Arabien hinaus erweitert. Israel bereitet ihm große Schwierigkeiten, aber ich bin der Ansicht, dass er seine Streitkräfte für einen weiteren Ansturm konsolidieren will. Wenn dem so wäre, wäre das offener Krieg."

„… und dann ist da noch Folgendes …"

Er gibt Zed ein Handzeichen, und dieser dreht das Licht ab und wirft einen altmodischen Filmprojektor an. Ihr seht zitternde Schwarzweißbilder von Leuten, die durch die Wüste gehen. Eine Gestalt ist The Raven, doch die anderen erkennt ihr nicht. Sie gestikulieren mit den Händen und die Kamera konzentriert sich auf eine große Grube in einer Düne. Die Grube ist fleckig und dunkel. The Raven kniet davor und holt etwas aus der Wand, das wie geschmolzenes Glas aussieht. Der Film stoppt und Zed dreht das Licht wieder an.

Dr. Frest fährt fort. „Wir haben mehrere derartige Löcher in der Wüste südwestlich von hier entdeckt. Es gibt keine Zeugen, aber ich kenne Doktor Möbius schon verdammt lange und ich weiß, dass er irgendwie hinter all dem steckt." Er seufzt. „Leider reichen meine Mystery Men nicht aus. Wir benötigen Verbündete in dem bevorstehenden Kampf."

Dr. Frest verstummt, und Snowflake ergreift das Wort: „Und damit kommen wir zu einer neuen Aufgabe für Sie. Als die Axiomswelle über die griechischen Inseln geschwappt ist, ist etwas Seltsames geschehen. Mächtige Realitätsstürme sind über die Insel Karpathos geschwappt und haben jeden, auch die Männer und Jungen, in Frauen verwandelt. Eine ganze Nation von Kriegerfrauen. Sie nennen sich die Amazonen und entsprechen scheinbar tatsächlich in jeder Hinsicht dem legendären Stamm des gleichen Namens. Bisher ist ihre Königin Aegea streng neutral geblieben und hat sich strikt geweigert, sich entweder dem Delphi-Rat oder Doktor Möbius anzuschließen. Dennoch bleibe ich davon überzeugt, dass die Ziele der Amazonen mit unseren übereinstimmen. Ich benötige jemanden, der es schafft, eine Abmachung mit den Amazonen auszuhandeln. Das wird wesentlich leichter sein, wenn man ihnen ein mächtiges Geschenk bringt. Dadurch sollten Sie ihre Gunst erringen und eine Audienz bei Aegea erhalten können."

Dr. Frest ergreift wieder das Wort. „Ich habe etwas gefunden, das diesen Zweck erfüllen sollte. Es handelt sich um einen Ewigkeitssplitter, der als Bogen Sekanas bezeichnet wird. Sekana war eine Kriegerkönigin aus Zembiti, einem Stadtstaat, der vor langer Zeit von Ägypten erobert wurde. Sie führte ihre Armee persönlich von einem Sieg zum nächsten gegen die Ägypter. Angesichts ihrer militärischen Macht verfielen die Ägypter auf eine schäbige Vorgangsweise. Sie riefen ihre Götter selbst an und brachten einen mächtigen Fluch auf ihre Stadt nieder, wodurch jeder Mann, jede Frau und jedes Kind getötet wurde. Zembiti war nicht mehr und wurde von dem wachsenden ägyptischen Imperium verschlungen. Niemand weiß genau, wo dieses Zembiti eigentlich liegt, aber die Hieroglyphen in einer neu entdeckten Ruinenanlage zeigen einen Ort, der als die Sieben Wasserfälle nahe des Mächtigen Westflusses bezeichnet wird. Meine Nachforschungen lassen mich zu der Ansicht kommen, dass es sich dabei um die Boyoma-Wasserfälle in der Nähe des Kongos handelt. Dort liegt heute die Stadt Kisangani. Ich will, dass ihr dorthin reist, eine Expedition zu der Verlorenen Stadt ausrichtet und mit dem Bogen Sekanas zurückkehrt."

Dr. Frest gibt sich Mühe, die Fragen der Helden zu beantworten.

- Kisangani liegt am Zusammenschluss mehrerer Flüsse, von denen einer der Kongo ist. Die Stadt wurde erst vor ungefähr vier Monaten transformiert und verfügt über eine Garnison von Sturmsoldaten. Dennoch hat sie noch immer die Atmosphäre einer Grenzstadt, in der sich Jäger, Entdecker, Flusspiraten, Schmuggler und Söldner treffen.
- Der Großteil der Informationen über Sekana und ihren Staat Zembiti ist im Nebel der Zeiten verloren gegangen, aber die Legenden über sie besagen, dass sie eine Meisterin im Kampf mit dem Bogen war. Die Stadt fiel erst Jahre nach ihrem Tod.
- Ein Treffen mit den Amazonen ohne ein Geschenk wie den Bogen wird vermutlich scheitern. Die Amazonen verfügen über Berge von Gold und lehnen modernde Technologie ab. Aber ein Ewigkeitssplitter wäre eine starke Basis für erfolgreiche Verhandlungen.

Zed gibt ihnen ein Gadget der Verrückten Wissenschaft. Er hat drei derartige Trickgeräte zur Auswahl und die Storm Knights müssen sich für eines davon entscheiden.

Das erste Gadget hat die Form einer kleinen Kugel mit einem roten Knopf, die er als „Ultrasonischen Hyperphasenabwehrer" bezeichnet. Sie strahlt ein extrem hohes Geräusch aus, das außerhalb des Hörvermögens von Menschen ist, aber für nicht-menschliche Kreaturen extrem störend sein kann. Dadurch werden sie Sehr Angeschlagen, wenn sie sich in einer Entfernung von bis zu 10 Metern befinden. Er warnt die Helden, dass die Ladung nur für etwa eine Minute reicht.

Das zweite Gadget ist eine Art Röhre, die er als „Megageschwindigkeitsomniwerfer" bezeichnet. Sie verschießt einen magnetischen Greifhaken mit drei Krallen, an dem ein Kabel hängt und der eine Distanz von bis zu 100 Metern überwinden kann. Es kann nur einmal benutzt werden.

Das dritte Gadget besteht aus schweren Beinschienen mit kegelförmigen Aufsätzen mit Auslässen an der Seite. Er nennt sie „Dualunivektorpulsraketenantriebss chuhe" Wenn man sie gemeinsam aktiviert, erhält der Träger den Vorzug Flug für 1 BW Runden, bevor sie ausbrennen.

Wenn sie bereit sind, kann Dr. Frest für ein Transportmittel ihrer Wahl sorgen, welches sie nach Kisangani bringen wird.

SZENE 2: KISANGANI, JUWEL DES KONGO

Standardszene. Nil-Imperium, Dominante Zone. In Kisangani haben die Helden die Gelegenheit sich über die vorliegende Situation zu informieren, sie können Vorräte kaufen und ihre Expedition planen. Die Stadt ist eines der größten urbanen Zentren im Kongo, und während der ersten Monate der Invasion trafen hier Horden von Flüchtlingen ein, die sich vor dem vorrückenden Nil-Imperium in Sicherheit bringen wollten. Dadurch wurde alles geradezu mit Menschen überflutet, und die Situation ist seitdem nicht besser geworden. Der Großteil der Bevölkerung lebt in weitläufigen Slums aus Holzhäusern, die eigenständig verwaltet werden und rund um das Stadtzentrum arrangiert sind.

Der breite, schlammig braune Kongo fließt am Südrand der Stadt, und der pechschwarze Tshopo rauscht im Norden vorbei und trifft sich im Westen der Stadt mit dem Lindi und dem Kongo. Obwohl es im Osten der Stadt eine Garnison von Sturmsoldaten gibt, kann man hier praktisch alles kaufen, was das Herz eines Storm Knights begehrt. Dazu zählt auch Schmuggelware, allerdings mit einem heftigen Aufpreis. Alles was hier nicht direkt angebaut wird und wächst, muss mit Flugzeugen oder Flussbarken in die Stadt gebracht werden. Da all diese Gegenstände eine lange Reise hinter sich haben, findet man hier größtenteils nur Ausrüstung des Nil-Imperiums, da alle anderen Gegenstände während des Transports transformiert werden.

Je nach Entscheidung der Storm Knights kommen sie mit Flugzeug, LKW oder Flussschiff hierher. So oder so werden sie am Rand des geschäftigen Hafenviertels abgesetzt. Lies folgenden Text vor oder erzähle ihn mit deinen Worten:

Kisanganis Hafenviertel liegt an den Ufern des breiten Kongos, und es wimmelt hier vor hektischer Aktivität. Trampfrachter drängen sich an den Docks und überall wird Fracht ausgeladen, und es drängen sich Passagiere. Moskitos surren in der Luft. Eine Zollstation, die von Sturmsoldaten bemannt ist, thront über den Docks, und Soldaten patrouillieren in der Menschenmenge, um für Ruhe und Ordnung zu sorgen.

Ein junger, barfüßiger Bursche läuft auf euch zu und stellt sich als Amari vor. Er bietet ihnen an, sie zu den besten Hotels und Händlern der Stadt zu führen, ihre Ausrüstung zu tragen, oder was auch immer sie sonst benötigen. Für seine Dienste möchte er irgendeinen Ausrüstungsgegenstand, der sich gut verkaufen lässt.

Amari ist eine exzellente Kontaktperson in Kisangani. Er weiß, wo man so gut wie alles findet oder wo man jemand anders treffen kann, der über die entsprechenden Informationen verfügt. Mit ihm erhält man einen Bonus von +2 auf Proben auf *Gassenwissen* oder *Überreden*, wenn man Ausrüstung kaufen oder mittels Requisition beschaffen will.

KISANGANI

Das beste Hotel vor Ort ist das Royal, ein Gebäude im klassischen Kolonialstil mit Rattanmöbeln. Viele Entdecker genießen an seiner Bar zwischen ihren Abenteuern den einen oder anderen Drink. Nahrung ist praktisch überall in der Stadt verfügbar, aber nicht alles davon sollte man zu sich nehmen, wenn man sich nicht den Magen verderben will. Der Transport erfolgt mittels Taxis, bei denen es sich größtenteils um alte Klapperkisten handelt.

Der Hafen ist ein idealer Ort, um sich Ausrüstung für die Expedition zu beschaffen. Besonders bekannt sind die Wellington Outfitters, eine altehrwürdige Handelsgesellschaft, die sich auf Kleidung, Ausrüstung und Proviant spezialisiert hat. Dort verlangt man ein wenig mehr als anderswo, aber rein spieltechnisch gesehen hat der geringe Aufpreis keine Auswirkung.

Der Besitzer heißt Maurice, raucht ständig Zigarren und beschreibt sein Geschäft als „Strahlendes modernes Licht in der Dunkelheit" {Seite 36}. Ein Grammophon spielt beständig Big-Band-Musik, und an der Decke drehen sich langsameVentilatoren.

Wenn sich die Gruppe von Amari führen lässt, sorgt er dafür, dass sie gefährlichen Gebieten fernbleiben. Andernfalls stoßen sie früher oder später irgendwo im Hafenviertel auf eine örtliche Schlägerbande, die sie ausrauben möchte.

Wenn man nach der Verlorenen Stadt Zembiti fragt, werden die Einheimischen (auch Amari) auf einmal sehr ausweichend und flüchten sich in irgendwelche abwehrenden Floskeln. Mit einer Sehr Schweren (MW 14) *Überreden*-Probe sagen sie nur, dass der Ort verflucht ist und dass es Pech bringt, von ihm zu sprechen.

- **Hafenschläger** (1 je Storm Knight): siehe unten

HAFENSCHLÄGER

Attribute: Charisma 6, Geschicklichkeit 9, Verstand 6, Geist 7, Stärke 10

Fertigkeiten: Ausweichen 10, Einschüchtern 11, Feuerwaffen 10, Finden, 8, Gassenwissen 9, Nahkampfwaffen 11, Verspotten 8, Waffenloser Kampf 11, Wasserfahrzeuge 10

Bewegung: 9; **Robustheit:** 10; **Schock:** 9; **Wunden:** –

Ausrüstung: –

Vorzüge: Ausdauer, Schläger

Möglichkeiten: nie

Spezielle Fähigkeiten: –

EIN FLUSSBOOT ANHEUERN

Während die Storm Knights Informationen sammeln, und Vorbereitungen für ihre Expedition treffen, stoßen sie auf Joe Hill. Er ist ein Afroamerikaner, der momentan eine Pechsträhne hat. Er kann ihnen ein Flussboot mit geringem Tiefgang anbieten, das den Namen Dschungelkönigin trägt. Joe ist durch und durch pragmatisch. Er weiß, dass das Übernatürliche hier sehr real ist, aber er redet dennoch ohne Scheu über die Ruinen.

An einer Stelle entlang eines schmalen Nebenstroms des Tshopo befinden sich zugehauene Steine, die ins Wasser hervorstehen. Vermutlich handelt es sich dabei um die Überreste einer alten Mauer, denn sie sind mit unheimlichen Abbildern von Schlangen überzogen. Joes Flussboot ist momentan das einzige verfügbare Fahrzeug, das sich für diese Reise eignet. Vor ein paar Wochen kamen eine Gruppe kolumbianischer Schatzsucher hier durch und heuerten die einzigen zwei anderen verfügbaren Flussboote an.

Die Storm Knights verfügen dank des Delphi-Rats mühelos über ausreichend Geldmittel, um Joe anzuheuern. Außerdem haben sie ja ohnehin keine wirkliche Wahl. Die anderen verfügbaren Boote in Kisangani ankern entweder im Kongo oder unterhalb der Tshopo-Wasserfälle. Sie irgendwie den Wasserfall hinauf zu transportieren, wäre extrem anstrengend, teuer und zeitaufwendig.

JOE HILL

Joe Hill ist unrasiert, ungekämmt und eine ziemlich erbärmliche Gestalt. Er trägt eine Cargohose und ein mit Ölflecken verschmutztes Hemd mit Blumenmuster. Er ist aus seiner Heimatstadt Detroit nach Afrika geflohen, um seinen Schulden zu entfliehen, nur um nach einer Reihe von schlecht gewählten Investitionen hier noch tiefer in der Patsche zu stecken.

Zitat: „Ich werde euch dorthin bringen, aber es wird euch vielleicht nicht gefallen."

Attribute: Charisma 7, Geschicklichkeit 8, Verstand 8, Geist 9, Stärke 8

Fertigkeiten: Erste Hilfe 9, Feuerwaffen 10, Finden 10, Gassenwissen 10, Heimlichkeit 10, Landfahrzeuge 9, Tricksen 11, Überlebenskunst 11, Überreden 9, Verspotten 8, Wasserfahrzeuge 13

Bewegung: 8; **Robustheit:** 8; **Schock:** 9; **Wunden:** 1

Ausrüstung: Webley Revolver (Schaden 14), Fernglas, Werkzeugtasche

Vorzüge: –

Möglichkeiten: keine

Spezielle Fähigkeiten: –

DIE GEFÄHRLICHSTE BEUTE

Später am selben Tag trifft Sir Arthur Henry Killingsworth (siehe Seite 106) in der Stadt ein. Er ist ein extrem erfahrener Jäger und gehört zur Retribution League. Nachdem die Storm Knights Hooded Cobra so viel Ärger in der Wüste bereitet haben, hat er Killingsworth damit beauftragt, sie zu erledigen. Der Schurke hat den Auftrag begeistert angenommen. Er braucht nicht lange, um die Storm Knights aufzuspüren, aber er erkennt, dass es noch zu früh ist, um zuzuschlagen. Er liebt es, seine Beute zu verfolgen, mit ihr zu spielen, ihre Bewegungen und Vorlieben zu studieren. Er arrangiert ein Treffen zu einem geeigneten Zeitpunkt, beispielsweise wenn die Helden essen oder etwas trinken (wenn sie sozusagen an der „Tränke" sind).

Während er sich mit ihnen unterhält behauptet er, dass er hier ist, um die gefährlichste Beute zu jagen, die man sich nur vorstellen kann. Dabei versucht er, mehr über ihre Pläne herauszufinden. Wenn sie erzählen, dass sie vorhaben, flussaufwärts zu reisen, warnt er sie vor verschiedenen Gefahren im Kongo, wie Nilpferden, Gorillas, Tsetsefliegen und so weiter. Wenn ihn die Helden gar einladen, sich ihnen anzuschließen, schlägt er begeistert ein. Es fasziniert ihn, seine Beute von „innerhalb der Herde" zu jagen. Er unterbreitet ein derartiges Angebot aber nicht von sich aus.

Sobald die Helden die Stadt verlassen, verfolgt er sie in einem Auslegerkanu. Er beobachtet alles, was sie tun, und wartet auf den idealen Zeitpunkt, um zuzuschlagen. Das **Gesetz der Dramatik** stellt sicher, dass er nicht entdeckt wird, bis es schließlich zur letzten Szene kommt, wo die Storm Knights den Albtraumbaum in der Mitte des Tempels erreichen (siehe **Szene 6**).

SZENE 3: PIRATEN!

Standardszene. Sobald die Helden bereit sind, die Stadt zu verlassen, wirft Joe den Motor an und dann geht es auch schon flussaufwärts. Es dauert nicht lange, bis der Dschungel auf allen Seiten dicht an den Fluss rückt und alle Spuren der Zivilisation verschwinden. Doch die Probleme fangen gerade erst an. Eine Stunde, nachdem sie Kisangani verlassen haben, geraten die Helden in einen Hinterhalt von Flusspiraten. An einer Flussbiegung stoppt die Dschungelkönigin auf einmal. Piraten haben schwere Ketten über den Fluss gespannt, um Boote aufzuhalten. Es ist eine Sehr Schwere (MW 16) *Finden*-Probe erforderlich, um sie im schlammigen Fluss rechtzeitig zu bemerken, sodass man sich auf einen Hinterhalt vorbereiten könnte. Die Piraten tauchen auf beiden Seiten des Flussufers auf und ein 9 Meter langes, dampfgetriebenes Boot, das in jeder Hinsicht sehr stark an die Dschungelkönigin erinnert, tuckert um die Ecke. Die Piraten sind allesamt mit Pistolen und Gewehren bewaffnet, aber einer zielt mit einer Bazooka auf das Boot.

Die Piraten werden von einem Stormer aus dem Kongo namens Gabriel Benoit angeführt. Er ist ein Wilderer, Elfenbeinhändler, Schmuggler, Bandit und durch und durch Gangster. Er ist bekannt für sein blindes Auge und eine schreckliche Wunde, die sich über eine Seite seines Gesichts zieht. Sie sind das letzte Geschenk eines Nashorns, das er erlegt hat. Er trägt einen weit geschnittenen Leinenanzug und einen Panamahut. Benoit nähert sich mit seinem Flussboot. Er hat eine Schmeisser MP-40 und ein Pirat am Bug bemannt eine fest montierte M1918 BAR (Schaden 15, Langer Feuerstoß). Benoit versucht vernünftig zu erscheinen. Er möchte nur die Dschungelkönigin und alles an Bord, darunter natürlich auch die gesamte Ausrüstung der Storm Knights, und dann dürfen sie am Leben bleiben. Er spricht mit aufgesetzter Freundlichkeit, und falls sich die Gruppe zur Wehr setzt, entscheidet er sich, dass er es auch mal mit Kidnapping probieren könnte.

Wenn sich die Dinge zu seinen Ungunsten entwickeln, springt er in den Fluss und versucht schwimmend zu entkommen. Er kehrt später zurück, um sich zu rächen (siehe unten). Wenn er die Dschungelkönigin erfolgreich kapern kann, bringt er sie zu seiner befestigen Anlage, die sich unweit dieser Stelle befindet und lässt sie an der Anlegestelle vertäuen. Die Piratenburg ist nicht sehr groß, aber es gibt hier überall gestohlene Boote, Fahrzeuge,

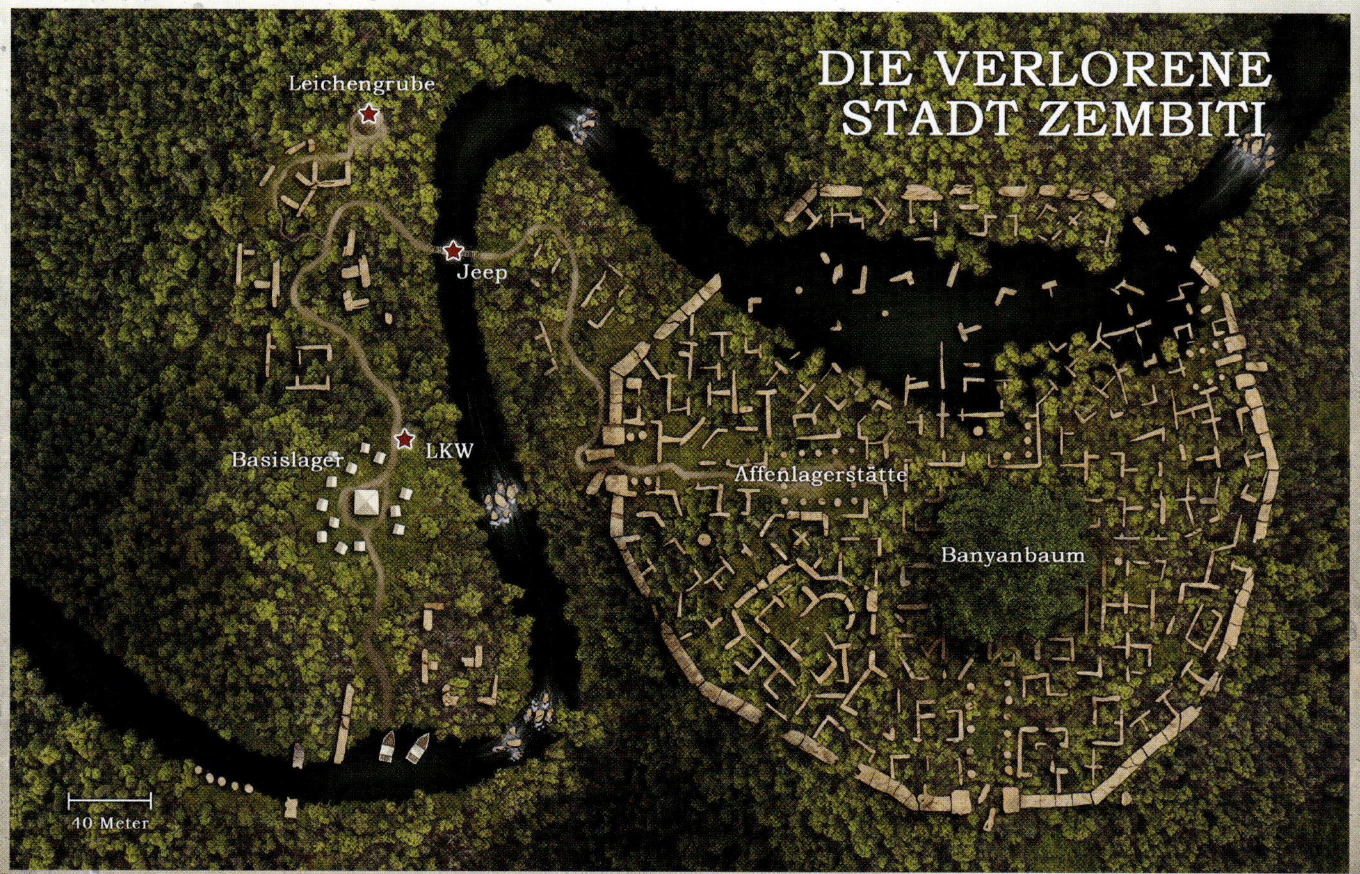

Kisten mit gestohlenen Vorräten, Käfige mit gefangenen Dschungeltieren für den Schwarzmarkt und ein kleines Arsenal von Knarren, Sprengstoff und Munition.

Gefangene Helden werden gefesselt und in einen Schuppen geworfen. Sie werden von einem Wächter bewacht, während sie auf ihr Schicksal warten. Es bleibt ihnen relativ wenig Zeit, um zu entkommen und die Dschungelkönigin zurück zu erobern.

- **Piraten:** 3 je Storm Knight, siehe unten
- **Gabriel Benoit:** siehe unten

GABRIEL BENOIT

Gabriel Benoit begann bereits sein Schwarzmarktunternehmen aufzubauen, bevor der Kongo durch die Realität des Nils transformiert wurde. Jetzt kleidet er sich noch smarter und ist begeistert darüber, dass Leinenanzüge und Khakis wieder in Mode sind. Er leidet noch immer unter der schrecklichen Narbe, die er in Uganda davongetragen hat, als ihn ein Nashorn kalt erwischt hat.

Attribute: Charisma 11, Geschicklichkeit 10, Verstand 8, Geist 9, Stärke 9

Fertigkeiten: Ausweichen 12, Beweisanalyse 9, Einschüchtern 11, Finden 11, Heimlichkeit 12, Landfahrzeuge 12, Luftfahrzeuge 11, Manövrieren 11, Nahkampfwaffen 12, Realität 11, Schusswaffen 13, Schwere Waffen 11, Spuren lesen 11, Überlebenskunst 10, Wasserfahrzeuge 12

Bewegung: 10; **Robustheit:** 9; **Schock:** 9; **Wunden:** 3

Ausrüstung: Schmeisser MP 40 (Schaden 13), Munitionsgürtel, Fernglas, Taschenlampe, Funkgerät, Augenklappe

Vorzüge: Anfeuern, Lieblingswaffe (MP 40)

Möglichkeiten: 1

Spezielle Fähigkeiten: –

PIRAT

Attribute: Charisma 6, Geschicklichkeit 8, Verstand 7, Geist 8, Stärke 9

Fertigkeiten: Ausweichen 10, Einschüchtern 9, Feuerwaffen 10, Finden 8, Heimlichkeit 10, Manövrieren 9, Nahkampfwaffen 10, Schwere Waffen 9, Tricksen 9, Verspotten 7, Waffenloser Kampf 9, Wasserfahrzeuge 10

Bewegung: 8; **Robustheit:** 9; **Schock:** 8; **Wunden:** –

Ausrüstung: Thompson 1929 (Schaden 14, Langer Feuerstoß, Reichweite 15/30/60), Machete (Schaden Str +2/11)

Vorzüge: –

Möglichkeiten: Selten (2)

Spezielle Fähigkeiten: –

SZENE 4: DAS VERLASSENE LAGER

Standardszene. Nil-Imperium, Dominante Zone oder Nil-Imperium/Orrorsh Gemischte Zone (nur nachts). Nach einer mehrstündigen Reise nähern sie die Helden der Verlorenen Stadt, in deren Mitte ein Albtraumbaum steht. Sie finden die Überreste einer früheren Expedition und erforschen die vom Dschungel überwucherten Ruinen von Zembiti und stoßen dabei auf gefährliche Bewohner. Das Gebiet ist ein Labyrinth aus sumpfigen Flussdeltas, das von niedrigen Hügeln und kleinen Bächen durchzogen wird.

EIN ALBTRAUM KOMMT NACH ZEMBITI

Die Helden haben eine Zone erreicht, in der sich die dominante Realität des Nil-Imperiums in der Nacht mit derjenigen von Orrorsh mischt. Da man sich hier in der Nähe des Äquators befindet, dauert die Nacht stets von 6 Uhr abends bis 6 Uhr morgens, und es gibt nur eine sehr kurze Dämmerung. Während die Gemischte Zone herrscht, vermischen sich die Weltgesetze des Nil-Imperiums mit jenen von Orrorsh, wodurch ein Gebiet entsteht, in dem sich noch immer Hindernisse anhäufen und Heldentaten begünstigt sind, wo sich dies aber alles mit ständiger Korruption und Schrecken vermischt.

Vor ein paar Monaten kam ein Team von Storm Knights, das die Experimente des Hageren Mannes mit Albtraumbäumen untersuchte, hierher. Ursprünglich stießen sie in Indien auf einen mächtigen Albtraumbaum und schnitten einen Mann aus einer seiner Kapseln. Sie stahlen ein Flugzeug und planten, zum Delphi-Rat in Marokko zurückzukehren. Sie waren zahlreiche Tage unterwegs und mussten mehrmals tanken. Sie überquerten Afrika, flogen rund um das südliche Ende des Nil-Imperiums, um jedem Konflikt aus dem Weg zu gehen, und dann schlug das Pech zu. Sie überquerten den Kongo genau zu jenem Zeitpunkt, als die hier neu platzierten Stelen aktiviert wurden. In den brutalen Realitätsstürmen wurde der Pilot getötet, und das Flugzeug stürzte mitten im Zentrum der Verlorenen Stadt Zembiti ab. Der Großteil der Storm Knights wurde aus dem Flugzeug geschleudert und starb. Es wurde aber auch die Kapsel des Albtraumbaums hinausgeschleudert. Nur eine Angehörige des Teams überlebte schwer verwundet. Während sich das Flugzeug rund um sie transformierte, schrieb sie ihre letzte Botschaft hastig in ihrem Tagebuch nieder. Sie wollte, dass so die Details ihres Auftrags für die Nachwelt erhalten bleiben würden. Vielleicht würden sie sich ja noch als nützlich erweisen.

Am Boden begann ein neuer Albtraumbaum aus der Kapsel zu wachsen. Er passte sein Aussehen an die neue

Realität an und wuchs atemberaubend schnell zu einer monumentalen Banyan-Feige heran. Seine Wurzeln drangen auch in das Gestein vor und verschlangen das Grabmal von Sekana beinahe vollständig. Der massive Albtraumbaum hat nun einen Einflussbereich mit beinahe 10 Kilometern Radius. In der Nacht kommt ein unheimliches Gefühl der Bedrohung über den Dschungel, und viele normale Dschungelbewohner sind auf einmal aggressiv und verdorben. Im Gegensatz zu vielen Albtraumbäumen, die absichtlich gepflanzt werden, verfügte dieser hier über keinen Wächter. Deswegen erschuf er seinen eigenen Wächter. Er transformierte eine bereits gigantische afrikanische Felspythom in eine unglaubliche 30 Meter lange Monstrosität, die sich jetzt durch den Dschungel schlängelt.

BASISLAGER

Nachdem die Helden die Gemischte Zone ein paar Stunden durchsucht haben, stoßen sie auf die ersten Zeichen der Verlorenen Stadt. Lies folgenden Text vor oder erzähle ihn mit deinen eigenen Worten:

Die kürzlichen Regenfälle haben dafür gesorgt, dass der Tshopo angeschwollen ist. Seine Nebenflüsse fließen träge dahin. Ihr kämpft euch in der drückenden Hitze des Kongos immer weiter flussaufwärts und erschlagt geradezu Schwärme von lästigen Moskitos und Tsetsefliegen. Das Wasser, das am Rand des Bootes wirbelt, ist dunkel und tief. Nilpferde schnauben euch an, während sie sich in flachen Tümpeln suhlen. Ein dichtes Blätterdach hängt von beiden Seiten aus über den Fluss und bietet durch seinen Schatten zumindest ein wenig Erleichterung von der Hitze. Am Flussufer seht ihr immer wieder seltsame maskierte Nachbildungen von Menschen, die aus verknoteten Zweigen bestehen. Etwas stimmt hier ganz und gar nicht.

Aus dem träge vor sich hinströmenden Fluss erheben sich mehrere alte, mit Ranken überzogene Steinsäulen. Obwohl ihnen die Zeit stark zugesetzt hat, tragen sie noch immer die Abbilder von furchterregenden Schlangen. Dahinter erstreckt sich ein eingestürzter Torbogen halb über den Fluss hinweg, und eine überwucherte Mauer beschützt ein flaches Flussdelta. Dort sind zwei Boote verankert, eine Flussbarke und ein Dampfboot ähnlich dem euren. Felsige Stromschnellen hindern euch daran, die Dschungelkönigin für die weitere Reise flussaufwärts zu benutzen. Obwohl ihr niemanden sehen könnt, könnt ihr das untrügliche Gefühl, dass man euch beobachtet, nicht abschütteln.

Diese Boote wurden von den kolumbianischen Schatzsuchern angemietet, doch von ihrer Besatzung fehlt jede Spur. Hier hängen weitere der seltsamen maskierten Abbilder in den Bäumen. Sie hängen an trockenen Ranken oder sind an Baumstämme gebunden. Radspuren führen eine schlammige Rampe hinauf, die am Flussrand liegt.

Oben auf dem Hügel ist das Lager der Kolumbianer. In der Mitte des Lagers befindet sich ein offenes Zelt im Stil eines Pavillons und kleinere Lagerzelte sowie Schlafzelte sind in seiner Nähe aufgebaut. Die Kisten mit Vorräten sind auf Spanisch beschriftet. Ein Aaki parkt auch in der Nähe, der offenbar auch mit der Flussbarke transportiert wurde. Auch hier hängen wieder diese seltsamen Abbilder in den Bäumen. Ihr entscheidet euch endlich, sie näher zu untersuchen und erkennt voller Entsetzen, dass sich unter den Masken verrottende menschliche Schädel verbergen! Hier und da sieht man auch Zeichen einer Auseinandersetzung. Da liegt ein Gewehr am Boden, hier befinden sich große Löcher im Erdreich, und dort gibt es reichlich vergossenes Blut. Es gibt allerdings keine Leichen.

Im Hauptpavillon befinden sich mehrere Arbeitstische, die dazu dienen, archäologische Fundstücke zu sortieren, zu säubern und zu klassifizieren. Momentan findet man dort Tonscherben, Tierfigurinen, korrodierte Pfeilspitzen und Öllampen. All diese Fundstücke wurden von den Kolumbianern entdeckt, bevor sie verschwunden sind. Unter dem großen Zeltdach befindet sich auch eine Art Einsatzzentrale mit einem Tisch mit Karten, Notizen, Tagebüchern und einem Funkgerät. Außerdem befindet sich dort ein transportabler Filmprojektor, in den bereits eine Filmspule gespannt ist. Drähte zur Energieversorgung führen an der Decke entlang, aber nichts von all dem funktioniert, bis man den nahen Generator neu befüllt und repariert hat. In diesem Fall erwacht der Filmprojektor wie von selbst zum Leben und zeigt einen stillen, ruckenden Film. Eine Kamera schwenkt über eine Reihe von eingestürzten Steinmauern, die von Ranken und Wurzeln überzogen sind. Der Film blendet zu einer Gruppe von Leuten um, die sich in einer spärlich beleuchteten Kammer versammelt haben. Dort haben sie eine glänzende Metallstatue in Form einer Schlange, die sich um einen ägyptischen Krieger schlingt, entdeckt. Die dritte Einstellung, die offenbar in der Dämmerung aufgenommen wurde, zeigt zuerst einige Sekunden lang den Dschungel und blendet dann abrupt zu zwei großen Augen um, die aus der Dunkelheit heraus leuchten. Damit endet die Filmrolle.

Die Storm Knights können natürlich auch irgendwo anders selbst ein Lager aufschlagen, aber das Lager der Kolumbianer ist vollständig aufgebaut und verfügt über eine Energieversorgung. Es bietet sich also als eine bequeme Unterkunft förmlich an.

SCHIMPANSEN

In den Ruinen der Verlorenen Stadt haust auch ein Schimpansenstamm. Untertags verhalten sie sich wie gewöhnliche Schimpansen, aber in der Nacht werden sie wild und aggressiv. Sie werden von einem schwer verstümmelten Silberrückengorilla namens Kolo angeführt, der aus einem Labor der Verrückten Wissenschaft entkommen ist, wo man seine Unterarme gegen Robotergreifklauen ausgetauscht hat. Der Stamm hat seine Heimat in der Verlorenen Stadt jenseits des Flusses.

VERFOLGT!

Wenn die Helden Gabriel Benoit nicht erledigt haben (oder wenn er aufgrund der Cosm-Karte *Unvermeidbare Rückkehr* zurückkehrt), folgt er ihnen in einem anderen Flussboot. Jetzt, da er weiß, wozu die Storm Knights in der Lage sind, wartet er, bis sie die Dschungelkönigin zurücklassen. Dann erobert er das Boot und geht mit seinen Piraten an Land, um sie zu verfolgen. Er zieht es vor, sie erst dann anzugreifen, wenn sie gerade anderen Ärger haben, beispielsweise weil sie versuchen, die Seilbrücke zu überqueren. Wenn er die Helden bis in die Verlorene Stadt verfolgt, wird er von der Idee gepackt, die Schätze zu finden, die sich hier doch sicherlich verbergen müssen.

- **Piraten:** 2 je Storm Knight, siehe Seite 38
- **Gabriel Benoit:** siehe Seite 38

Untertags sind die Schimpansen neugierig und friedlich und beobachten die Helden von den Bäumen aus. Man kann sie leicht bemerken, aber sie werden sich nicht nähern, außer man bietet ihnen beispielsweise Essen an. In der Nacht sind sie dunkle, halb humanoide Schatten in den Bäumen. Ihre Augen funkeln in einem bösen roten Licht. Sie treten aber erst gegen die Helden an, wenn sie sich in ihrem Heimatterritorium befinden (siehe **Szene 5**).

ZOMBIEANGRIFF

Auf diesem Breitengrad bricht die Nacht schnell herein. Ein paar Stunden nach dem Sonnenuntergang krabbeln die kopflosen Leichen der Schatzsucher aus dem Massengrab, in das man sie geworfen hat, und suchen sich einen Weg zu den Storm Knights, egal wo sich diese gerade befinden. Die Realität von Orrorsh greift in der Nacht um sich. Lichter flackern unheimlich und die Nachtluft wirkt kühl und erzeugt ein beklemmendes Gefühl.

- **Kopflose Zombies:** 3 je Storm Knight
  Diese Kreaturen ähneln normalen Zombies, allerdings hat man ihre Köpfe abgetrennt, um die grausigen Abbilder rund um das Lager zu erschaffen. Sie tragen noch immer zerfetzte Safarikleidung und schlammverkrustete Stiefel.

KOPFLOSER ZOMBIE

Attribute: Charisma 2, Geschicklichkeit 6, Verstand 2, Geist 8, Stärke 9

Fertigkeiten: Ausweichen 9, Finden 8, Heimlichkeit 9, Manövrieren 7, Tricksen (7), Waffenloser Kampf 11

Bewegung: 6; **Robustheit:** 9; **Schock:** –; **Wunden:** –

Ausrüstung: –

Vorzüge: –

Möglichkeiten: niemals

Spezielle Fähigkeiten:

Krallen: Schaden Stärke +2/11

Kopflos: Ein Gezielter Angriff für einen Schweren Treffer hat keine Auswirkungen bei diesen Kreaturen.

Stumpfsinnig: Zombies sind immun gegen *Einschüchtern*- und *Verspotten*-Aktionen.

Unerbittlich: Zombies ignorieren Schock.

Untot: Zombies sind immun gegen Gift und andere Effekte, die Atmung, Essen oder andere „lebende“ biologische Prozesse erfordern.

SZENE 5: STADT DES TODES

Die Helden verlassen das Lager und erreichen endlich die Verlorene Stadt Zembiti. Dort durchstreifen sie die labyrinthartigen Überreste und stoßen auf das Territorium der Affen. Doch zuerst müssen sie noch ein Hindernis überwinden.

BRÜCKE DER GEFAHREN

Um die Ruinen zu erreichen, haben die Kolumbianer eine Seilbrücke errichtet, die sogar breit genug für den Jeep ist. Lies folgenden Text vor oder erzähle ihn mit deinen eigenen Worten:

Unweit des Lagers schlängelt sich der Pfad durch alte, mit Ranken überzogene Ruinen und kommt an einer schmalen Schlucht aus. Unten rauscht der Fluss entlang einer schlammigen Böschung und fällt dann über eine Reihe von Stromschnellen, die zwischen eurem Standort und dem Ankerpunkt der Dschungelkönigin liegen. An der engsten Stelle des Flusses haben die Schatzsucher eine schwankende Seilbrücke errichtet, die sogar breit genug für ein Fahrzeug wäre. Dummerweise hat jemand einen bedeckten Jeep mitten auf der Brücke zurückgelassen, der in einem seltsamen Winkel halb von der Brücke hängt.

Der Jeep zeigt nach Osten, vom Lager weg. Sein Motor läuft nicht, und es gibt keine Anzeichen von Leben. Auch wenn die Helden laut rufen, antwortet niemand. Es ist eine schwierige Angelegenheit, auf die andere Seite des Jeeps zu gelangen, da die Brücke mit jedem Schritt schwankt, und wenn sich der Jeep zu weit nach vorne neigt, könnte sich die ganze Brücke auf den Kopf drehen. Man muss daher eine Anspruchsvolle (MW 12) *Geschicklichkeits*-Probe ablegen, um nicht kopfüber in das von Krokodilen heimgesuchte Wasser darunter zu stürzen. Bei einem Patzer reißt die Brücke ganz, und die Helden müssen einen neuen Weg finden, um den Fluss zu überqueren.

Die Windschutzscheibe ist geborsten, und innen ist der Jeep blutig, und man findet auch andere Zeichen einer Auseinandersetzung. Es befindet sich jedoch keine Leiche darin. Die Schlüssel stecken noch in der Zündung, aber der Jeep hat kein Benzin mehr. Wenn die Helden den Tank füllen, könnten sie mit diesem Jeep (oder auch mit einem anderen Landfahrzeug) versuchen, über die Brücke zu fahren. Dazu ist allerdings eine Schwere (MW 14) *Landfahrzeuge*-Probe erforderlich, um nicht gleich in den Fluss zu stürzen.

- **Krokodile:** 1 je Storm Knight, siehe Seite 108

DIE STADT IN DEN BÄUMEN

Sobald es die Helden über die Brücke geschafft haben, kommen sie zur Außenmauer von Zembiti. Lies folgenden Text vor oder erzähle ihn mit deinen Worten:

Der Hügel jenseits des Flusses ist vom Dschungel überwuchert. Zwischen den Ranken und dem dichten Bewuchs könnt ihr noch viel mehr altes Mauerwerk erkennen. Es bildet eine verfallene Mauer, an der die Bilder von furchterregenden Schlangen prangen. Ein kürzlich angelegter Pfad wurde durch den Dschungel geschlagen. Er ist breit genug für einen Jeep und windet sich zwischen herabgestürzten Steinblöcken. Er endet an einem Torbogen mit einem uralten Tor. Bleichgelbe Schlangen schlängeln sich zwischen den Blättern, und von irgendwo oben kommt das Geschnatter von Affen.

Die Zeit war Zembiti nicht gnädig. Die gigantischen Tore, die einst für die Sicherheit der Stadt gegenüber den invadierenden Ägyptern gesorgt haben, sind gefallen, sodass jetzt nur noch der verfallene Torbogen übrig ist, der jederzeit einstürzen könnte. Wenn die Helden kein gutes Gefühl dabei haben, einfach so durch das Vordertor hinein zu spazieren, können sie es auch leicht durch einen anderen verfallenen Teil der Mauer schaffen. Sie haben von unterschiedlichen Seiten aus Zugang.

Die nördlichen Teile der Stadt werden langsam vom Fluss überflutet. In den meisten Bereichen ist das Wasser nur knietief und behindert die Bewegung nicht. Allerdings wimmelt es hier vor Blutegeln. Jeder, der keine hohen Stiefel trägt, bemerkt sie, wenn sie sich an seine Haut saugen. Er erleidet eine Erschöpfung, von der er sich erst am nächsten Morgen erholen kann.

Sobald die Storm Knights Zembiti selbst betreten, lies folgenden Text vor oder erzähle ihn mit deinen Worten:

Zembiti muss in seiner Blütezeit einen spektakulären Anblick geboten haben, doch jetzt ist im Prinzip nur noch ein Labyrinth aus teilweise verfallenen Steinmauern, mysteriösen Torbögen, breiten Treppen, Haufen von Schutt, engen Seitengassen und alten Bauwerken mit dunklem Inneren übrig. Bäume und starker Bewuchs haben sich überall breitgemacht. Wurzeln haben die Pflastersteine und Treppen gesprengt, Ranken hängen von verfallenen Gebäuden, Säulen liegen am Boden. Überall ist das Schlangenmotiv präsent und wiederholt sich in Gestalt von Kobras, Nattern und Pythons. Man könnte sich hier leicht verirren.

Wo auch immer sie sich hinwenden, geraten die Storm Knights in primitive Fallen, die von den Schimpansen errichtet wurde. Eine Fallschnur sorgt dafür, dass ein Pfeil auf ein zufälliges Gruppenmitglied verschossen wird und 12 + 1 BW Schaden verursacht (oder 12 + 2 BW bei einem Patzer). Man kann die Falle mit einer Standard *Finden*-Probe oder einer Schweren (MW 14) *Ausweichen*-Probe umgehen.

Zembitis Seitengassen und Alleen sind ein Labyrinth, und da die Sonne vom dichten Bewuchs verdeckt wird, ist es hier überall düster, und man kann sich sehr leicht verirren. Je länger man sich hier aufhält, desto stärker wird auch das Gefühl, dass man beobachtet wird. Statt jetzt ein riesiges Labyrinth zu kartografieren, solltest du die Spieler einfach eine Standard (MW 10) *Überlebenskunst*-Probe ablegen lassen. Wenn sie scheitern, stolpern sie in noch eine Falle hinein, bevor sie die Lagerstätte der Affen erreichen. Sie treten in einen kleinen Blätterhaufen und aktivieren dadurch einen Auslöser, sodass ein mit Dornen bewehrter Baumstamm nach unten schwingt und den Charakter ganz vorne mit 15 + 1 BW Schaden (oder 15 + 2 BW bei einem Patzer) trifft. Der Schaden ignoriert Rüstung. Dieser Falle kann man mit einer Standard *Ausweichen*-Probe oder einer Schweren (MW 14) *Finden*-Probe entgehen.

LAGERSTÄTTE DER AFFEN

Die Schimpansen jagen überall in der Gegend, doch sie hausen in der Stadt, weil sie den Schutz genießen, den sie bietet. Lies folgenden Text vor oder erzähle ihn mit deinen eigenen Worten:

Zwischen den verfallenen Mauern und Straßen stoßt ihr auf einen offenen Bereich, wo die Überreste einer Säulenhalle einen inneren Hof umgeben. Manche der alten Säulen sind umgestürzt, und alles ist von Bäumen überwuchert. Hier sind zahlreiche der seltsamen Abbilder, die an die Säulen gebunden wurden. Von irgendwo aus diesem Bereich hört ihr, wie ein Mann mit schwacher Stimme auf Spanisch nach Hilfe ruft.

Das Gebiet war einst ein Garten. Gesprungene, löchrige Fliesen umgeben noch immer den Innenhof. Das einst prächtige Becken ist jetzt eine Schlammgrube, die von Speeren umringt ist. Untertags lungern die Schimpansen im Schatten herum, fressen Nahrung, die sie aus dem umliegenden Dschungel gesammelt haben, und geben sich ihren sozialen Aktivitäten hin. Kolo schläft derweil in den nahen Ruinen.

In der Nacht wirkt die ganze Gegend auf einmal bedrohlich und düster. Sie wird von primitiven Fackeln erleuchtet, die Kolo selbst hergestellt hat. Verstohlene Storm Knights können beobachten, wie das Herumgetolle der Schimpansen auf einmal bedrohlich und obszön wird. Sie trommeln und quälen kleine Kreaturen, die sie gefangen haben. Wenn die Affen davon Wind bekommen, dass die Helden hier sind, verbergen sie sich in den Bäumen und warten darauf, dass ihre Beute tiefer in diesen Bereich vordringt. Dann lassen sie sich rund um sie herum fallen und umzingeln sie.

Die schwachen Hilferufe kommen aus einer vier Meter tiefen Grube. Der Rand ist mit scharfen Speeren überzogen, die nach innen und nach unten zeigen. Diese sorgen für einen Malus von –4, wenn man eine *Geschicklichkeits*-Probe ablegt, um aus der Grube zu klettern. Bei einem Fehlschlag erleidet der Kletternde 10 + 1 BW Schaden, und bei einem Patzer stürzt er außerdem zurück in die Grube. An der Seite der Grube ganz unten befindet sich ein Bambusfallgitter. Die einzelnen Stangen wurden mit Seilen aus einem hanfartigen Material zusammengeknotet. Dahinter befindet sich eine kleine Höhle, in der sich ein gefangener Löwe befindet, der durch die zahlreichen Misshandlungen, die er durch die Affen erdulden musste, fast vollständig wahnsinnig geworden ist.

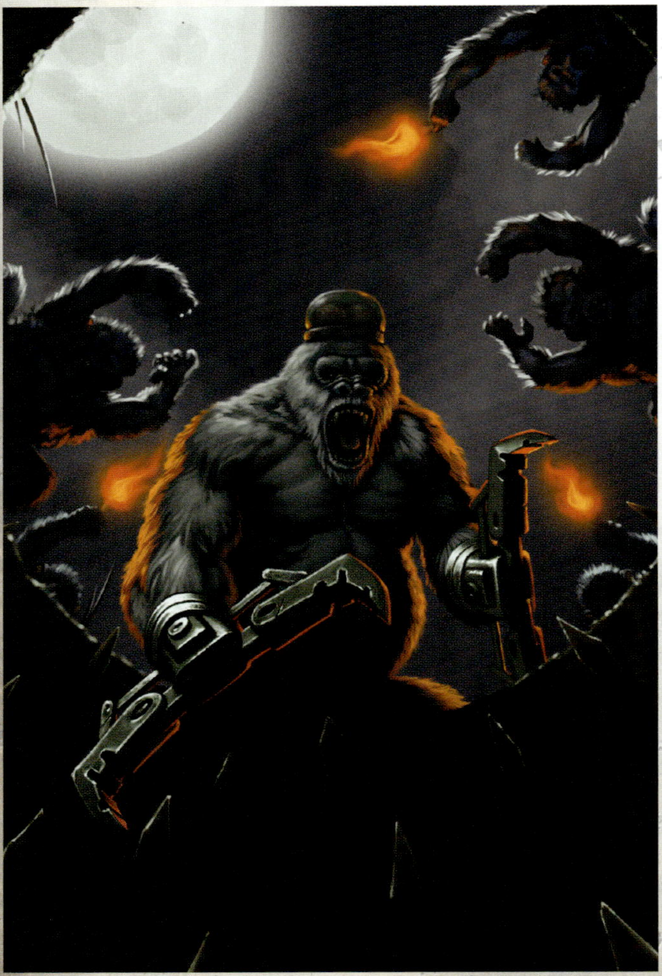

Im Schlamm am Boden der Grube befindet sich Ramón Morales, der letzte überlebende Angehörige der kolumbianischen Expedition. Er befindet sich in einem üblen Zustand. Sein linkes Bein ist gebrochen, und der Trümmerbruch hat sich entzündet. Er hat Fieber, und seine rechte Schulter ist ausgerenkt. Außerdem ist er entkoppelt und hat bereits einen Großteil der Technologie der Zentralerde vergessen. Wenn man ihn rettet, kann er folgende Informationen teilen:

- Der Stamm besteht nur noch aus etwa 20 Schimpansen. Es waren mehr, aber die Kolumbianer haben einige Affen töten können, bevor sie überwältigt wurden.
- Die Schimpansen werden von einem Gorilla namens Kolo angeführt. Etwas stimmt nicht mit ihm.
- Die Schimpansen fürchten irgendeine Kreatur, die es hier in der Verlorenen Stadt zu geben scheint, und um sie milde zu stimmen, köpfen sie ihre Opfer und erschaffen seltsame Abbilder mit diesen Köpfen. Wenn man ihm mitteilt, dass die Opfer selbst als kopflose Zombies zurückkehren, ist er entsetzt.

Jeder Rettungsversuch wird durch die Ankunft von Kolo unterbrochen, der zu einem günstigen Zeitpunkt angreift. Er wird von den anderen Schimpansen unterstützt, die dabei „Ko-lo, Ko-lo!" rufen. Lies folgenden Text vor oder erzähle ihn mit deinen eigenen Worten:

Ein gigantischer Silberrückengorilla stapft auf euch zu. Er ist größer als der größte Gorilla, den ihr je gesehen habt, und offenbar hat irgendjemand mit Verrückter Wissenschaft an ihm herumexperimentiert. Sein Gehirn ist durch einen durchsichtigen Behälter sichtbar, der die obere Hälfte seines Kopfes einnimmt, und offenbar wurde es durch irgendeine bizarre Maschinerie verbessert. Seine Arme wurden an den Ellbogen abgetrennt und durch gigantische, metallische Greifzangen ersetzt, die bei jeder Bewegung ein surrendes Geräusch erzeugen. Er mustert euch mit hasserfüllten Augen und brüllt wütend auf.

Dann löst er einen Mechanismus über dem Fallgitter aus, wodurch der Löwe freikommt. Der Löwe tobt und kämpft bis zum Tod. Helden ohne Waffen können einen der kurzen Speere aus der Grubenwand mit einer Standard (MW 10) *Stärke*-Probe herausreißen. Behandle diesen im Kampf wie ein Kurzschwert.

LÖWE

Attribute: Charisma 4, Geschicklichkeit 8, Verstand 4, Geist 8, Stärke 12

Fertigkeiten: Ausweichen 9, Einschüchtern 10, Finden 9, Heimlichkeit 9, Manövrieren 10, Tricksen (7), Verspotten (5), Waffenloser Kampf 10

Bewegung: 8; **Robustheit:** 12; **Schock:** 8; **Wunden:** 1

Ausrüstung: –

Vorzüge: –

Möglichkeiten: nie

Spezielle Fähigkeiten:

- **Biss/Krallen:** Schaden Stärke +2/14
- **Anspringen:** +2 auf *Waffenloser Kampf*-Proben, wenn der Löwe versucht, seinen Gegner zu packen (siehe *Torg Eternity*)

Wenn die Helden den Löwen töten, ergötzen sich die Affen daran und beginnen begeistert miteinander zu schnattern, so als ob sie besprechen wollten, was sie als Nächstes tun werden. Das bietet den Helden eine Gelegenheit zu flüchten. Wenn man die kleine Höhle durchsucht, stellt man fest, dass sie sich fünf Meter weit ins Erdreich erstreckt und an einem Stapel Tierleichen endet. Diese sind das Resultat früherer blutiger Schauspiele im Affenlager. Darunter befindet sich auch ein stark verfaulter Mensch in Entdeckerkleidung. Er verfügt über drei Stangen Dynamit in der Weste. Die Schimpansen haben ihm diese Beute nicht abgenommen, da sie keine Ahnung hatten, dass es sich dabei um eine Waffe handelt. Wenn man das Dynamit einsetzt, richtet es nicht nur seinen normalen Schaden an, sondern die ohrenbetäubende Explosion vertreibt auch die Schimpansen vorübergehend, die dann panisch die Flucht ergreifen.

- **Befleckte Schimpansen (20):** siehe unten
- **Kolo, der Mecha-Gorilla:** siehe unten

KOLO, DER MECHA-GORILLA

Ein Verrückter Wissenschaftler hat Kolo gefangen genommen und in einem Dschungellabor bizarre Experimente an ihm vorgenommen. Er hat seine Unterarme mit bionischen Klauen ersetzt und sein Gehirn mit einem sogenannten zerebralen Meta-Gedankenschärfer verbunden. Obwohl ihn das deutlich klüger gemacht hat, ist dennoch etwas gründlich schief gegangen, und Kolo ist nun von einem unstillbaren Blutdurst und dem Drang zu herrschen überwältigt.

Attribute: Charisma 5, Geschicklichkeit 9, Verstand 9, Geist 9, Stärke 15

Fertigkeiten: Einschüchtern 12, Finden 10, Heimlichkeit 11, Manövrieren 10, Realität 10, Spuren lesen 10, Tricksen 10, Waffenloser Kampf 12

Bewegung: 9; **Robustheit:** 15; **Schock:** 11; **Wunden:** 4

Ausrüstung: –

Vorzüge: Raubein, Schläger, Unnachgiebig

Möglichkeiten: 3

Spezielle Fähigkeiten:

- **Bionische Krallen:** Stärke +3/18
- **Blutrausch:** Wunden machen Kolo nur noch wütender. Seine Malusse durch Wunden werden stattdessen als Bonus behandelt, wenn er Proben auf *Waffenlosen Kampf* ablegt.
- **Groß:** Kolo ist doppelt so groß wie ein normaler Mensch. Angriffe gegen ihn erhalten einen Bonus von +2.

BEFLECKTE SCHIMPANSEN

Attribute: Charisma 5, Geschicklichkeit 10, Verstand 5, Geist 7, Stärke 9

Fertigkeiten: Ausweichen 12, Finden 6, Heimlichkeit 11, Manövrieren 12, Tricksen 8, Verspotten (10), Waffenloser Kampf 11

Bewegung: 10; **Robustheit:** 9; **Schock:** 7 **Wunden:** –

Ausrüstung: –

Vorzüge: –

Möglichkeiten: nie

Spezielle Fähigkeiten:

- **Biss:** Schaden Str +2/11
- **Klettern:** Befleckte Schimpansen legen eine Probe auf *Geschicklichkeit* ab, um zu klettern. Wenn sie dabei erfolgreich sind, können sie beim Klettern ihre ganze Bewegung einsetzen.

SZENE 6: DAS GRABMAL SEKANAS

Dramatische Szene. Nil-Imperium Dominante Zone, oder Nil-Imperium/Orrorsh Gemischte Zone (in der Nacht). Wenn die Storm Knights die Schimpansen aus dem Weg geräumt haben, können sie den Rest der verlorenen Stadt erforschen. Im Zentrum kommen sie auf einen Platz, der von einer gigantischen Banyan-Feige dominiert wird, die ein großes Steingebäude beinahe vollständig überwuchert hat. Es handelt sich um einen Albtraumbaum und die Quelle des Bösen, das die Gegend heimsucht. Außerdem ist hier eine kolossale Python zu Hause, die vom Baum aus einer herkömmlichen Python erschaffen wurde, um als sein Wächter zu dienen.

Auf den Straßen, die zum Baum führen, wartet eine weitere Falle auf die Helden. Der Charakter, der die Gruppe anführt, stolpert in eine flache Grube, deren Wände mit Punjidornen besetzt sind. Diese verursachen

15 + 1 BW Schaden (15 + 2 BW bei einem Patzer). Man kann die Falle mit einer Standard *Finden*-Probe oder einer Schweren (MW 14) *Ausweichen*-Probe vermeiden.

Dann muss das Team noch eine Standard (MW 10) *Überlebenskunst*-Probe bestehen, um nicht in eine weitere Falle zu stolpern, bevor es den Albtraumbaum erreicht. Hierbei handelt es sich um eine Zermalmungsfalle. Das Opfer (erneut die Person, die die Gruppe anführt) wird bei dieser Falle nicht unter den herabstürzenden Gesteinsbrocken eingeklemmt, sondern erleidet 15 + 1 BW Schaden (oder 15 + 2 BW Schaden). Man kann die Falle mit einer Standard *Ausweichen*-Probe oder einer Schweren (MW 14) *Finden*-Probe vermeiden.

Wenn die Storm Knights den Platz betreten, lies folgenden Text vor oder erzähle ihn mit deinen Worten:

In der Mitte der Ruinen bietet sich euch ein atemberaubender Anblick. Eine gigantische tote Banyan-Feige dominiert hier den zentralen Platz, der mit teilweise gesplitterten Flagsteinen bedeckt ist. Große Gruppen von hängenden Wurzeln füllen beinahe den ganzen Platz aus und erwecken den Anschein eines bizarren Waldes, der aber in seiner Gesamtheit Bestandteil des einen Baumes ist. Ein kleines einmotoriges Flugzeug hängt in einem Knoten von Ästen im Baum und erweckt den Eindruck, dass es jederzeit abstürzen könnte. In dem Netzwerk der Wurzeln könnt ihr ein großes Steingebäude erkennen, das praktisch vollständig vom Baum verschlungen wurde, aber dennoch bemerkenswert intakt ist. Rund um den Platz liegen Hunderte Knochen verstreut. Beim Großteil davon scheint es sich um Tierknochen zu handeln, doch ihr könnt auch ein paar menschliche Schädel ausmachen, und diese scheinen relativ frisch zu sein.

Die Wurzeln der Banyan-Feige bilden eine Art Labyrinth. Im Zentrum haben sie das Grabmal Sekanas beinahe vollständig verschlungen. Der Körper, aus dem der Albtraumbaum entsprungen ist, ist nun in seinen Tiefen in ewiger Qual gefangen. Hier haust auch Melumok, eine afrikanische Felspython, die durch den Einfluss des Albtraums enorm gewachsen ist. Melumok blockiert Durchgänge mit seinem 30 m langen Körper, um seine Feinde in die Enge zu treiben und sie dann zu verschlingen. Wenn sie mehr als eine Wunde erleidet, lässt sie ihr Opfer frei und schlängelt sich zurück in das Labyrinth. Dann wartet sie auf eine günstige Gelegenheit, um erneut jemanden zu packen. Wenn sie auf drei Wunden reduziert wurde, versucht sie, endgültig aus dem Kampf zu fliehen.

Wenn die Storm Knights zuvor Kolo nicht getötet haben, wodurch die verbleibenden Schimpansen sich panisch zerstreut haben, kehren diese ausgerechnet jetzt zurück. Sie kommen überall über die Mauern des Platzes. Kolo selbst springt den stärksten Storm Knight mit einem beeindruckenden Satz an. Sie halten sich allerdings von Melumok fern und betreten nicht die Bereiche, die von den Wurzeln überwuchert sind.

Der Albtraumbaum kann vernichtet werden, indem man das Opfer tötet, das in seinen Wurzeln gefangen ist. Das ist allerdings gar nicht so einfach. Die Wurzeln umschlingen in solch einem Fall das Opfer besonders eng und gewähren ihm dadurch Robustheit 15. Die vermutlich effektivste und zugleich gefährlichste Methode besteht darin, den Albtraumbaum in Brand zu stecken. Das Feuer verdoppelt sich in jeder Runde in seiner Ausdehnung. Es dauert 10 Runden, bis der ganze Baum lichterloh in Flammen steht, wodurch der ganze Bereich von tödlicher Hitze und Rauch erfüllt wird. Falls die Helden zu diesem Zeitpunkt Melumok noch nicht getötet haben, löst der Tod des Albtraumbaums auch dieses Problem. Die Riesenpython verfällt in geradezu atemberaubendem Tempo und zurück bleibt ein großer, schleimiger Haufen Schlangenhaut.

MELUMOK

Diese gigantische afrikanische Felspython ist 30 Meter lang und hat einen Durchmesser von 2 Metern. Sie könnte einen ganzen Lastwagen am Stück verschlingen. Melumok ist wesentlich verschlagener als der Großteil anderer Schlangen. Vielleicht verfügt die Schlange sogar über eine begrenzte Form von Selbsterkenntnis. Ihre Schuppen sind dunkelgrau und haben schwarzblaue Flecken. Die Augen leuchten in einem giftigen Grün.

Attribute: Charisma 4, Geschicklichkeit 9, Verstand 4, Geist 10, Stärke 17

Fertigkeiten: Ausweichen 10, Einschüchtern 15, Finden 8, Heimlichkeit 12, Manövrieren 10, Spuren lesen 10, Verspotten (9), Waffenloser Kampf 12

Bewegung: 13; **Robustheit:** 20 (3); **Schock:** 10; **Wunden:** 4

Ausrüstung: –

Vorzüge: –

Möglichkeiten: nie

Spezielle Fähigkeiten:

- **Rüstung:** Schuppen +3
- **Biss:** Schaden *Stärke* +3/20
- **Angst:** Die sich schlängelnde, titanische Schuppengestalt ist furchterregend. Wenn ein Charakter auf sie trifft, muss er eine Probe auf *Willenskraft* oder *Geist* bestehen. Wenn er scheitert, ist er Sehr Angeschlagen.
- **Schrecken:** Wenn eine derartige Kreatur anwesend ist, zählt jede Standardszene stattdessen als eine Dramatische Szene.
- **Sehr Groß:** Melumok ist beinahe 30 Meter lang und so dick wie ein Baumstamm, und Angriffe gegen sie werden mit einem Bonus von +4 ausgeführt.

DER JÄGER UND DIE GEJAGTEN

Killingsworth wählt diesen Moment aus, um zuzuschlagen. Falls er bei der Gruppe ist, lässt er sich zuerst absichtlich zurückfallen, sucht sich dann eine gut zu verteidigende Stellung und greift die Storm Knights an.

Als typischer Schurke aus dem Nil-Imperium kann er es sich natürlich nicht verkneifen, in einen dramatischen Monolog zu verfallen, wodurch er seine Absichten verrät und seinen ganzen verschlagenen Plan zunichte macht. Wenigstens zielt er dabei die ganze Zeit mit seiner Waffe auf die Storm Knights.

Hat sich Killingsworth der Gruppe nicht in Kisangani angeschlossen, trifft er von der anderen Seite des Platzes aus ein und geht in langer Reichweite in Deckung. Er beginnt in diesem Fall erst dann zu feuern, wenn seine Opfer von Kolo und seine verbleibenden Schimpansen oder von Melumok abgelenkt sind.

FLUGZEUGABSTURZ

Es ist recht einfach, sich bis zum Flugzeug vorzuarbeiten. Es erfordert allerdings einige Zeit. Um das Flugzeug zu erreichen, muss man nur eine einzige Standard (MW 10) *Stärke*-Probe ablegen. Bei einem Fehlschlag erleidet man 10 + 1 BW Schaden. Das Flugzeug ist eine Stinson Reliant, eine einmotorige Maschine, die man mit einer modernen Cessna 172 vergleichen kann. Sie bietet bis zu fünf Passagieren Platz.

Die Seitentür ist offen, und an Bord befinden sich noch immer mehrere Kisten mit nützlicher Ausrüstung. Im Cockpit befindet sich ein Skelett in Pilotengewand. Eine weitere Leiche verrottet im Passagierbereich und umklammert ein ledergebundenes Notizbuch (siehe **Cassies Notizbuch** auf Seite 47). Von den restlichen Passagieren gibt es keine Spur. Wenn sich mehr als eine Person an Bord des Flugzeugs wagt, führt das zusätzliche Gewicht dazu, dass die Ranken zu reißen beginnen, die das Flugzeug halten. Alle an Bord müssen eine *Geschicklichkeits*-Probe ablegen, um rechtzeitig aus dem Flugzeug zu kommen und sich an den Ranken draußen festzuhalten. Jeder, der scheitert, stürzt gemeinsam mit dem Flugzeug ab und erleidet dadurch 10 + 1 BW Schaden.

DER LETZTE RUHEORT VON SEKANA, DER KRIEGERKÖNIGIN

Innerhalb des Albtraumbaums verschmelzen die gigantischen Wurzeln zu einer soliden Holzmauer. Insekten summen im kühlen Inneren und der Gestank Melumoks ist schier überwältigend. Weitere Knochen liegen in den engen Durchgängen im Gehölz verstreut. Die Banyan-Feige steht auf einem Gebäude aus Stein, an dessen Seiten sich Abbilder einer furchterregenden Kriegerin befinden, die ganze Legionen von Ägyptern tötet, nur mit ihrem Bogen bewaffnet. Das ist das Grabmal von Sekana, der Ort, an dem der Bogen verborgen ist, den die Storm Knights suchen.

Einen Zugang zu erlangen ist nicht einfach. Die Tür ist fast vollständig von Wurzeln blockiert und die Scharniere sind durch das Verstreichen der Jahrhunderte völlig verkrustet. Zuerst muss man die Wurzeln zerstören, die über eine Robustheit von 10 verfügen. Sie lösen sich von dem Tor, sobald sie eine Wunde erleiden. Während man sie angreift, schlagen sie mit peitschenden Bewegungen zurück. Diese Angriffe werden mit +5 ausgeführt und richten bei einem Treffer 8 Schaden an. Wenn Melumok noch nicht getötet wurde, eilt er zu diesem Zeitpunkt herbei, um den Baum zu verteidigen.

Sobald die Wurzeln zerstört wurden, kann man das Tor relativ leicht öffnen. Hinter der Tür führt die Treppe in das dunkle Grabmal, das in einer Tiefe von ungefähr 10 Metern liegt. Das Grundwasser ist im Verlauf der Jahre so weit angestiegen, dass man innerhalb des Grabmals bis zur Hüfte im Wasser steht. Dadurch erleidet man einen Malus von –2 auf jede Fertigkeitsprobe, die mit *Geschicklichkeit* verknüpft ist, inklusive Bewegung. Wenn die Helden nicht über eine Lichtquelle verfügen, ist es Dunkel (–4).

Sobald die Storm Knights den Raum betreten, lies folgenden Text vor oder erzähle ihn mit deinen eigenen Worten:

Die Treppe führt bis in kaltes, dunkles Wasser hinab. Der Gestank der Jahrhunderte hängt hier unten schwer in der Luft. Es ist der Gestank des Verfalls und des Todes. Die skelettierten Überreste der Priester und Ratgeber von Sekana ruhen in steinernen Alkoven entlang der Wände der Gruft. Am gegenüberliegenden Ende kann man die Schätze der Königin im Wasser, das euch bis zur Hüfte reicht, ausmachen Es handelt sich um vermoderte Möbelstücke, einen Thron aus Bronze, die Statuen von Kriegern und Waffenregale. Von Moder zerfressene Fresken schmücken die Wände. Stufen führen auf eine erhöhte Steinplattform, die im Trockenen liegt. Auf dieser steht ein vergoldeter Sarkophag. Voller Schrecken bemerkt ihr, dass der Deckel teilweise zur Seite geschoben ist und der Sarkophag leer ist.

Sekanas Überreste sind noch immer in der Gruft. Dummerweise ist sie jetzt eine Göttliche Mumie.

Sie erhebt sich lautlos aus dem Wasser, umklammert ihren

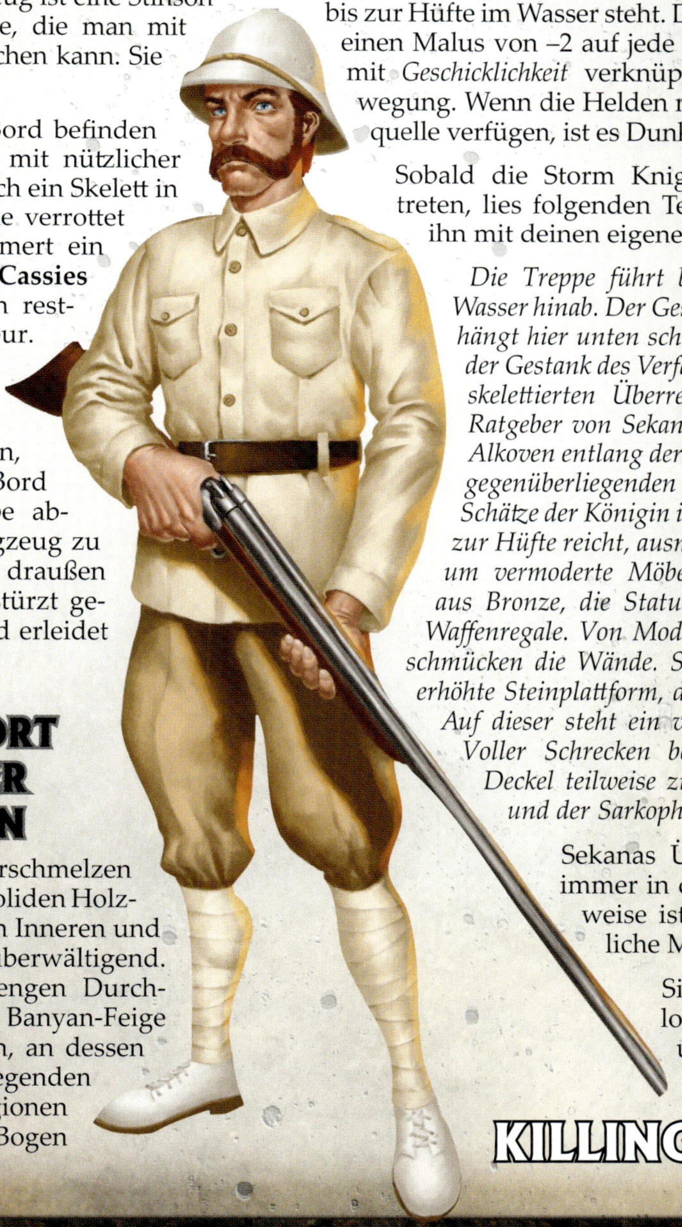

KILLINGSWORTH

Bogen und versucht, die Helden überraschend anzugreifen. Ihre übernatürliche Geschwindigkeit sorgt dafür, dass sie die Malusse auf *Geschicklichkeit* durch das Wasser ignoriert. Außerdem ist sie nicht von mangelnder Beleuchtung betroffen. Während des Kampfes versucht sie ein oder zwei Schüsse abzugeben und dann wieder in das Wasser abzutauchen. Dort huscht sie am Boden entlang und taucht nach zwei Runden an einer anderen Stelle wieder auf. Wenn sie sich auf diese Art bewegt, erhält sie +2 auf alle *Heimlichkeits*-Proben.

Die Geister ihrer Anhänger schließen sich ihr im Kampf an. Sie sickern wie ein Nebel aus den Leichen hervor und vereinigen sich in einen wirbelnden, glühenden Geisterschwarm. Der Geisterschwarm heult klagend und wütend und tobt zwischen den Helden hin und her.

In dem Moment, in dem man Sekana besiegt hat und der Bogen ihren Händen entgleitet, wird die Magie des Grabmals gebrochen und es beginnt einzustürzen. Der Albtraumbaum, so er noch existiert, ist davon nicht betroffen.

- **Geisterschwarm:** siehe unten
- **Sekana, die Mumie:** siehe unten

GEISTERSCHWARM

Die Wolke wirbelnder Geister stellt einen furchterregenden Anblick dar. Sie erscheinen wie die obere Hälfte von leuchtenden, transparenten Skeletten mit verfallenden Gewändern, die hinter ihnen in Strähnen auslaufen. Sie schreien ständig voller Zorn und Qual und greifen lebende Wesen impulsiv mit ihren langen, geisterhaften Krallen an.

Attribute: Charisma 8, Geschicklichkeit 6, Verstand 3, Geist 10, Stärke 5

Fertigkeiten: Einschüchtern 15, Manövrieren 10, Spuren lesen 8, Tricksen (9), Waffenloser Kampf 11

Bewegung: 6; **Robustheit:** 7 (2); **Schock:** –; **Wunden:** 2

Ausrüstung: –

Vorzüge: –

Möglichkeiten: nie

Spezielle Fähigkeiten:

- **Angst:** Der Anblick eines Geisterschwarms ist sehr unheimlich. Wenn ein Charakter auf ihn trifft, muss er eine Probe auf *Willenskraft* oder *Geist* bestehen. Wenn er scheitert, ist er Sehr Angeschlagen.
- **Halbätherisch:** Ein Geisterschwarm kann sich nicht durch Wände und andere feste, nicht lebende Gegenstände bewegen, doch sie können als Teil ihres Angriffs durch ein lebendes Wesen fliegen. Sie können körperlichen Schaden erleiden, aber ihre halbätherische Natur gibt ihnen effektiv Rüstung 2.
- **Schwarm:** Geisterschwärme bestehen aus zahlreichen einzelnen Wesenheiten. Flächenangriffe, die ätherische Kreaturen betreffen können, richten normalen Schaden an. In jeder Runde, in der ein Charakter mit dem Geisterschwarm in Kontakt ist, erleidet er 2 Schock (das gilt nicht für Sekana).
- **Sehr groß:** Geisterschwärme bestehen aus bis zu einem Dutzend Geister, die sich über ein großes Gebiet verteilen. Der Geisterschwarm kann jeden im Grabmal gleichzeitig betreffen. Angriffe gegen ihn werden mit einem Bonus von +4 ausgeführt, aber nur dann, wenn der Angriff ätherische Kreaturen betreffen kann.
- **Stumpfsinnig:** Geisterschwärme sind gegen *Einschüchtern* und *Verspotten* sowie gegen telepathische Kräfte immun.
- **Untot:** Geisterschwärme sind immun gegen Gift und andere Effekte, die Atmung, Essen oder andere „lebende" biologische Prozesse erfordern.

SEKANA, DIE MUMIE

Alles, was von der einst so rechtschaffenen und prächtigen Kriegerkönigin Sekana übrig geblieben ist, ist eine verrottete Mumie, der die klatschnassen Lumpen von den modernden Knochen hängen. Sie trägt noch immer einen goldenen Stirnreif, schmückende Armschienen und dazu passende Beinschienen, eine Brustplatte aus Bronze und den Juwelenschmuck, mit dem sie beigesetzt wurde. Ihre Augenhöhlen sind leer und ihre verrottende Haut zieht sich von den Knochen zurück.

Zitat: „…"

Attribute: Charisma 12, Geschicklichkeit 11, Verstand 10, Geist 13, Stärke 13

Fertigkeiten: Ausweichen 13, Beweisanalyse 13, Einschüchtern 18, Finden 14, Glauben 20, Heimlichkeit 15, Manövrieren 14, Nahkampfwaffen 15, Projektilwaffen 16, Realität 16, Spuren lesen 13, Tricksen 13, Verspotten 14, Waffenloser Kampf 12, Willenskraft 18

Bewegung: 11; **Robustheit:** 15 (2); **Schock:** 13; **Wunden:** 3

Ausrüstung: Bogen Sekanas (Schaden *Stärke* +3/16 und siehe unten), Chepesch (Schaden *Stärke* +2/15), Brustplatte (+2)

Vorzüge: Lieblingswaffe (Bogen Sekanas)

Möglichkeiten: 5

Spezielle Fähigkeiten:

- **Krallen:** Schaden *Stärke* +2/15
- **Angst (–2):** Wenn ein Charakter erstmals in einem Akt auf diese Kreatur trifft, muss er eine Probe auf *Willenskraft* oder *Geist* mit einem Malus von –2 bestehen. Wenn er scheitert, ist er Sehr Angeschlagen.
- **Einzigartiger Segen (Meisterkrieger):** Die Göttliche Mumie war zu Lebzeiten ein epischer Krieger. Ihre Angriffe mit dem Bogen sind Begünstigt.

- **Immunität:** Göttliche Mumien sind gegen Einschüchtern und Feuer immun.
- **Schrecken:** Wenn eine derartige Kreatur anwesend ist, zählt jede Standardszene stattdessen als eine Dramatische Szene.
- **Unerbittlich:** Göttliche Mumien ignorieren Schock.
- **Untot:** Göttliche Mumien sind immun gegen Gift und andere Effekte, die Atmung, Essen oder andere „lebende" biologische Prozesse erfordern.

DER BOGEN SEKANAS

Cosm: Nil-Imperium

Möglichkeiten: 3

Anwendungs-Mindestwurf: 15

Zweck: die Unschuldigen gegen fremde Invasoren verteidigen

Beschreibung: Der Bogen ist leicht und widerstandsfähig. Er wurde aus hochwertigem Silber gefertigt, er verfügt über rote und blaue Einsprengsel, und er hat drei Pfeilauflagen. Der obere und untere Teil ist mit Gravuren geschmückt, die Sekana, die Kriegerkönigin des Kongos, darstellen, wie sie ihre Armeen in die Schlacht führt. Sekana wurde schlussendlich tödlich in der Schlacht verletzt und mit ihrem Bogen in einem Tempel beigesetzt. Kurz darauf fiel ihr Imperium an die Ägypter.

Kräfte: Der Bogen ist äußerst zielgenau und negiert bis zu 2 Punkte Malus durch Deckung.

Einschränkungen: Möglichkeiten des Bogens können niemals gegen menschliche Einheimische der Kongoregion eingesetzt werden.

NACHSPIEL

Wenn er nicht von Benoit gefangen genommen wurde, wartet Joe Hill geduldig mit der Dschungelkönigin auf die Storm Knights. Er beschäftigt sich mit Routinewartungsarbeiten und genießt hin und wieder einen Schluck aus einer Flasche importierten Scotch. Die Rückreise nach Kisangani verläuft ohne Zwischenfälle. Amari ist traurig, sie ziehen zu sehen, und verspricht ihnen, ihnen jederzeit zu helfen, wenn sie je wieder nach Kisangani kommen sollten. Er hilft ihnen nochmals, indem er ihnen einen Flug nach Hespera organisiert, wenn sie dies benötigen.

Manche Storm Knights könnten auf die Idee kommen, den Amazonen den Schmuck und die Rüstung von Sekana als Geschenk darzubieten und den Bogen für sich zu behalten. Es wird sich zeigen, wie effektiv das ist. So oder so ist die nächste Anlaufstelle der Helden Hespera, die Insel der Amazonen.

CASSIES TAGEBUCH

Nachstehend findest du den Text auf der letzten Seite des Notizbuches, den das Skelett im Passagierraum des Flugzeugs bei sich hat. Auf dem Einband befindet sich der Name „Cassie". Die anderen Seiten enthalten Notizen und Zeichnungen zu ihren anderen Abenteuern, die sie kreuz und quer auf der Welt erlebt hat. Obwohl sie nichts mit dem Albtraumbaum zu tun haben, kannst du sie, wenn du das wünscht, als Einstiegspunkte für zukünftige eigene Abenteuer verwenden.

An denjenigen, der dieses Notizbuch findet. Mein Name ist Cassie Byrd. Ich bin die einzige Überlebende meines Teams. Unser Flugzeug ist im Kongo durch einen Realitätssturm abgestürzt. Wir sind in irgendeiner verlassenen Stadt. Der Ort sieht sehr alt aus, und hier ist niemand. Genau die Art von Ort, die wir unter anderen Umständen voller Begeisterung erforschen würden! Doch irgendetwas in mir ist kaputt gegangen. Ich kann kaum noch atmen. Ich muss das hier noch niederschreiben, falls jemand meine Aufzeichnungen findet.

Wir haben eine wichtige Fracht in diesem Flugzeug. Wir waren auf einem Geheimauftrag des Delphi-Rats und sollten einen Samen eines Albtraumbaums zum näheren Studium zu ihm schaffen. Wir haben uns selbst übertroffen und ein Opfer eines Albtraumbaums mitsamt seiner Kapsel gestohlen. Wir sind auf einem Boot aus Orrorsh geflohen und haben die Arabische See bis nach Mombasa überquert. Dort haben wir unsere letzten Ressourcen verwendet, um dieses Flugzeug zu kaufen. Templeton wollte uns rund um das Nil-Imperium fliegen, damit wir mit unserem Kontaktmann des Delphi-Rats in Kinshasa Kontakt aufnehmen konnten, doch dann ging alles schief. Ein Realitätssturm brandete aus dem Nichts über uns hinweg. Ich denke, das Nil-Imperium hat sich gerade eben ausgedehnt und uns dabei kalt erwischt. Ich kann es spüren. Unsere geheime Fracht, die Kapsel des Albtraumbaums, wurde aus dem Flugzeug geschleudert. Ich bin zu schwer verletzt, um danach zu suchen. Wenn sie den Aufprall überlebt hat, beginnt sie vielleicht erneut zu wuchern.

Ich flehe dich an, wenn du dieses Tagebuch findest, musst du die Saat des Albtraumbaums zerstören. Verbrenne sie. Schick sie zurück in die Hölle.

Und sag Quinn, wir haben unser Bestes gegeben.

– Cassie Byrd

AKT VIER: INSEL DER KRIEGERFRAUEN

Dieser Akt führt die Storm Knights auf die Insel Hespera im Ägäischen Meer. Dort versuchen sie, eine friedliche Allianz zwischen den Amazonen und Dr. Frests Mystery Men auszuhandeln. Auf diesem Weg wollen sie wichtige Verbündete gewinnen, um gegen die neue mysteriöse Waffe von Doktor Möbius vorgehen zu können. Sie kommen nach Hespera und erkennen, dass sie nicht die Einzigen sind, die an den Kriegerfrauen auf der Insel Interesse haben. Es dauert nicht lange, bis sie es erneut mit den Streitkräften von Doktor Möbius zu tun bekommen, aber diesmal könnte ein Fehlschlag den sicheren Tod bedeuten.

ÜBERSICHT

Szene Eins: Die Helden reisen durch das Mittelmeer zur Insel Hespera. Dort werden sie von einer Einheit bewaffneter und unerbittlicher Amazonen empfangen und vor ihre Königin Aegea Kosmos gebracht. Sie erhalten einen ersten Einblick der erstaunlichen Stadt Olympos.

Szene Zwei: In einer ungewöhnlich diplomatischen Geste werden die Helden von der Königin zu einem Staatsempfang eingeladen, damit sie ihr Anliegen weiter besprechen können. Sie kommen in den Speisesaal und müssen überrascht feststellen, dass sich dort bereits ein Kontingent von Möbius' Agenten befindet, darunter der gefährliche The Red Hand. Das Essen entwickelt sich zu einem angespannten Wettstreit um die Gunst der Königin.

Szene Drei: Nachdem sich die Helden in ihre Gemächer zurückgezogen haben, werden sie zum Ziel eines Mordversuchs. Doch dann stellen sie fest, dass man ihnen einen Anschlag auf The Red Hand und seine Begleitung vorwirft.

Szene Vier: Da Aegea dabei scheitert, Wahrheit von Lügen zu trennen, entscheidet sie, dass die zwei Gruppen ihre Würdigkeit beweisen sollen, indem sie beim brutalen Spiel Episkyros gegeneinander antreten. Der Sieger darf auf der Insel bleiben und kann die Verhandlungen weiterführen, während der Verlierer die Insel verlassen muss. Während des Spiels erkennen die Helden, dass die Furien zugunsten ihres Gegners betrügen.

Szene Fünf: Kurz nach dem Treffen ruft ein Bote Avgo und die Storm Knights zu einem geheimen Treffen mit Aegea. In Wahrheit werden sie in einen Hinterhalt gelockt, der den Beginn eines brutalen Aufstands in den Reihen der Amazonen markiert.

Szene Sechs: The Red Hand hat mit der Hilfe der Furien Aegea ausgeschaltet und ist auf dem Weg zum größten Schatz der Insel. Dabei handelt es sich um ein Becken voller Eternium unter dem Berg Kali Limni. Die Storm Knights kämpfen sowohl gegen amazonische Verräter als auch Agenten des Nils und treten schlussendlich gegen The Red Hand an.

SZENE 1: EIN VORSICHTIGES WILLKOMMEN

Standardszene. Nil-Imperium, Dominante Zone. Die Helden lassen Afrika hinter sich und kommen in das südöstliche Ägäische Meer zur Insel Hespera. Dort wollen sie mit den Amazonen verhandeln und ihnen vielleicht auch den Bogen Sekanas als Geschenk überreichen.

Das ist möglicherweise ein guter Zeitpunkt, um die Storm Knights nochmal daran zu erinnern, warum sie all das überhaupt tun. Ken „Snowflake" Nakatomi, der stellvertretende Direktor des Delphi-Rats, und Dr. Frest, der Anführer der Mystery Men, sind extrem über eine neue Superwaffe besorgt, die Möbius gerade entwickelt. Um gegen sie vorzugehen, benötigen sie weitere Verbündete, und diese hoffen sie in Form der Amazonen zu gewinnen. Bei ihnen handelt es sich um einen seltsamen Stamm von Kriegerfrauen, der plötzlich aufgrund der Axiomswelle auf der Insel Hespera aufgetaucht ist. Die Amazonen sind für ihre zurückgezogene Art und ihr Misstrauen Fremden gegenüber bekannt. Es wird nicht leicht werden, eine Allianz mit ihnen auszuhandeln. Deswegen wurden die Helden damit beauftragt, einen mächtigen Ewigkeitssplitter, den Bogen Sekanas, zu bergen, um ihn den Amazonen als Geschenk zu präsentieren.

Unabhängig davon, ob es den Helden gelungen ist, den Bogen zu beschaffen oder nicht, müssen sie nun einen Weg nach Hespera finden. Es gibt keine kommerziellen Reisemöglichkeiten zu der Insel. Gib den Spielern Zeit, sich selbst eine Methode auszudenken. Im Nil-Imperium müssen sich sie sich vermutlich auf altmodische Karten verlassen und ihnen stehen keine Satellitenaufnahmen zur Verfügung. Wenn sie sich für den Seeweg entscheiden, können sie sich von Rhodos oder vom östlichen Kreta aus nähern. Sie könnten ein Boot in einem der örtlichen Fischerdörfer anheuern. Wenn sie sich für den Luftweg entscheiden, könnten sie ein Flugzeug organisieren und direkt auf Hespera landen. Es gibt einen alten Flughafen auf der flachen Südspitze der Insel. Er ist verlassen und bereits überwuchert.

Die Art, wie sie sich der Insel annähern, spielt dabei die wichtigste Rolle. Versuchen sie, ungesehen auf die Insel zu kommen, oder nähern sie sich ganz offen? Unabhängig davon, ob sie den See- oder Luftweg gewählt haben, werden sie von den stets aufmerksamen Wachposten bemerkt, die in Wachtürmen entlang der ganzen Küste stationiert sind. Wenn die Helden versucht haben, sich möglichst verschlagen zu nähern, haben sie gleich einen Minuspunkt bei den Amazonen gesammelt, da diese sehr auf ehrenhaftes Verhalten fixiert sind.

Wenn die Helden Hespera erstmals sichten, lies folgenden Text vor oder erzähle ihn mit deinen Worten:

AEGEAS GUNST ERLANGEN

Während sich die Storm Knights auf Hespera aufhalten, wird ihr Verhalten ständig von Königin Aegea und den anderen Amazonen beobachtet und beurteilt. Um sie als Verbündete zu gewinnen, müssen die Helden einen guten Eindruck hinterlassen. Die Spielleiterin sollte aber im Zweifelsfall bei dieser Beurteilung zugunsten der Helden entscheiden, außer diese verhalten sich wirklich ehrlos. Die Amazonen halten sich an relativ strikte und einfache Regeln, die sich um formelles Verhalten, Ehre, Respekt und Wahrheit drehen. Sie verabscheuen Verschlagenheit und Magie.

Folgende Dinge sind dazu angetan, besonders rasch die Gunst der Amazonen zu verlieren: Amazonen anzugreifen, zu verletzen oder zu töten (außer die Furien in Szene 6), die Königin oder eine andere hoch stehende Amazone zu beleidigen, ohne Eskorte auf der Insel herumzuschnüffeln, unehrenhafte Handlungen (darunter Schleichen und Diebstahl) und Verletzungen des Protokolls. Im Gegenzug verdienen sich die Helden Respekt, indem sie die Traditionen und Gesetze Hesperas würdigen, einer Amazone helfen, damit sie keinen Schaden erleidet, das Spiel Episkyros in Szene 4 gewinnen und Aegea den Bogen Sekanas überreichen.

Die Insel Hespera ist lang und zerklüftet, mit hohen, bewaldeten Hügeln so weit das Auge reicht. Azurfarbene Wellen schlagen an die weißen Kalksteinklippen. Wasserfälle, die an schillernde Bänder erinnern, ergießen sich ins Meer. Der ganze Ort sieht wild und atemberaubend schön aus.

Wenn sich die Storm Knights ganz offen nähern, tritt ihnen sofort, nachdem sie ihr Fahrzeug verlassen haben, ein Trupp Amazonen entgegen. Dieser besteht aus einer Amazone je Storm Knight und einer Anführerin namens Avgo. Der Rest des Trupps hat sich in einer Entfernung von 100 Metern in Büschen oder hinter Felsen verborgen und sich eine Stellung in einer erhöhten Position gesichert. Man kann sie mit einer erfolgreichen Einfachen Gruppenaktion (MW 8) auf *Finden* entdecken. In der Nacht erleiden die Storm Knights –4 auf diese Probe.

Verschlagen agierende Storm Knights müssen eine *Heimlichkeits*-Probe als Gruppenaktion gegen Avgos *Finden* von 15 ablegen. (Darauf erhalten sie einen Malus, der von der Anzahl der Storm Knights und Amazonen abhängt). Wenn die Helden erfolgreich sind, hören sie, wie Avgo und eine andere Amazone über die Gäste sprechen, die erst kürzlich eingetroffen sind und wie

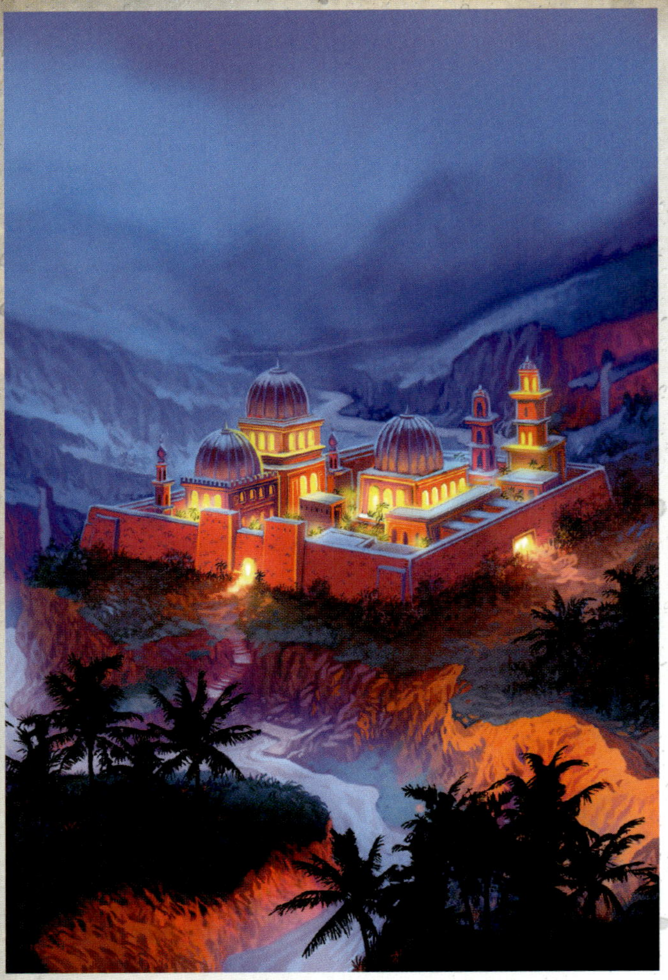

sich diese bisher verhalten haben. Zu diesem Zeitpunkt bemerkt Avgo die Storm Knights automatisch und spricht sie an.

Avgo und ihre Kriegerinnen nähern sich den Helden vorsichtig und werden dabei von ihren Bogenschützinnen gedeckt. Diese haben Pfeile aufgelegt, aber ihre Bögen noch nicht gespannt. Avgo befragt die Storm Knights, was sie auf der Insel zu suchen haben. Sobald sie sich ihrer Absichten vergewissert hat, fordert sie sie auf, sie nach Olympos zu begleiten. Die Helden dürfen ihre Waffen behalten, doch die Kriegerinnen behalten sie auf dem ganzen Weg gut im Auge.

OLYMPOS

Während Avgo und ihre Kriegerinnen die Helden nach Olympos begleiten, unterhält sich Avgo mit ihnen. Sie ist neugierig zu erfahren, wer die Helden sind und was sie von ihnen wollen. Sie hofft insgeheim darauf, eines Tages Hespera verlassen zu könnten und möchte herausfinden, ob diese Fremden ihr vielleicht dabei helfen könnten.

Sie weiß von der Invasion der High Lords auf der Erde und hat sogar erkannt, dass dies auch für ihre Transformation und die Erschaffung Hesperas selbst verantwortlich gewesen ist. Mit einer erfolgreichen Schweren (MW 14) *Beweisanalyse*-Probe erkennen die Helden, dass sie von ihr auf verschlagene Weise ausgefragt werden und sie dies offensichtlich tut, damit die anderen Amazonen nicht davon Wind bekommen. Wenn die Storm Knights sie nach den Amazonen und der Insel fragen, erklärt sie ihnen die grundlegenden Fakten, überlässt allerdings Aegea alle Details.

Sobald sich die Storm Knights Olympos nähern, können sie die ganze Stadt sehen. Lies folgenden Text vor oder erzähle ihn mit deinen Worten:

Olympos ist ein beeindruckender Anblick. Die Stadt liegt hinter einer starken Mauer, und es handelt sich um ein sprichwörtliches Paradies aus Marmorgebäuden, Springbrunnen, Wasserbecken und von Ranken überzogenen Säulen. Amazonen streifen in weißen Leinengewändern durch die Straßen. Manche tragen auch eine volle Kampfrüstung. Auf einer Anhöhe steht ein prächtiger Königspalast, der von beschaulichen Gärten umringt wird.

Avgo und ihre Begleiterinnen führen die Helden durch ein schwer bewachtes Torhaus in die eigentliche Stadt. Es geht eine breite Allee entlang und dann über eine lange, gewundene Treppe zum Palast hinauf. Unterwegs werden sie von zahlreichen Amazonen neugierig gemustert. Ein paar tapfere junge Amazonen versuchen, nach den Helden zu greifen, werden aber von den Soldatinnen Avgos zurückgedrängt. Die Gruppe wird in einen tempelartigen Palast geführt und dann zum Thronsaal, wo die Königin bereits auf sie wartet.

EINE AUDIENZ MIT DER KÖNIGIN

Aegea sitzt auf einem schweren Marmorthron. Sie wirkt schroff und verlangt wesentlich mehr Auskünfte, als sie selbst bereit ist zu geben. Sie scheint in keiner Weise über das Ansinnen der Storm Knights überrascht zu sein und lässt sich auch nicht anmerken, was sie von dem Vorschlag einer Allianz hält. Wenn die Helden über den Bogen Sekanas verfügen, wäre das ein idealer Zeitpunkt, um ihn zu überreichen. Sie nimmt ihn dankbar an, bleibt dabei aber dennoch kühl und reserviert.

Nach ein paar Minuten erklärt sie, dass die Audienz beendet ist, da sie sich noch um andere Dinge kümmern muss. Sie lädt die Storm Knights allerdings als Ehrengäste zum Bankett am Abend ein. Dort, so deutet sie an, könnte man diese Dinge vielleicht näher besprechen. Sie befiehlt Avgo, den Helden ihre Unterkünfte zu zeigen. Avgo führt die Helden zu einem abgetrennten Gebäude, das sie als „Domus" bezeichnet. Das Gebäude ist quadratisch, hat nur ein Stockwerk und verfügt über mehrere Schlafräume, die alle zu einem offenen Innenhof mit einem flachen Becken zeigen. Das Becken ist mit den geothermischen Quellen der Insel verbunden und hat jederzeit eine sehr angenehme Badetemperatur. Als Avgo geht, versperrt sie die schwere Eichentür hinter sich. Die Räume sind schlicht, aber gemütlich. Der Gruppe bleiben ein paar Stunden, um sich auszuruhen.

Storm Knights, die einen Weg finden, aus dem Gebäude zu schleichen, werden bald entdeckt. Dieser Vertrauensbruch erweckt keinen guten Eindruck bei den Amazonen. Sie eskortieren die Helden zurück zum Domus und stationieren nun Wachen rund um das Gebäude, um weitere derartige Spritztouren im Keim zu ersticken.

SZENE 2: DAS STAATSDINNER

Standardszene. Die Helden sind die Ehrengäste bei einem Staatsdinner. Hier bietet sich ihnen die Gelegenheit, erneut mit Aegea zu sprechen. Dabei müssen sie feststellen, dass sie nicht die einzigen Fremden auf der Insel sind.

Während des Sonnenuntergangs kommt Avgo zu ihnen und bringt sie in den Speisesaal. Sie ist noch immer sehr ernst, aber sie lächelt dennoch, als sie sie begrüßt. Avgo ist inzwischen von den Fremden fasziniert und möchte, dass sie erfolgreich sind. Deswegen gibt sie ihnen auf dem Weg ein paar Tipps zur Etikette der Amazonen, damit sie einen guten Eindruck bei der Königin hinterlassen können. Sie verrät ihnen dabei aber keine Geheimnisse.

Avgo führt sie in einen langen Speisesaal im Palast. Dieser wird von einem gigantischen Marmortisch dominiert, auf dem sich Brote, Käse in verschiedenen Sorten und Krüge mit Wein türmen. Aegea sitzt am Kopf des Tisches. Sie hat ihre Ratgeberinnen zu beiden Seiten und eine ganze Reihe von Amazonen (die Königinnenwache) stehen hinter ihr. In ihrer Nähe sitzen etliche wichtige Amazonen: Chryse, die oberste Schmiedin, Ianthe, die Generalin der Armee, und Phaedra, die Hohepriesterin der Athene.

Doch die Helden müssen feststellen, dass noch weitere Gäste hier sind. Dabei handelt es sich um die folgenden Personen:

- Ein Mann in einem blutroten weiten Herrenanzug im Stil der 40er Jahre und mit einem Fedora. Dabei handelt es sich um Peter Mayhew, The Red Hand. Man kann ihn mit einer Probe auf *Beweisanalyse* erkennen, und Helden aus dem Nil-Imperium erhalten +4 auf diese Probe. Er grinst selbstzufrieden, als er die Helden sieht.
- Eine ägyptische Frau in weißer Robe und mit einem Kopfschmuck: Dies ist Mirage (siehe Seite 106), deren Magie ihr wahres Aussehen als verschrumpelte Mumie verbirgt. Sie braucht als Untote nicht essen und stochert während der ganzen Mahlzeit nur in ihrer Nahrung herum. The Red Hand weiß nicht, dass Mirage zur Retribution League gehört und ihre Loyalität daher zuerst Hooded Cobra gilt.
- Mehrere weibliche Sturmsoldaten (eine je Storm Knight), die von ihrer Anführerin Tali geleitet werden: Sie ist genauso gut in verbalen wie in echten Gefechten. Die Sturmsoldatinnen selbst hingegen verhalten sich während des Dinners sehr wortkarg, selbst wenn man sie direkt anspricht.

DAS DINNER LEITEN

Während dieser Szene bietet sich den Helden die beste bisherige Gelegenheit, ihre Stellung bei Königin Aegea zu verbessern oder es zu vermasseln! Gib den Spielern während des Essens ausreichend Gelegenheit, um sich mit Aegea zu unterhalten. Sie ist vorsichtig, verrät nicht zu viele Informationen und wägt alle ihre Antworten sehr genau ab. Das gilt auch für die anderen Personen am Tisch. Aegea ist besonders stark daran interessiert, was sich in der Außenwelt zuträgt, und befragt ihre Gäste bezüglich ihrer Erfahrungen und Erlebnisse. Mayhew und seine Begleiter versuchen, den Krieg als unerwünschten Nebeneffekt der Sturheit der Zentralerde darzustellen. Sie tun alles, damit sie nicht den Eindruck erwecken, Kriminelle oder Kriegstreiber zu sein.

Abgesehen von diesen Gesprächen werden nachfolgend eine Reihe von interessanten gesellschaftlichen Situationen präsentiert. Diese geben den Storm Knights eine Gelegenheit zu zeigen, wer sie wirklich sind. Wähle zu wichtigen Zeitpunkten im Gespräch eines dieser Ereignisse und konfrontiere die Spieler damit. Abhängig davon, wie sie es handhaben, erlangen oder verlieren sie die Gunst der Königin.

Es gibt zehn Ereignisse. Wie viele du verwendest, entscheidest du selbst. Wenn die Gespräche von sich aus spannend und interessant sind, solltest du weniger Ereignisse verwenden, ansonsten mehr. Sie stellen effektiv nur Werkzeuge dar, um sicherzustellen, dass das Staatsdinner spannend bleibt.

ALTER DIALEKT

Irgendwann während des Mahls lehnt sich Ianthe zu Aegea hinüber und sagt etwas auf Altgriechisch zu ihr, das nur für ihre Ohren bestimmt ist. Jeder der Helden kann eine Schwere (MW 14) *Sprache*-Probe ablegen. Wenn er erfolgreich ist, hat er die Botschaft verstanden und kann in der gleichen Sprache antworten. Ein Fehlschlag ist in diesem Fall kein Problem. Aegea erwartet nicht, dass die Helden Altgriechisch verstehen. Bei einem Patzer denkt der entsprechende Held, dass er erfolgreich war, missversteht die Botschaft grausam und antwortet mit etwas Beleidigendem.

Befleckte Ehre

Mayhew verspottet einen bestimmten zufällig ausgewählten Helden immer wieder. Irgendwann wirft er dem Helden vor, er wäre nur deswegen nach Hespera gekommen, um die Bude auszukundschaften, damit er sie später ausrauben kann. Er gibt nach, wenn man ihn konfrontiert und meint, das wäre nur so eine Ahnung gewesen. Dennoch müssen er und der Held vergleichende *Verspotten*-Proben ablegen.

Faux-Pas

Ein zufällig ausgewählter Held erkennt, dass er eine formelle Regel verletzt hat. Er hat beispielsweise das falsche Besteck verwendet, um die Orzonudeln zu essen. Mit einer Standard (MW 10) *Charisma*-Probe kann er den Faux-Pas überspielen.

Geheimbotschaft

Kurz nachdem die Suppe serviert wurde, findet einer der Helden einen klein gefalteten Zettel unter seinem Teller, auf dem steht: „Die Suppe ist vergiftet". Die Handschrift ist ihm unbekannt. Wenn der Charakter daraufhin einen Aufstand macht, stellt das eine schwere Verletzung der Etikette dar, da er dadurch die Ehre der Amazonen beleidigt. Der Charakter kann auch eine Standard (MW 10) Probe auf *Beweisanalyse* ablegen, um seine Suppe unauffällig in Augenschein zu nehmen. Dadurch kann er erkennen, dass die Suppe gar nicht vergiftet ist. Obwohl die Helden vermutlich niemals den Ursprung der Botschaft in Erfahrung bringen, wollen wir hier nur erwähnen, dass sie von einem Diener stammt, der zu den Furien gehört, und dass diese auf diesem Weg Zwietracht zwischen den Helden und den Amazonen säen wollten.

Religiosität

Die Amazonen halten sich an einen strengen Ehrenkodex, der sich an den Erwartungen der Götter orientiert. Sie wissen jene zu schätzen, die über einen starken Glauben verfügen. Der Held mit dem höchsten Wert auf *Glauben* kann eine Einfache (MW 8) Probe ablegen, um seinen eigenen Glauben Phaedra zu erklären.

Ungeniessbares Essen

Während einem der Gänge bekommt ein zufällig ausgewählter Held ein Essen, das er aufgrund des Geschmacks, des Aussehens oder der Zutaten als extrem widerwärtig empfindet. Der Held muss eine Anspruchsvolle (MW 12) *Willenskraft*-Probe ablegen, um das Essen hinunterzuwürgen, ohne eine Miene zu verziehen.

Vergossener Wein

Ein zufällig ausgewählter Held stößt an eine Weinflasche, und es bleibt ihm nur ein Sekundenbruchteil um zu reagieren, bevor sich der vorzügliche Wein über den Tisch ergießt. Mit einer Einfachen (MW 8) *Geschicklichkeits*-Probe gelingt es dem Helden, die Weinflasche noch rechtzeitig zu packen. Ein Fehlschlag mit einer darauffolgenden Entschuldigung ist kein Problem. Wenn sich der Charakter allerdings nicht entschuldigt oder die Flasche mit einem Patzer sogar noch weiter über den Tisch geschleudert hat, wirkt er wie ein tollpatschiger Ochse.

Verhohlene Bedrohung

Tali wählt sich den Helden aus, der besonders schüchtern wirkt, und starrt ihn während des ganzen Essens bedrohlich an. Aegea fällt das zweifellos auf, aber sie mischt sich nicht ein. Sie möchte herausfinden, wie sich die Situation entwickelt. Der Held muss eine vergleichende Probe auf *Einschüchtern* ablegen.

Wissenschaftsquiz

Chryse wählt den Helden aus, der ihr besonders wissenschaftlich bewandert erscheint, und stellt ihm Fragen über seine Forschungen, um einen Eindruck von seinem Wissen zu erlangen. Der Held muss eine Anspruchsvolle (MW 12) *Wissenschafts*-Probe ablegen, um sie zu beeindrucken.

Würgereflex

Ein Sturmsoldatin greift sich an die Kehle und droht, an einem Bissen Nahrung zu ersticken. Wenn die Helden rasch agieren, können sie ihr mit einer Einfachen (MW 6) Probe auf *Erste Hilfe* helfen. Wenn die Helden nicht handeln, stellt das kein Problem für ihre Ehre dar, aber wenn ein Held eingreift und scheitert, erweckt das einen schlechten Eindruck. Wenn die Helden nicht eingreifen oder scheitern, greift Tali ein und sorgt erfolgreich dafür, dass die Sturmsoldatin nicht erstickt.

Abschluss

Nachdem die Mahlzeit beendet wurde, entschuldigt sich Aegea auf einmal abrupt und damit kommen die Feierlichkeiten ebenfalls zu einem Ende. Beide Gruppen von Besuchern werden zu ihrem jeweiligen Domus begleitet, und man versichert ihnen, dass sie die Königin am Morgen erneut sprechen können. Avgo meint zu den Helden, dass sie den Eindruck hat, dass sie sich gut schlagen werden. Sie ermahnt sie erneut, das Domus nicht zu verlassen, bis sie sie am Morgen abholt.

SZENE 3: NÄCHTLICHE AUSEINANDERSETZUNG

Standardszene. Die Helden müssen sich die Zeit im Domus vertreiben. Draußen stehen wieder Wachen. Es ist möglich, sich hinaus zu schleichen, aber nicht sehr ratsam. In der Nacht liegt der Palast völlig ruhig dar und wird nur von Wachen durchstreift, die stets paarweise unterwegs sind. Verschlagene Helden können ein wenig Nachforschung betreiben, und ihr Risiko, von den Amazonen dabei bemerkt zu werden, ist wesentlich geringer als am Tag.

Allerdings können sie dabei nicht wirklich viel herausfinden, außer sie wagen es, die Räumlichkeiten der Königin oder das Domus einer wichtigen Amazone zu durchsuchen, wie beispielsweise von Generalin Ianthe. Das ist natürlich wesentlich gefährlicher. Behandle ein derartiges Unterfangen als Dramatische Probenabwicklung. Jeder Schritt ist zumindest Schwer (MW 14) und erfordert eine Probe auf *Heimlichkeit*. Wenn die Storm Knights erfolgreich sind, finden sie heraus, dass Aegea Mayhew nicht vertraut und nach einer Entschuldigung sucht, um ihn loszuwerden. Sie würde allerdings gerne Tali überzeugen, sich den Amazonen anzuschließen.

Später in dieser Nacht versucht man, die Helden in ihrem Domus zu töten. Megaera, die Anführerin der Königinnenwache, ist außerdem die Anführerin der Furien. Dabei handelt es sich um eine geheime Gruppe aufständischer Amazonen, die die Ansicht vertritt, dass Aegea Kosmos eine schlechte Anführerin für die Amazonen ist. Sie glauben, dass ihr Stamm die Welt aktiv vom Bösen reinigen sollte, statt sich hier auf Hespera zu verschanzen. Für sie ist die Königin verabscheuungswürdig, weil sie über große Macht verfügt, diese aber nicht nutzt.

Megaera war von der Ankunft von The Red Hand und seinen Begleitern fasziniert. Mirage, Tali und die Sturmsoldatinnen haben sie in ihrer Ansicht bestärkt, dass Frauen nach Macht streben und diese ausüben sollten. Sie durchschaute Mayhew sofort und erkannte in ihm einen Schurken. Allerdings sah sie in ihm auch eine Gelegenheit, ihrer Sache zu dienen. In der zweiten Nacht seiner Anwesenheit auf Hespera sprach sie ihn an und schloss eine Allianz mit ihm. Seit diesem Zeitpunkt mobilisiert sie die Furien, um einen Coup auszuführen und den Thron für sich zu beanspruchen. Die Ankunft der Storm Knights macht sie wütend. Sie stellen ein Hindernis dar und müssen eliminiert werden.

Früher an diesem Abend ist Megaera zu der Höhle gegangen, in der die Furien eine Gorgone gefangen halten. Sie ignorierte ihren Zorn und ihr Zischen, schnitt sie in den Leib und zapfte ihr eine Phiole von ihrem widerwärtigen Blut ab. Jetzt hat sie sich mit einem schweren Mantel verkleidet und nähert sich dem Domus der Storm Knights. Sie schleicht sich auf das Dach, öffnet die Phiole und gießt das Blut in den Innenhof. Dann verschwindet sie in der Nacht.

Die Blutstropfen beginnen zu rauchen, wenn sie aufschlagen. Wenn noch jemand wach ist, kann er das mit einer Standard (MW 10) *Finden*-Probe bemerken. Wenige Sekunden später werden die Blutstropfen zu winzigen Skorpionen und wachsen dann in atemberaubendem Tempo zu schrecklichen Ausgeburten heran. Jeder Skorpion ist so groß wie ein Maultier, bewegt sich furchterregend schnell und greift Gegner wahllos an. Zwei Amazonen, die außerhalb der Tür stationiert sind, eilen den Helden zur Hilfe, sobald ein Kampf ausbricht.

Die Skorpione bestehen nur 10 Runden lang, und wenn sie nicht zuvor besiegt werden, lösen sie sich zu diesem Zeitpunkt in schwarzen Schleim auf. Dieser verdampft dann rasch, und es bleiben keine Beweise zurück. Das geschieht übrigens auch, wenn man sie tötet.

• **Riesenskorpione:** 1 je Storm Knight, siehe Seite 60

Avgo eilt, aufgeschreckt durch den Lärm, ebenfalls herbei. Sie trifft allerdings erst ein, wenn der Kampf schon vorüber ist. Obwohl es keine Beweise mehr gibt, will sie den Helden Glauben schenken. Wenn die Amazonenwachen noch am Leben sind, können sie die Geschichte bestätigen. Sie eskortiert die Helden zurück zum Palast, wo auch Aufruhr herrscht. Königin Aegea wurde geweckt und ist in miserabler Stimmung. Mehrere Angehörige des Senats sind bei ihr. Mayhew und seine Begleiter sind bereits im Thronsaal, und wenn die Helden hereinkommen, zeigt Tali auf einen zufälligen Storm Knight und wirft ihm vor, dass er versucht hätte, sie alle zu ermorden, indem er ihren Domus in Brand gesteckt hat. Das Feuer wurde rasch gelöscht, doch sie konnte den Storm Knight bei seiner Flucht erkennen.

In Wahrheit war die Brandstifterin Mirage, die ihr Aussehen mit ihrer Zauberei verändert hat. Das Täuschungsmanöver hat offensichtlich funktioniert, und jetzt wissen die Amazonen nicht, wem sie vertrauen können. Der Thronsaal wird zum Ort einer hitzigen Auseinandersetzung zwischen den Amazonen, den Storm Knights und der Delegation von The Red Hand. Wütend befiehlt Aegea schließlich allen zu schweigen. Sie erklärt schnaubend, dass sie eigentlich alle Besucher von der Insel werfen sollte, bis sie herausfinden kann, wem sie vertrauen kann.

Generalin Ianthe hat einen ungewöhnlichen Lösungsvorschlag. Wenn die Amazonen keine Lösung für einen Streit finden können, lösen sie ihre Streitigkeiten oft mit der Austragung eines Ballspiels. Aegea findet das einen guten Vorschlag und entscheidet, dass ein Spiel Episkyros ausgetragen werden soll. Die Helden können sich natürlich weigern teilzunehmen, doch das bedeutet, dass sie die Insel verlassen müssen und ihre Chance, eine Allianz auszuhandeln, vermasselt haben. Sie werden vermutlich zustimmen und unter schwerer

Bewachung zurück in ihren Domus gebracht, wo sie sich bis zum Morgen ausruhen können.

SZENE 4: DIE AMAZONENSPIELE

Standardszene. In dieser Szene reisen die Helden zum Heliodrom, um gegen die Gruppe von The Red Hand in einem Spiel Episkyros anzutreten und so ihre Position bei Königin Aegea zu festigen.

Avgo holt sie am frühen Morgen in Begleitung von zehn weiteren Amazonen ab, um sie zum Spiel zu eskortieren. Lies folgenden Text vor oder erzähle ihn mit deinen Worten:

Olympus ist am Morgen sogar noch schöner und beeindruckender. Das helle Sonnenlicht umspielt die Marmorgebäude mit einem goldenen Schein. Vögel fliegen zwitschernd zwischen den Bäumen hin und her und baden in den Brunnen. Die Bewohner tragen prächtige Rüstungen, während sie ihren Geschäften nachgehen, und Schwerter an ihren Seiten. Avgo führt euch ein paar gepflasterte Alleen zwischen weißen Häusern hinab, die aus sonnengetrockneten Tonziegeln errichtet wurden. Dann kommt ihr zum Heliodrom, einem großen ovalen Stadion. Bereits jetzt sind die Ränge sehr geschäftig. Offenbar möchten viele Amazonen dem bevorstehenden Spiel zusehen. Es ist natürlich eine Rarität, dass hier Fremde gegeneinander antreten und man kann die Aufregung förmlich spüren. Während ihr hinunter auf das Spielfeld geleitet wird, fasst Avgo nochmals die Regeln für euch zusammen.

Diese Version von Episkyros wird in wahrlich amazonenhafter Tradition auf dem Pferderücken ausgetragen. Die Schiedsrichterin wirft einen Ball aus hartem Leder, der als Sphaira bezeichnet wird, auf das Spielfeld. Diesen muss man mit einem Stock, der in eine Art Löffel ausläuft und als Spatha bezeichnet wird, aufnehmen. Man erzielt Punkte, indem man ihn über die Linie am Ende des gegnerischen Spielfelds befördert. Avgo erklärt, dass es sich um einen Sport handelt, bei dem Körperkontakt wie Rempeln und Schubsen durchaus erlaubt ist. Es ist allerdings nicht gestattet, mit der

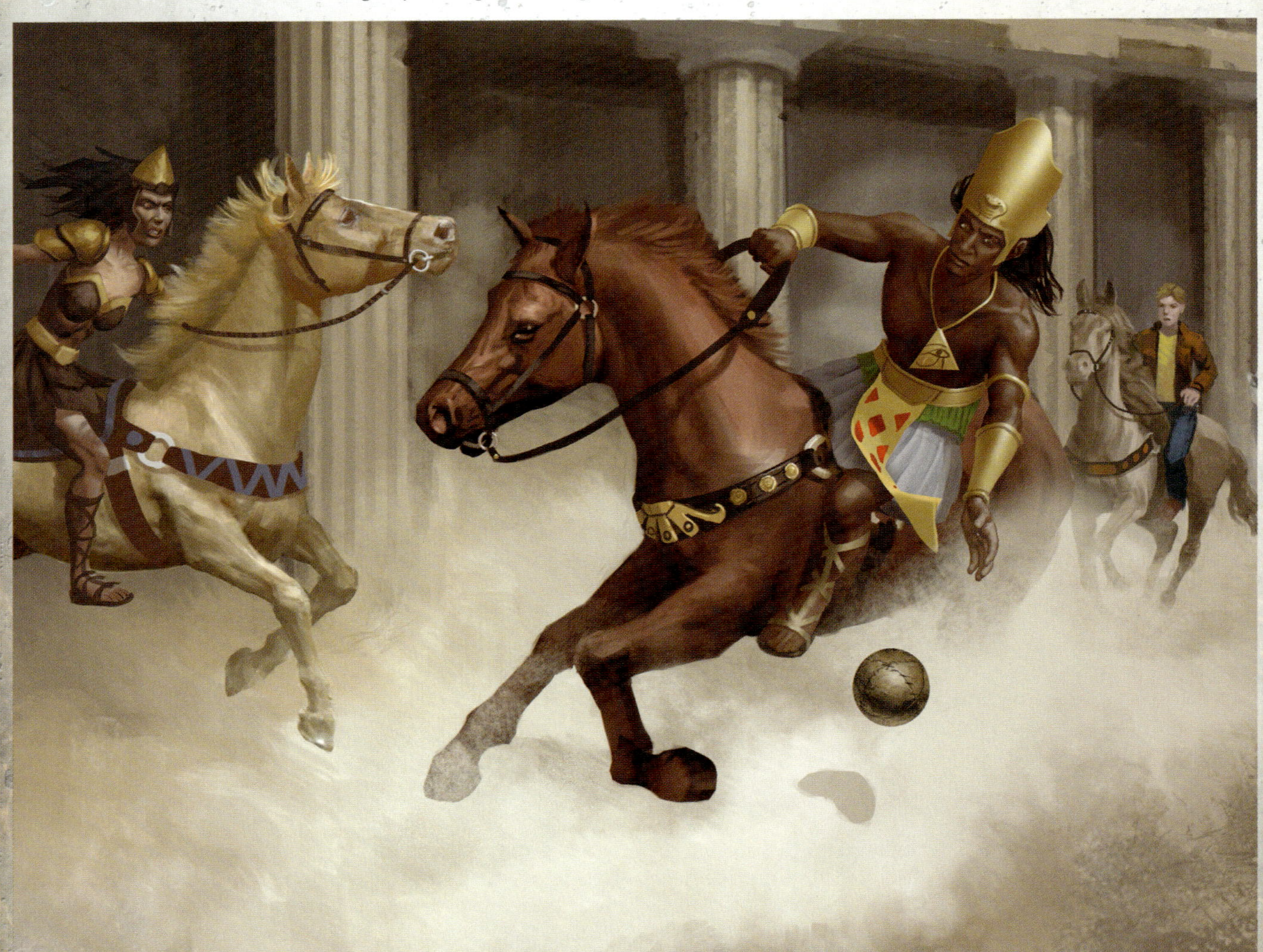

Episkyros ist ein großer Spaß, außer man wird von einem Pferd niedergetrampelt oder verliert ein Auge.

Spatha nach jemandem zu schlagen oder ein Pferd zu verletzen. Nur eine Person je Pferd ist erlaubt, und man darf nicht absteigen und die Sphaira nicht mit der Hand berühren oder gar halten. Der Einsatz von Magie oder Wundern ist streng verboten und führt sofort zu einer Niederlage. Man hat drei „Anstürme" zu bewältigen und kann dabei jeweils Punkte für sein Team erzielen.

Sobald die Helden bereit sind, werden sie zu den Stallungen gebracht, wo sich jeder ein Pferd auswählen kann. Jeder, der Schutz benötigt, erhält eine Lederrüstung. Und dann geht das Spiel los.

Espiskyros im Amazonenstil

Die beiden betroffenen Parteien bilden je eine Mannschaft aus mindestens vier Teilnehmern. Falls es dafür nicht genügend Storm Knights gibt, melden sich Avgo oder andere Amazonen freiwillig für ihre Seite. Die Mannschaft der Schurken besteht aus The Red Hand, Tali und zwei Elite-Sturmsoldatinnen. Wenn die Mannschaft der Storm Knights größer als vier Personen ist, bietet die Gegenseite mehr Sturmsoldatinnen auf. Mirage sieht von der Seite aus zu.

Es gibt drei sogenannte Anstürme, und jeder davon wird als eine Verfolgungsjagd abgewickelt. Die wahre Herausforderung des Spiels besteht nicht darin, sich den Ball zu schnappen. Die löffelartige Spatha ist gut ausgewogen, und jeder ist früher oder später mal am Ball. Das wirkliche Problem besteht darin, den Ball über die Ziellinie zu befördern, während man den zahlreichen Hindernissen aus dem Weg geht. Das reicht von den Gegnern auf ihren Pferden, bis hin zu den zahlreichen Säulen, die das Spielfeld in regelmäßigen Abständen umgeben. Die Regeln für eine Verfolgungsjagd stellen natürlich nur eine sehr vereinfachte Abstraktion für dieses komplexe Spiel dar. Bei dieser Dramatischen Probenabwicklung legen die Beteiligten Proben auf *Reiten* ab, um Schritte zu beenden, wenn dies auf der Karte verfügbar ist. Jeder Spieler würfelt seine Proben getrennt. Charaktere mit einem hohen Wert auf *Reiten* genießen einen eindeutigen Vorteil. Der MW für alle Schritte beträgt 10, ohne Modifikatoren für Geschwindigkeit.

Wie bei einer regulären Verfolgungsjagd erleiden Angriffe oder Stunts, die man gegen Gegner einsetzt, einen Malus von –2 für jeden Schritt, der zwischen dem Angreifer und dem Ziel liegt. Die Teilnehmer können auch Interaktionsangriffe wie *Tricksen* und *Manövrieren* einsetzen, um damit Mitglieder der gegnerischen Mannschaft zu treffen. Es ist möglich, eine Gruppenaktion bei solch einem Stunt einzusetzen, aber nicht bei den Proben auf *Reiten* (siehe dazu die Regeln über Gruppenaktionen in *Torg Eternity*). Körperliche Angriffe mittels *Waffenloser Angriff* sind erlaubt, aber keine Angriffe mit der Spathae (die mit *Nahkampfwaffen* ausgeführt werden) und auch keine Angriffe gegen die Pferde. Wie üblich, erleidet man einen Malus für Mehrfachaktionen, wenn man mehr als eine Aktion je Runde ausführt. Zur Zahl der ausgeführten Aktionen zählt stets auch die Probe auf *Reiten*. Spieler können auf diese Probe verzichten, wenn sie sich ganz auf ihre anderen Aktionen konzentrieren wollen, aber sie verzichten dadurch natürlich auch auf ihre Gelegenheit, in der betreffenden Runde einen Schritt vorwärts zu kommen.

Nachfolgend findest du ein paar Beispiele, wie die Spielleiterin Dilemmas interpretieren kann, die während des Spiels auftreten:

- **Möglicher Rückschlag:** Ein Hindernis, wie ein Spieler (von einer beliebigen Mannschaft) oder eine der Säulen, gerät in den Weg. Die Morgensonne blendet den Helden. Der Ball löst sich aus der Spatha und rollt unter das Pferd des Helden.
- **Komplikationen:** Das Pferd des Storm Knights stößt mit einem Hindernis, wie dem Pferd eines anderen Spielers oder einer Säule zusammen und wird dabei verletzt. Dadurch erleidet der Charakter für den Rest des Ansturms einen Malus von –1 auf alle Proben auf *Reiten*.
- **Kritisches Problem:** Der Spieler hat eine Begrenzungsregel missachtet oder auf eine verbotene Art auf einen Gegner eingeschlagen (auch unabsichtlich). Dadurch verliert seine Seite ihre bisher erzielten Punkte. Ein Pferd wird schwer verletzt und muss ausgetauscht werden.

Zwischen den Anstürmen haben die Helden die Gelegenheit, Atem zu holen und regenerieren allen erlittenen Schockschaden. Sie erhalten frische Pferde, wodurch auch alle Malusse, die für die Pferde gelten, aufgehoben werden.

Der Sieg geht an die Mannschaft, deren Angehörige Schritt D zuerst beenden. Im Fall eines Gleichstands geht das Spiel so lange weiter, bis eine größere Anzahl Angehörige von einer Seite Schritt D erreicht haben. Es gibt drei Anstürme und die Mannschaft, die zwei Anstürme gewinnt, ist der Sieger. Logischerweise endet das Spiel frühzeitig, wenn eine Seite bereits die ersten beiden Anstürme gewonnen hat.

Betrüger

Natürlich sind die Gegner nicht umsonst Schurken und das bedeutet, dass sie die Regeln in ihrem Sinne brechen. Während des dritten Ansturms fällt den Helden auf, dass sich ihre Pferde seltsam verhalten. Eine der Furien hat den Pferden ein Kraut verabreicht, das sie ein wenig benommen macht. Die Storm Knights erleiden während des ganzen Ansturms –1 auf ihre *Reiten*-Proben, so als ob sie bei einer Komplikation gescheitert wären. (Wenn sie dann noch bei einer Komplikation scheitern, ist das kumulativ.) Die Amazonen, die als Schiedsrichter fungieren, haben etwas Derartiges noch nie erlebt und glauben den Helden nicht, wenn sie es zur Sprache bringen.

Sollten sich die Storm Knights deswegen weigern, weiter zu spielen, verlieren sie den Ansturm automatisch.

Unabhängig davon, welche Seite gewinnt, werden sie alle frenetisch gefeiert, und es regnet Blumen. Königin Aegea tritt vor, und das Stadion wird ruhig. Wenn die Helden gewonnen und sich bisher gut verhalten haben, erklärt sie, dass sie zwei weitere Tage auf der Insel bleiben dürfen. Doch wenn die Schurken aus dem Nil gewonnen haben oder wenn die Helden ihren Ruf verspielt haben, erklärt sie, dass beide Besuchergruppen die Insel bis zum Mittag verlassen müssen. In beiden Fällen kann man am Gesichtsausdruck Mayhews erkennen, dass er vor Zorn tobt. Bevor ihn die Amazonen mit seiner Mannschaft aus dem Stadion geleiten, schwört er den Storms Knights blutige Rache und erklärt den Amazonen, dass sie ihre Entscheidung noch bedauern werden.

SZENE 5: HINTERHALT IM TEMPEL

Standardszene. Nil-Imperium, Dominante Szene. Auf dem Rückweg vom Spiel kommt eine Läuferin zu Avgo, die sie darüber informiert, dass Königin Aegea ein Geheimtreffen mit ihnen abhalten will. Dadurch geraten die Helden in einen Hinterhalt, bei dem sie von der Existenz der Furien erfahren.

Unabhängig davon, ob die Helden beim Episkyros gewonnen haben oder nicht, sollen sie zu ihrem Domus zurückkehren, entweder, um auf ein weiteres Gespräch mit Aegea zu warten, oder um ihre Sachen zu packen und sich darauf vorzubereiten, die Insel zu verlassen. Avgo begleitet die Helden. Dieses Mal schafft sie es, die restliche Eskorte wegzuschicken und sie alleine zu führen. Unterwegs macht sie Small Talk mit den Helden. Sie ist von dem Spiel noch ganz elektrisiert. Dann überkommt sie das Bedürfnis, endlich frei zu sprechen. Sie erklärt den Helden, dass sie davon träumt, Hespera zu verlassen und die Außenwelt kennen zu lernen. Die Ankunft der Storm Knights hat dieses Ziel in ihre Reichweite gerückt. Sie fragt die Storm Knights, ob sie sie begleiten könnte, wenn sie aufbrechen. Wenn sie zustimmen, betont sie, wie wichtig es ist, dass sie diese Abmachung momentan noch geheim halten. Aegea hat schließlich verboten, dass irgendwelche Amazonen Hespera verlassen.

Kurz darauf nähert sich die bereits erwähnte Läuferin. Avgo erkennt, dass es sich um Althea, eine Angehörige der Königinnenwache, handelt. Althea teilt ihnen mit, dass Aegea eine Geheimaudienz mit den Helden bezüglich The Red Hand abhalten will. Sie sollen sofort zur Akropolis aufbrechen. Dabei handelt es sich um den Tempel Athenes, der unweit des Palastes liegt. Sonst hat sie keine weiterführenden Informationen für sie.

Misstrauische Helden werden vielleicht ihre Vermutung äußern, dass hier etwas nicht stimmt. Damit haben sie voll und ganz Recht, weil es sich tatsächlich um die Vorbereitung eines Hinterhalts handelt. Megaera möchte endlich ihren Schachzug ausführen. Die Furien sollen Aegea stürzen und den Thron übernehmen. Sie erkennt die Storm Knights als potenzielles Hindernis, das aus dem Weg geräumt werden muss. Avgo ist, auch angesichts der Tatsache, dass sie die Insel verlassen will, ihrer Königin treu ergeben und führt die Helden auf jeden Fall wie befohlen zu dem Treffen. Wenn sich die Helden konsequent weigern, versucht sie alles, um sie vom Gegenteil zu überzeugen. Ist sie dazu gezwungen, alleine zum Treffpunkt zu gehen, lokalisieren die Angreifer die Helden an einem anderen Ort, beispielsweise in ihrem Domus. Dadurch kann Avgo auch nicht zum Kollateralschaden werden.

Die Akropolis wurde auf einer kleinen Steinplattform mit Treppen zu beiden Enden errichtet. Dorische Säulen bilden das Fundament eines überdachten Innenhofs, und an einem Ende des rechteckigen Gebäudes befinden sich hoch aufragende Tore, die in ein zentrales Tempelschiff führen. In der Mitte dieser Halle steht ein sprudelnder Brunnen, und am Ende befindet sich eine Statue Athenes, die von Kohlebecken erhellt wird. Athene ist die Schutzgöttin von Hespera. Doch sofort fällt der Gruppe auf, dass ihr zerbrochener Schädel am Boden liegt. Stattdessen trägt sie jetzt einen neuen Kopf, der von Nemesis, der Göttin der Zerstörung. Wenn Avgo anwesend ist, ist sie angesichts dieser Schändung wie gelähmt.

Eine Gruppe Amazonen in voller Kampfausrüstung erwartet die Helden. Einige von ihnen tragen die Insignien der Königinnenwache. Althea bittet die Gruppe herein und bittet sie, keinen Lärm zu machen, da sie befürchtet, dass sie alle von den Schergen von The Red Hand ausgespäht werden. Eine andere Amazone schließt das große Tor hinter ihnen und verbarrikadiert es.

Den Storm Knights sollte jetzt vermutlich endgültig auffallen, dass hier etwas nicht stimmt. Königin Aegea ist nicht anwesend und auch keine ihrer Ratgeberinnen. Mit einer Schweren (MW 14) Probe auf *Beweisanalyse* kann man erkennen, dass die Amazonen für einen Kampf vorbereitet sind – ein Schweißtropfen hier, ein nervöser Blick dort, eine Hand, die sich unmerklich dem Schwertgriff nähert und dergleichen. Althea ist nicht wirklich glücklich darüber, was hier gleich geschehen wird, und richtet einen Appell an Avgo (oder alternativ an die Storm Knights, falls sie nicht anwesend ist):

„Königin Aegea ist wohlmeinend, aber feige und ineffizient. Es ist an der Zeit, dass wir Amazonen eine neue Anführerin mit Weitsicht wählen. Eine, die unsere Bestimmung versteht. Eine, die weiß, dass wir Amazonen auf dieser Erde sind, um zu herrschen, und nicht, um uns wie Feiglinge auf diesem verdammten Felsen zu verstecken.

Viele Amazonen sind davon überzeugt, dass wir unseren rechtmäßigen Platz als Eroberinnen einnehmen müssen. Wir nennen uns die Furien. Schließt euch uns an, und wir werden der Welt Frieden und Wohlstand bringen."

Avgo will davon nichts wissen. „Frieden und Wohlstand … mit gezücktem Schwert? Ich würde lieber sterben."

Althea zuckt zusammen, und ihre Augen werden eiskalt. „Wenn du das wünschst, Schwester …"

Die Furien greifen gnadenlos an und kämpfen bis zum Tod. Wenn sie besiegt werden, gibt die letzte Überlebende vor ihrem Tod ein kehliges Lachen von sich: „Ihr mögt uns hier besiegt haben, doch die Furien sind unbezwingbar. Vielleicht solltest du mal nach deiner geliebten Königin sehen?" Dann stirbt sie.

- **Amazonen:** 2 je Storm Knight, siehe Seite 60

SZENE 6: KAMPF UM HESPERA

Dramatische Szene. Nil-Imperium, Dominante Szene. Die Storm Knights decken das ganze Ausmaß der Verschwörung auf und müssen sich einen Weg in eine gigantische unterirdische Kammer erkämpfen, um dort gegen The Red Hand und die Furien anzutreten. Dort entdecken sie auch das größte Geheimnis der Amazonen – ein großes Becken aus geschmolzenem Eternium!

Sobald die Helden den Tempel der Athene verlassen, sehen sie, dass überall in Olympos Scharmützel ausgebrochen sind. Es ist in dem ganzen Chaos völlig unmöglich, normale Amazonen von Furien zu unterscheiden, und Avgo drängt sie, lieber in den Thronsaal zu eilen. Die Gruppe erreicht den Palast ohne größere Zwischenfälle, außer sie entscheiden sich, sich in den einen oder anderen Kampf einzumischen.

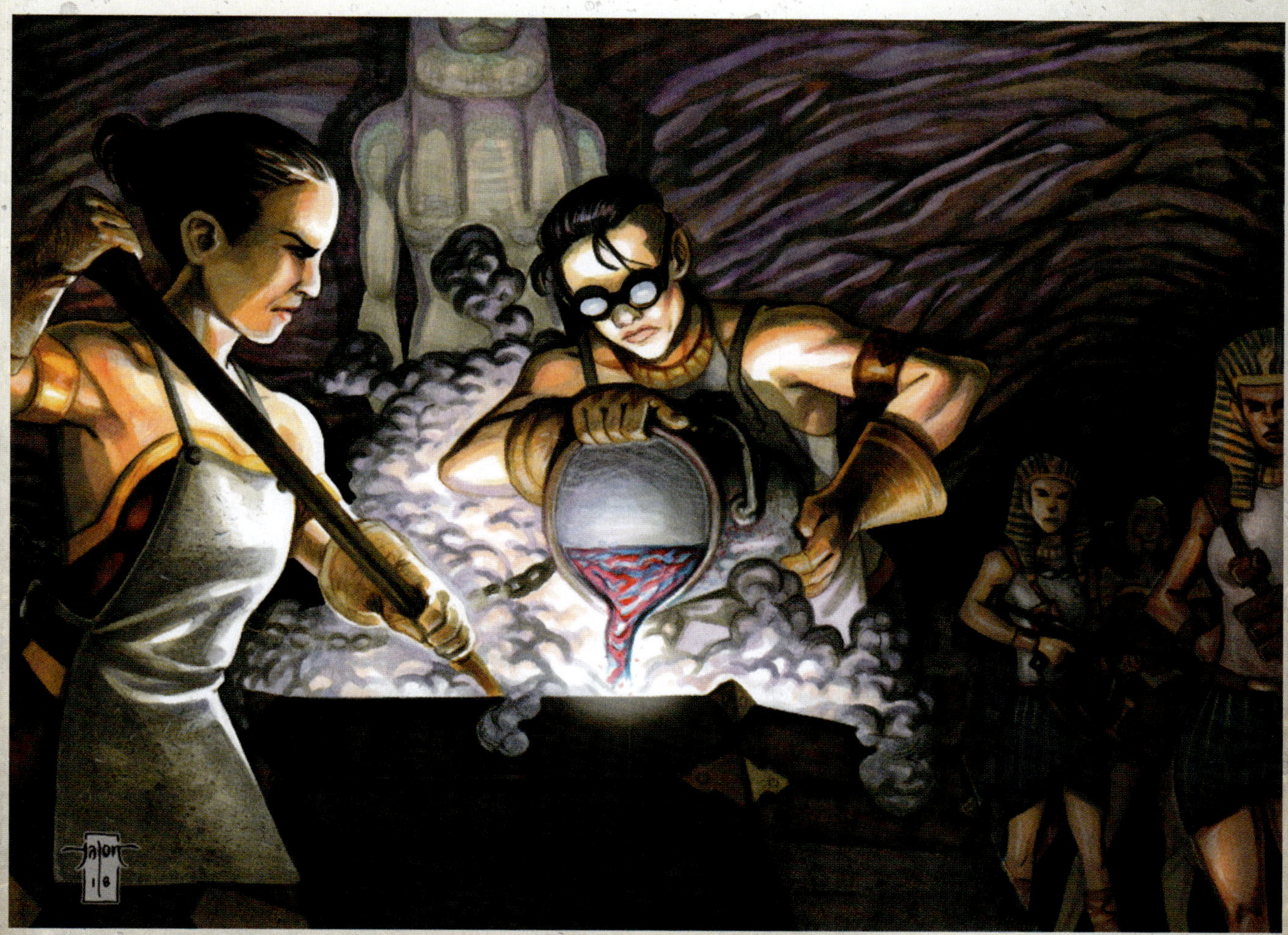

Amazonen können erstaunliche Rüstungen und Waffen schmieden und das ganz ohne die Verwendung von Eternium.

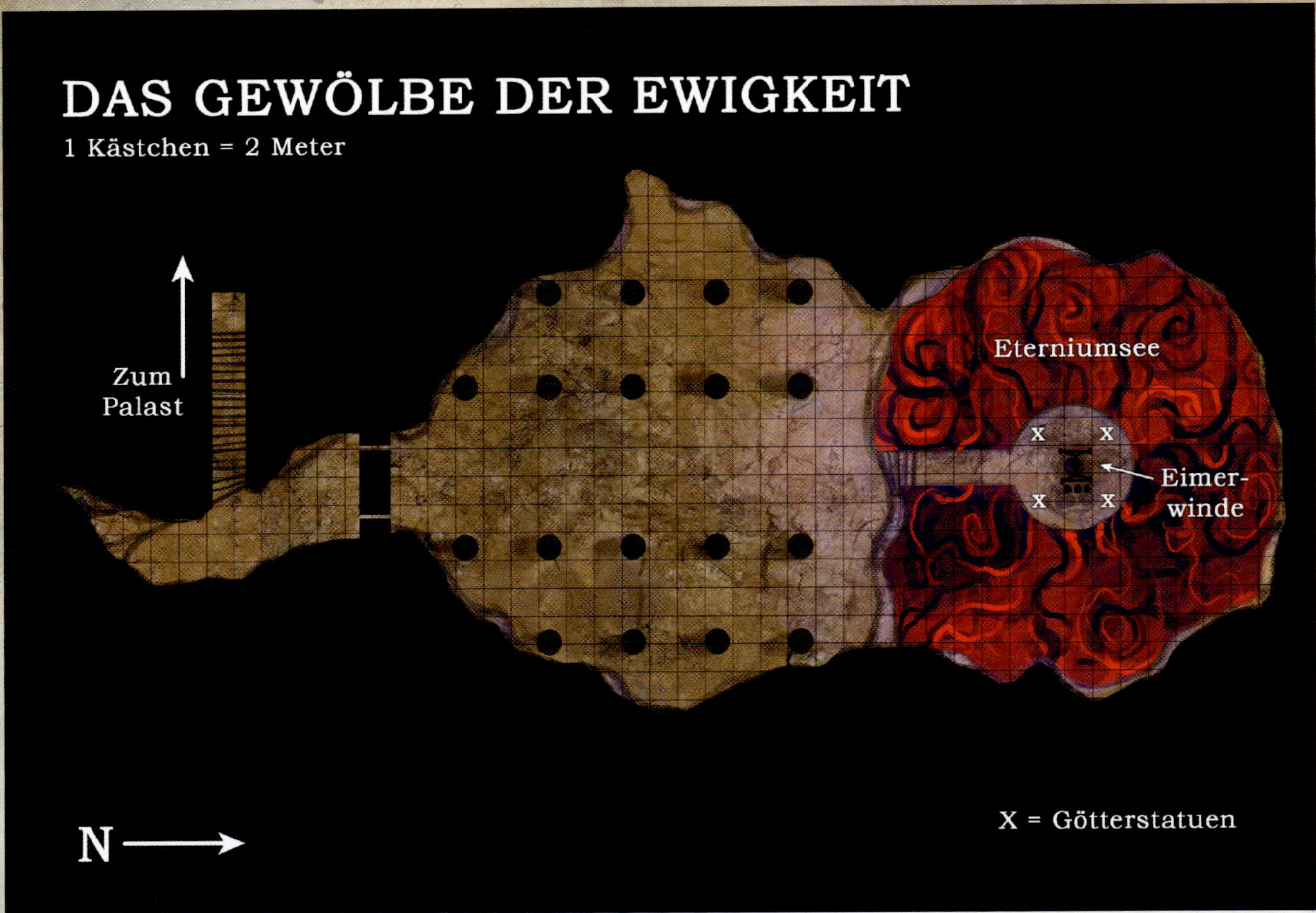

Sobald die Helden den Thronsaal erreichen, müssen sie erkennen, wie schlimm die Dinge bereits stehen. Lies folgenden Text vor oder erzähle ihn mit deinen Worten:

Der Thronsaal liegt ruhig und leer vor euch, abgesehen von den Leichen einiger Amazonen. Seltsamerweise hat jemand eine Statue erschaffen, die genauso aussieht wie die Königin, und sie auf dem Thron platziert. Die Statue zeigt die Königin, wie sie voller Furcht zurückschreckt. Zwei ähnliche Statuen, die Angehörige der Königinnenwache darstellen, stehen zu beiden Seiten von ihr. Diese haben ihre Arme hochgerissen, so als ob sie ihre Augen beschützen wollten. Hinter dem Thron befindet sich eine Geheimtür, die teilweise offen steht. Licht flackert auf beiden Seiten. Eine der Amazonen, die ihr für tot gehalten habt, beginnt zu stöhnen.

Thiya, eine weitere Angehörige der Königinnenwache, ist schwer verletzt, hat den Angriff aber überlebt. Mit einer erfolgreichen Standard (MW 10) *Erste Hilfe*-Probe kann man ihre Verletzungen so weit behandeln, dass sie überleben wird. Andernfalls stirbt sie nach wenigen Augenblicken. Sie ist kaum bei Bewusstsein und tut sich schwer mit dem Sprechen. Dennoch erzählt sie, was geschehen ist. Megaera hat die Königin mit der Behauptung, sie hätte extrem wichtige Neuigkeiten für sie, zu sich gerufen. Mehrere Amazonen begleiteten sie, darunter die Hohepriesterin Phaedra und die Senatorin Agathena. Megaera führte eine seltsame verhüllte Gestalt an einer Kette. Auf ihren Befehl hin warf die Gestalt die Kapuze ab und gab sich als Gorgone zu erkennen. Königin Aegea und zwei ihrer Wächterinnen wurden augenblicklich versteinert. Amazone kämpfte gegen Amazone und der ganze Raum verwandelte sich in ein unbeschreibliches Blutbad. Thiya war sich nicht einmal sicher, wer genau nun ein Gegner war und wer nicht. Megaera und die anderen Verräterinnen erhielten in diesem Augenblick Hilfe von The Red Hand und seinem Trupp. Alle Überlebenden verließen den Thronsaal durch die Geheimtür.

DAS GEWÖLBE DER EWIGKEIT

Hinter dem Geheimhang liegt eine Treppe, die mehrmals die Richtung wechselt. Sie führt tief nach unten und endet an einer eisernen Tür. Die Tür steht offen und dahinter befindet sich eine große Höhle. Lies folgenden Text vor oder erzähle ihn mit eigenen Worten:

Die Treppe führt bis zu einer natürlichen Höhle, die von flackernden Fackeln erleuchtet wird. Ein schweres Eisentor, ähnlich wie man es in einer Bank erwarten würde, steht weit offen. Dahinter bietet sich euch ein erstaunlicher Anblick. Am gegenüberliegenden Ende dieser hohen, natürlichen Höhle befindet sich ein kleiner See aus einer dampfenden Flüssigkeit. Ihr keucht verblüfft auf, als ihr die roten und blauen Wirbel in der Flüssigkeit seht. Ihr blickt auf ein gigantisches, geschmolzenes Becken aus reinem Eternium! Was für eine unvorstellbar wertvolle Ressource würde dieses doch für den Pharao oder praktisch jeden anderen abgeben! Kein Wunder, dass die Amazonen niemanden hier haben wollen.

Euch überkommt ein seltsames Gefühl, das förmlich über euch hinwegschwappt. Ihr erkennt das befremdliche Gefühl, das man hat, wenn sich die Realität neu orientiert und jeder mögliche Ausgang in einem einzigen Augenblick existiert. Ihr habt euch noch nie so lebendig gefühlt.

Die heiße Flüssigkeit taucht den Raum in ein amethystfarbenes Licht und erhellt eine Marmorplattform in der Mitte des Beckens. Sie ist über eine Brücke mit dem festen Höhlenboden verbunden. Die intensive Hitze sorgt bereits dafür, dass ihr schwitzt und nach Luft ringt. Auf eurer Seite der Höhle sind hoch aufragende Säulen und noch mehr versteinerte Amazonen, auf deren Gesichtern sich Abscheu oder Angriffslust widerspiegeln.

Dann hört ihr laute Stimmen aus einem anderen Teil der Kammer.

Die Luft hier ist 70 Grad Celsius heiß, wodurch man zusätzlich 2 Schockschaden erleidet, wenn Erschöpfung in der Konfliktzeile steht. Auf jeden Fall können die Helden sofort bis zu drei ihrer Möglichkeiten auffrischen, ganz so, als ob es sich hier um den Anfang eines neuen Aktes handeln würde. In der Nähe des Eterniums sind alle *Realitäts*-Proben Begünstigt, allerdings auch die der Schurken!

Über dem Eterniumsee befindet sich eine kreisförmige Steinplattform. Dort ziehen die Amazonen mit Eimern Eternium nach oben und verwenden es für ihre Schmiedearbeit. Über einem runden Loch in der Mitte hängt ein Eiseneimer an einer Windenkonstruktion. Mit der schweren Winde kann man den Eimer in das Eternium absenken, füllen und wieder nach oben hohlen. Dann kippt man den Eimer aus und gießt das kochende Eternium in die Schmiedeformen. Dadurch entstehen Eterniumbarren, die die Amazonen in Wassertrögen abkühlen. Sie laden sie in Schulterkörbe und bringen sie in die Hauptschmiede in Ephesus. Wenn man sie mit Kupfer legiert, entsteht Athenium.

Rund um diese ganze zentrale Verarbeitungsanlage stehen The Red Hand, Tali, Mirage und eine Handvoll Sturmsoldatinnen. Bei ihnen sind Megaera, Hohepriesterin Phaedra, Senatorin Agathena und eine Handvoll Furien. Wenn die Helden der Königin den Bogen Sekanas überreicht haben, befindet er sich jetzt im Besitz von Megaera. Die Schurken bedrohen Chryse und zwei ihrer Gehilfinnen und verlangen von ihr zu erfahren, wie man das Enternium extrahieren und verarbeiten kann. Chryse weigert sich und noch bevor die Helden auch nur irgendetwas tun können, schubst The Red Hand eine der Gehilfinnen über den Rand in das heiße Eternium. Irgendwie muss man solche Sturköpfe ja auch zum Reden bringen. Doch Chryse und ihre verbleibende Gehilfin weigern sich weiterhin zu sprechen, und falls die Helden jetzt nicht einschreiten, sind die beiden die nächsten Opfer.

Sobald die Helden ihre Anwesenheit verkünden, nutzt Chryse die Ablenkung, um eine Kette durch die Luft zu schwingen, wodurch Senatorin Agathena von dem schweren Eimer am Kopf getroffen wird und durch das Loch in den Tod stürzt. Megaera wechselt zwischen Angriffen mit dem Bogen und dem Wirken von Wundern hin und her. Sie verbessert ihre Angriffe so rasch wie möglich mit *Segnen*. Mirage nimmt eine Verteidigungsstellung hinter der Winde ein und setzt von dort aus ihre Magie ein. Die anderen bilden eine Verteidigungslinie, wodurch es sehr schwierig wird, die Brücke zu überqueren.

Die ganze Plattform ist ein extrem gefährliches Kampfgebiet. Es gibt keine Geländer, die jemanden daran hindern würden, über den Rand gestoßen zu werden. Die Oberfläche des geschmolzenen Eterniums befindet sich nur fünf Meter darunter. Jeder, der in das Eternium fällt, wird sofort getötet. (Allerdings sorgt das **Gesetz der Unweigerlichen Rückkehr**, das im Nil-Imperium gilt, dafür, dass auch eine derartige Person als neuer Superschurke zurückkehren könnte, der dann über schwere Brandwunden verfügen würde und durch das Eternium seltsame neue Kräfte erlangt hat!)

Die Szene wird durch die Anwesenheit der Gorgone noch schwieriger. Diese ist anfänglich bei einer Mauer in der Nähe der Helden verborgen. Man kann sie mit einer Sehr Schweren (MW 16) *Finden*-Probe bemerken. Andernfalls handelt sie mit Überraschung, wodurch sie eine Runde lang angreifen kann, ohne dass die Helden reagieren können. Sie verfügt über einen Bogen, mit dem sie erstaunlich gewandt kämpft, und schlängelt sich auf ihrem Schlangenleib geschickt hin und her.

Wenn sich die Dinge schlecht für The Red Hand entwickeln, setzt er seine Fähigkeit Meisterkrimineller ein, um zu entkommen. Er holt eine Stange TNT aus seinem roten Anzug, zündet sie an und wirft sie zum Fundament der Säule. Wenn sie explodiert, stürzt die Säule ein, und ein Teil der Decke beginnt einzustürzen. Staub regnet herab, und die Sichtbarkeit reduziert sich so stark, dass der Raum als Dunkel zählt. Der Effekt hält zwei Runden an und reduziert sich dann zu Dämmrig in der Dritten Runde. In der vierten Runde hat sich der Rauch aufgelöst, aber dann ist The Red Hand verschwunden!

Dummerweise löst die Explosion ein kleines Erdbeben aus. Die riesigen Stalaktiten bersten und stürzen in das Eternium, wodurch tödliche Feuereruptionen aus dem Becken aufsteigen, und die Höhle stürzt ein. Es ist wohl an der Zeit zu gehen! Die Flucht aus der Kammer ist eine Dramatische Probenabwicklung.

- **Schritt A:** Das Erdbeben sorgt dafür, dass ein Teil der Steinbrücke in sich zusammenstürzt. Ein Sprung über die klaffende Lücke ist eine Einfache (MW 8) *Geschicklichkeits*-Probe.

- **Schritt B:** Eine Säule kippt in Richtung der Flüchtenden. Man kann ihr mit einer Standard (MW 10) Probe auf *Ausweichen* oder *Geschicklichkeit* entgehen. Bei einem Fehlschlag erleidet man 15 + 1 BW Schaden.
- **Schritt C:** Eine große Aufwölbung entsteht im Boden. Um rasch darüber hinweg zu klettern, ist eine Anspruchsvolle (MW 12) *Stärke*-Probe erforderlich.
- **Schritt D:** The Red Hand hat bei seiner Flucht die schwere Eisentür hinter sich geschlossen. Um sie zu öffnen, ist eine Heroische (MW 18) *Stärke*-Probe oder eine Sehr Schwere (MW 16) *Wissenschafts*-Probe erforderlich. Bei einem Erfolg öffnet man den Weg für alle Flüchtenden.

In dieser Szene sind zahlreiche Schurken und andere Gegner anwesend, natürlich gilt das nur für jene, die nicht zu einem früheren Zeitpunkt des Abenteuers besiegt wurden:

- **The Red Hand:** siehe Seite 61
- **Tali:** siehe Elite-Sturmsoldat, Seite 108
- **Mirage:** siehe Seite 106
- **Megaera:** siehe unten
- **Gorgone:** siehe unten
- **Sturmsoldatinnen:** 1 je Storm Knight, siehe Seite 109
- **Amazonen:** 1 je Storm Knight, siehe unten
- **Avgo:** siehe unten

AMAZONE

Attribute: Charisma 8, Geschicklichkeit 10, Verstand 8, Geist 8, Stärke 10

Fertigkeiten: Ausweichen 12, Einschüchtern 10, Finden 8, Manövrieren 12, Nahkampfwaffen 14, Projektilwaffen 13, Reiten 12, Waffenloser Kampf 12

Bewegung: 10; **Robustheit: 12** (2); **Schock:** 8; **Wunden:** -

Ausrüstung: Amazonenrüstung (Rüstung +2), Kurzbogen (Schaden 11), Kurzschwert (Schaden Str +2/12).

Vorzüge: Scharfschütze

Möglichkeiten: Selten (2)

Spezielle Fähigkeiten: –

AVGO

Attribute: Charisma 9, Geschicklichkeit 10, Verstand 8, Geist 9, Stärke 10

Fertigkeiten: Ausweichen 12, Einschüchtern 10, Finden 9, Manövrieren 13, Nahkampfwaffen 13, Projektilwaffen 14, Realität 11, Reiten 13, Tricksen 10, Verspotten 10, Waffenloser Kampf 12

Bewegung: 10; **Robustheit:** 12 (2); **Schock:** 11; **Wunden:** 3

Ausrüstung: Amazonenrüstung (Rüstung +2), Kurzbogen (Schaden 11), Kurzschwert (Schaden Str +2/12)

Vorzüge: Ausdauer, Scharfschütze

Möglichkeiten: 3

Spezielle Fähigkeiten: –

RIESENSKORPION

Attribute: Charisma 2, Geschicklichkeit 8, Verstand 2, Geist 8, Stärke 12

Fertigkeiten: Ausweichen 10, Heimlichkeit 10, Manövrieren 10, Tricksen (7), Waffenloser Kampf 13

Bewegung: 8; **Robustheit:** 16 (4); **Schock:** 8; **Wunden:** –

Ausrüstung: -

Vorzüge: -

Möglichkeiten: Selten (2)

Spezielle Fähigkeiten:

Rüstung: Chitinpanzer, Rüstung +2

Biss/Krallen: Stärke +3/15

Stumpfsinnig: Skorpione sind immun gegen *Einschüchtern*- und *Verspotten*-Aktionen und gegen telepathische Kräfte.

GORGONE

Attribute: Charisma 4, Geschicklichkeit 10, Verstand 5, Geist 10, Stärke 13

Fertigkeiten: Ausweichen 12, Einschüchtern 18, Finden 8, Heimlichkeit 10, Manövrieren 12,

Realität 12, Tricksen (8), Waffenloser Kampf 14

Bewegung: 8; **Robustheit:** 17 (4); **Schock:** 10; **Wunden:** 3

Ausrüstung: Schwerer Mantel (Rüstung +4), Langbogen (Schaden 12, Reichweite 20/40/80)

Vorzüge: Scharfschütze

Möglichkeiten: 2

Spezielle Fähigkeiten:

- **Giftiges Blut:** Wenn eine Gorgone eine Wunde erleidet, wirfst du einen Bonuswürfel. Eine entsprechende Anzahl von Riesenskorpionen (ebenfalls in diesem Abschnitt beschrieben) taucht auf und greift ihre Gegner eine Minute lang an. Dann lösen sich die Riesenskorpione auf und werden wieder zu Blutlachen.
- **Versteinerungsblick:** Eine Gorgone versucht in jeder Runde, alle Ziele in einer Entfernung von bis zu 10 Metern als Anerkannte Aktion einzuschüchtern. Bei einem Hervorragenden Erfolg wird das Opfer versteinert und muss eine Ausgeschaltet-Probe ablegen. Die Versteinerung ist vorübergehend, außer das Ziel wird getötet.

MEGAERA

Attribute: Charisma 8, Geschicklichkeit 10, Verstand 8, Geist 10, Stärke 10

Fertigkeiten: Ausweichen 12, Einschüchtern 14, Finden 8, Glauben 16, Manövrieren 12, Nahkampfwaffen 14, Projektilwaffen 13, Realität 12, Reiten 12, Waffenloser Kampf 12

Bewegung: 10; **Robustheit:** 12 (2); **Schock:** 10; **Wunden:** –

Ausrüstung: Amazonenrüstung (Rüstung +2), Speer (Schaden Str +2/12)

Vorzüge: Helfer, Sammeln, Wunderwirker (*Feind abwehren*, Segnen, Skarabäenschwarm, Waffensegen)

Möglichkeiten: 3

Spezielle Fähigkeiten:

- **Schergen:** Megaera darf einen erlittenen Treffer auf eine Amazone übertragen, die sich einige Meter von ihr entfernt aufhält, wenn ihr eine *Realitäts*-Probe gelingt.

THE RED HAND

Attribute: Charisma 11, Geschicklichkeit 12, Verstand 10, Geist 10, Stärke 10

Fertigkeiten: Ausweichen 14, Einschüchtern 14, Feuerwaffen 14, Finden 14, Heimlichkeit 14, Landfahrzeuge 14, Manövrieren 16, Nahkampfwaffen 16, Schwere Waffen 13, Waffenloser Kampf 17

Bewegung: 9; **Robustheit:** 12 (2); **Schock:** 8; **Wunden:** 3

Ausrüstung: Maske (Rüstung +2)

Vorzüge: Blenden (Anerkannt, Kraft, Kleine Explosion), Schläger, Superfähigkeit (Waffenloser Kampf, Begünstigt)

Möglichkeiten: 3

Spezielle Fähigkeiten:

- **Hungrige Hand:** Wenn The Red Hand ein Ziel festhält, darf er in seiner nächsten Runde eine vergleichende Probe auf *Realität* würfeln, und bei Erfolg stiehlt er dem Ziel eine Möglichkeit. Wenn das Ziel über keine Möglichkeiten verfügt, erleidet es stattdessen eine Wunde.
- **Kraftschlag:** The Red Hands Fausthiebe richten zusätzlich +2 Schaden an, für einen Gesamtschaden von 14.
- **Schergen:** The Red Hand darf beliebige erlittene Treffer auf einen Sturmsoldaten übertragen, der sich einige Meter von ihm entfernt aufhält, wenn ihm eine *Realitäts*-Probe gelingt.

NACHSPIEL

Der Einsturz der Höhle ist dazu geeignet, alle Bösewichte zu töten. Die Spielleiterin kann jedoch entscheiden, dass der eine oder andere Schurke mit den Helden aus der Höhle fliehen kann. Diese werden allerdings draußen sofort von den Amazonen verhaftet. The Red Hand hingegen entkommt von der Insel und erstattet Möbius von dem wundersamen Eterniumsee der Amazonen Bericht.

In Olympos selbst ist es den Amazonen inzwischen gelungen, den Aufstand niederzuschlagen und die Ordnung wiederherzustellen. Es wird ein Tag der Nationaltrauer für Königin Aegea ausgerufen. Während die Senatorinnen noch über ihre Nachfolge diskutieren, endet die mystische Versteinerungskraft der Gorgone und die Königin wird wieder zu Fleisch. Sie ist durch das Erlebnis zwar schwer erschüttert, aber erleidet keine permanente Verletzung. Ihre Wächterinnen haben nicht so viel Glück gehabt. Aegea ordnet sofort die Verhaftung aller Verschwörerinnen an, die noch auf freiem Fuß sind, und bedankt sich bei den Helden für ihre außergewöhnlichen Leistungen. Sie werden zu Freunden Hesperas ernannt und sind hier immer willkommen. Wenn es den Helden mit ihren Handlungen im Verlauf dieses Akts gelungen ist, ihr Vertrauen zu erlangen, schließen sich die Amazonen zudem der Sache der Storm Knights an. Sie werden ein Kontingent aussenden, um gegen Möbius zu kämpfen.

Zu diesem Zeitpunkt tritt Avgo vor und fragt, ob sie die Helden begleiten kann, wenn diese die Insel verlassen. Aegea ist sichtlich überrascht, erteilt aber ihren Segen.

Nach einer rauschenden Feier, die den ganzen Tag in Anspruch nimmt, stehen die Helden am nächsten Morgen früh auf und reisen auf Pferden nach Ephesus. Dort wartet eine Galeone auf sie, die sie nach Kreta bringen wird. Damit endet ihr Abenteuer auf Hespera. Jetzt heißt es, in die Ramses Station in Kairo zurückzukehren und Dr. Frest Bericht zu erstatten.

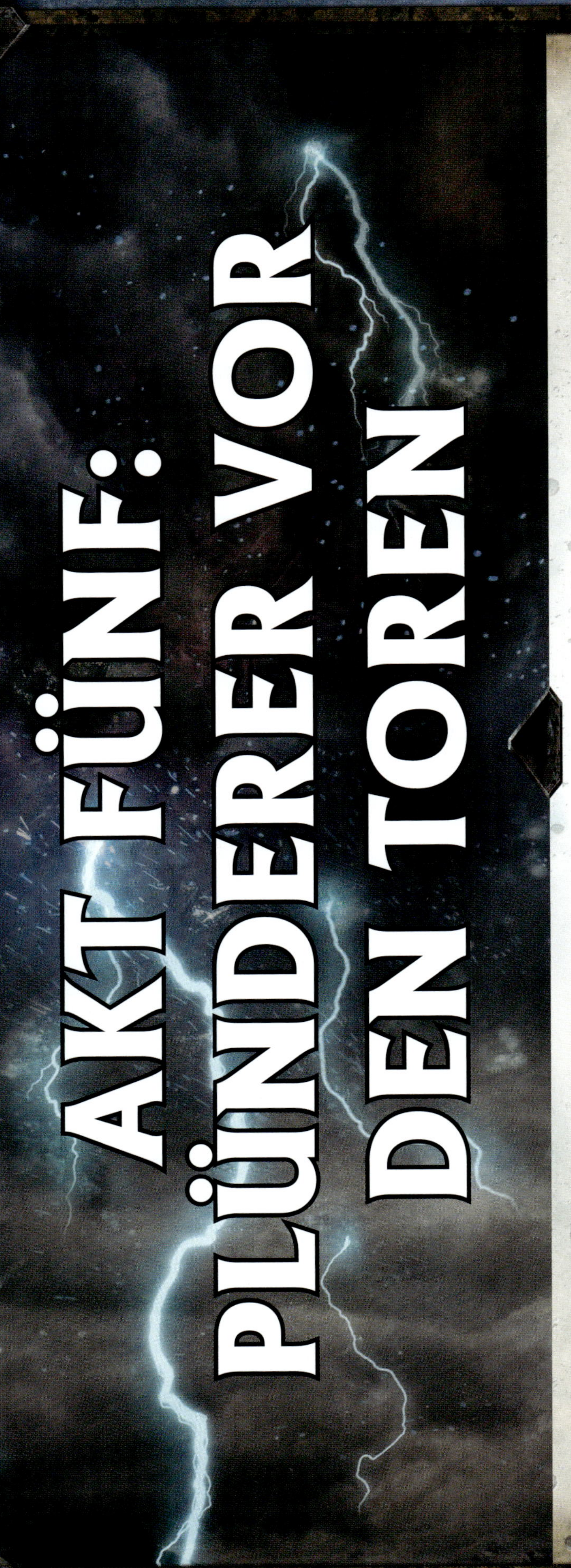

AKT FÜNF: PLÜNDERER VOR DEN TOREN

Shafira Azar (siehe Seite 16), die jetzt eine offizielle Agentin des Delphi-Rats ist, kontaktiert die Gruppe nach ihrer Rückkehr von Hespera. Sie sollen nicht nur zu einer Nachbesprechung kommen, sondern es wartet bereits eine neue, gefährliche Mission auf sie. Wenn Shafira nicht gerettet wurde, werden sie von Karima Ba (aus dem *Nil-Imperium Quellenbuch*) oder irgendeinem anderen Agenten kontaktiert, den sie aus früheren Abenteuern kennen.

ÜBERSICHT

Der Mandjet hat mit seiner Schreckensherrschaft begonnen und bereits gegen Militärbasen und wichtige Landmarken außerhalb des Nil-Imperiums zugeschlagen. Dazu setzt er seinen mächtigen Odem Ras ein. Alle Gegenangriffe sind kläglich gescheitert, da kein Fahrzeug und keine Waffe seinen Hitzeschild durchdringen konnte. Die Situation ist verzweifelt.

Um gegen das Fahrzeug vorgehen zu können, sind seine technischen Spezifikationen erforderlich. Es gibt nur einen Ort im Nil-Imperium, an dem sie sicherlich zu finden sind. Dabei handelt es sich um die Archive der Imperialen Ingenieure im Palast der Mathematiker in Theben. Einige Mystery Men haben es bereits versucht, sind aber nicht zurückgekehrt. Doch diese hatten schließlich keine Karte für den Geheimeingang!

Falls die Helden die Karte (siehe Seite 19) von Hooded Cobra erlangt haben und sie an den Delphi-Rat übergeben haben, hat man sie dort erfolgreich analysiert und herausgefunden, dass es sich um einen Geheimeingang nach Waset handelt (der frühere Namen Thebens), und dieser geheime Eingang könnte durchaus von einer kleinen Gruppe Storm Knights ausgenutzt werden. Wenn sie die Karte nicht in die Finger bekommen haben, hat Shafira inzwischen eine Kopie dieser Karte organisiert und dem Rat übergeben. Schlussendlich könnte es noch sein, dass die Helden die Karte erobert, aber für sich behalten haben. In diesem Fall wird ihnen jetzt ihre Bedeutung klar.

Szene Eins: Die Helden folgen der unterirdischen Route, die auf der Karte verzeichnet ist, doch sie treffen auf mystische Hindernisse.

Szene Zwei: Die Helden erreichen Theben und erforschen Möbius' Hauptstadt. Vielleicht schmieden sie sogar eine vorübergehende Allianz mit Hooded Cobra!

Szene Drei: Die Storm Knights finden die Pläne. Vielleicht erfahren sie auch mehr über das Schicksal der Mystery Men, die ihnen vorausgegangen sind.

Szene Vier: Jetzt, da die Stadt im Alarmzustand ist und sie von einer Armee umzingelt sind, wird es Zeit für eine wagemutige Flucht mit einer Rakete – Fallschirme sind optional!

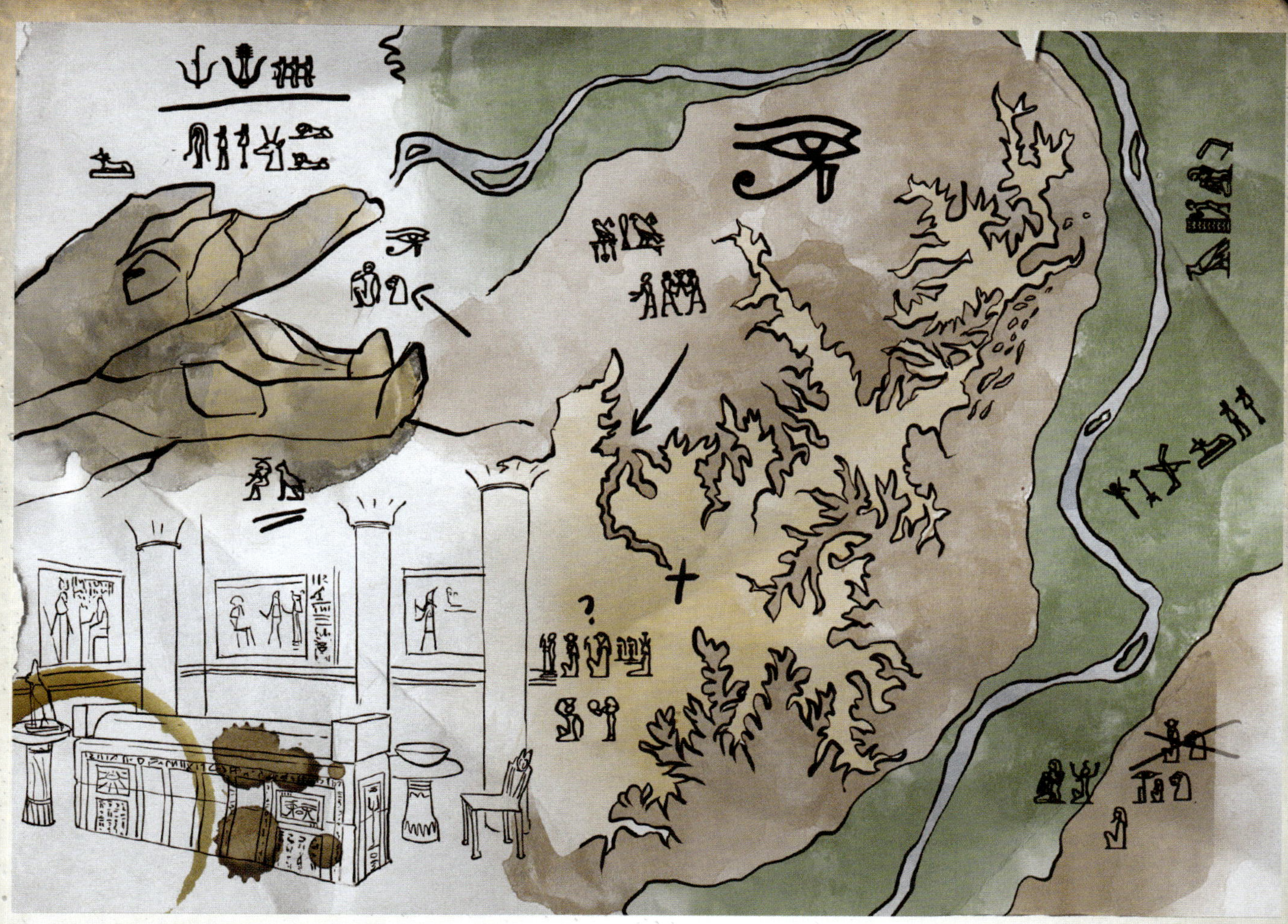

SZENE 1: DIE KIEFER SOBEKS

Standardszene, Nil-Imperium, Reine Zone. Das Team kommt in einem schmalen Klippental südlich von Dishna an, am ehesten, indem sie schlicht und einfach dorthin fahren. Das Tal ist weit vom Tal der Könige entfernt, und es gibt hier keine Tempel und Grabmäler. Aus diesem Grund findet man hier auch keine Zivilisten oder Wachen. Es ist ein langer, staubiger Marsch, der den steilen Canyon hinaufführt. Dort oben befindet sich angeblich ein Stein, der wie ein Krokodilskopf aussieht und der einen kleinen Höhleneingang verbirgt. Man muss sich durch die Öffnung quetschen und dann ein Stück weit auf Händen und Knien krabbeln, bevor man in einen Steinkorridor gelangt. Uralte Hieroglyphen prangen an den Wänden.

Jeder, der Altägyptisch beherrscht, kann die Symbole deuten, die diesen Weg als „Passage durch die Unterwelt" kennzeichnen. Verschiedene Geschichten der Götter prangen ebenfalls an den Wänden. Der Großteil davon passt zu den Legenden der Zentralerde, aber es gibt kleine Variationen, die keinen Zweifel daran lassen, dass diese hier aus einer anderen Welt mit einer anderen Geschichte stammen.

DIE ZÄHNE SOBEKS

Die Anwesenheit eines Skeletts ist das erste Anzeichen dafür, dass es hier Fallen gibt. Es wurde in der Mitte durchgetrennt, und seine Knochen wurden von irgendetwas abgefressen. Mit der entsprechenden Fähigkeit oder einem Zauber kann man die Falle automatisch finden. Es handelt sich um eine Art Pendelfalle (siehe dazu Beispielfallen im *Nil-Imperium Quellenbuch*). Mehrere große Chepeschklingen schwingen aus beinahe unsichtbaren Schlitzen in den Gangwänden und dann durch den Gang. Man kann die Falle mit einer Standard (MW 10) *Finden*-Probe entdecken, weil man durch die Überreste des früheren Entdeckers ohnehin gewarnt ist. Die Klingen werden ausgelöst, wenn man durch den Gang geht. Zu diesem Zeitpunkt kann man sie noch immer rechtzeitig mit einer Schweren (MW 14) *Finden*-Probe erkennen oder mit einer Standard (MW 10) *Ausweichen*-Probe durch sie hindurch tänzeln. Bei einem Fehlschlag erleidet der Charakter 15 + 1 BW Schaden. Man kann die Falle mit einer Heroischen (MW 18) Probe auf *Gelehrsamkeit* oder *Verstand* permanent entschärfen.

HAARIGE BEINE

Seltsame Geräusche, wie ein fernes Magenknurren, hallen durch die Gänge, während sich die Gruppe tiefer unter das Gebirge vor Theben gräbt. Licht, das keinen bestimmten Ursprung hat, taucht die Hallen in einen unheimlichen roten Schein. Manchmal kann man herunterkollernde, kleine Steine hören, und etwas, das nach raschelnden, kleinen Kreaturen klingt, verstärkt das Gefühl des Unbehagens noch zusätzlich.

Die Sandsteinblöcke, aus denen die Wände und Decken bestehen, sind mit kleinen Löchern übersät. Diese sind gerade groß genug, dass man dort einen Arm hineinstecken könnte. Bei den Löchern scheint es sich um kleine Tunnel zu handeln, und je weiter man vordringt, desto häufiger werden sie. Plötzlich taucht ein großes Paar haariger Beine aus einem der Löcher auf, und jeder muss eine Probe für Angst ablegen. Wenn alle Gruppenmitglieder erfolgreich sind, zieht sich die Kreatur langsam in ihren Tunnel zurück. Augen glitzern jetzt in anderen Löchern, und hin und wieder kann man ähnliche Beine in den Löchern erkennen, aber die Kreaturen wagen sich nicht ins Freie. Wenn jedoch auch nur ein Charakter scheitert, huscht ein ganzer Schwarm der Kreaturen ins Freie und greift an. Sie werden von der Angst selbst angelockt.

- **Tunnelpeitscher:** 4 je Storm Knight, siehe unten

TUNNELPEITSCHER

Diese großen insektoiden Wesen sind keine echten Spinnen, da sie über zehn Beine verfügen. Die zwei Vorderbeine sind deutlich länger und verfügen über Krallenspitzen. Der Körper einer derartigen Kreatur ist ungefähr so groß wie ein menschlicher Unterarm, doch mit ausgestreckten Beinen wirkt sie viel größer. Tunnelpeitscher haben langes, drahtiges Haar an den Beinen und dem Unterleib, wodurch sie sogar noch bedrohlicher wirken. Im Gesicht haben sie acht lidlose Augen, und in ihrem Maul prangen scharfe Fangzähne.

Attribute: Charisma 3, Geschicklichkeit 10, Verstand 3, Geist 4, Stärke 6

Fertigkeiten: Ausweichen 12, Einschüchtern (9), Heimlichkeit 13, Manövrieren (13), Tricksen (8), Waffenloser Kampf 12

Bewegung: 12; **Robustheit:** 7 (1); **Schock:** 4; **Wunden:** –

Ausrüstung: –

Vorzüge: –

Möglichkeiten: –

Spezielle Fähigkeiten:

- **Rüstung:** Chitinpanzer +1.
- **Biss/Krallen:** Schaden *Stärke* +2/8
- **Angst:** Wenn ein Charakter auf sie trifft, muss er eine Probe auf *Willenskraft* oder *Geist* bestehen. Wenn er scheitert, ist er Angeschlagen. Tunnelpeitscher greifen nur an, wenn zumindest ein Charakter in der Gruppe bei dieser Probe scheitert.
- **Sehr klein:** Angriffs-Proben gegen sie erleiden einen Malus von –4.

HEILIGES WASSER ÜBERQUEREN

Nachdem die Gruppe stundenlang durch verschiedene Gänge mit leichter Neigung nach unten unterwegs gewesen ist, kommt sie in einen gigantischen, kreisförmigen Raum. Die Zone wird hier zu einer Reinen Zone des Nil-Imperiums. Der Fußboden ist mit etlichen Zentimetern Wasser bedeckt, und das Wasser wird zur Mitte hin tiefer, aber es ist auch dort nur knöcheltief. Wasser tropft von den Stalaktiten, die die Decke überziehen. Dasselbe seltsame rote Licht, das von überallher und nirgends zu kommen scheint, erfüllt auch diesen Raum. Eine einsame Gestalt steht bewegungslos mitten im Wasser. Die Details sind durch die große Entfernung schwer zu erkennen, aber mit Ferngläsern oder irgendeiner anderen Sichtverbesserung kann man erkennen, dass es sich um eine Statue Sobeks handelt. Dieser ist der ägyptische Gott des Todes und der Bestattung, der einen Krokodilskopf trägt. Auf den ersten Blick ist kein anderer Ausgang sichtbar, aber die gegenüberliegende Seite ist zu weit entfernt und es ist zu dunkel, um sich dessen sicher zu sein.

Wenn die Gruppe auf die Statue zugeht, bleibt diese bewegungslos, bis sie in einer Entfernung von 20 Metern sind. Dann dreht sie sich ihnen zu, und man hat den Eindruck, sie würde auf irgendein Zeichen oder Losungswort warten. Nach einem kurzen Augenblick greift sie an. Auf der Karte sind keine Hinweise über diesen Wächter enthalten. Wenn die Gruppe auf die Idee verfällt, sich stattdessen entlang der Wände durch die Kammer zu arbeiten, bleibt die Statue einige Zeit unbeweglich, bewegt sich dann aber zum Ausgang auf der gegenüberliegenden Seite, um ihn zu blockieren. Wenn man nach Theben gelangen will, muss man sich wohl dieser Bedrohung stellen.

WANDELNDER GOTT SOBEK

Attribute: Charisma 5, Geschicklichkeit 12, Verstand 8, Geist 12, Stärke 15

Fertigkeiten: Ausweichen 16, Einschüchtern 17, Energiewaffen 15, Finden 10, Glauben 17, Manövrieren 14, Nahkampfwaffen 15, Projektilwaffen 17, Realität 14, Spurenlesen 11, Tricksen (13), Verspotten (15), Verwandlung 14, Waffenloser Kampf 17, Wahrsagung 15, Willenskraft 17

Bewegung: 12; **Robustheit:** 15; **Schock:** –; **Wunden:** 4

Ausrüstung: –

Vorzüge: –

Möglichkeiten: 5

Spezielle Fähigkeiten:

- **Groß:** Diese Statue ist groß. Angriffe gegen sie werden mit einem Bonus von +2 ausgeführt.
- **Immunität:** Wandelnde Götter sind furchtlose Konstrukte und gegen *Einschüchterung* immun.
- **Kiefer:** Schaden *Stärke* +4/19. Wenn der Wandelnde Gott das Ziel mit seinen Kiefern festhält, richtet er automatisch am Start seines Zuges 19 + 1 BW Schaden an. Wenn das gepackte Ziel versucht sich zu befreien, ist die *Stärke*-Probe des Wandelnden Gottes Begünstigt.
- **Konstrukt:** Wandelnde Götter sind immun gegen Gift und andere Effekte, die Atmung, Essen oder andere „lebende" biologische Prozesse erfordern.
- **Unerbittlich:** Wandelnde Götter sind Konstrukte und ignorieren Schock.
- **Weicher Gaumen:** Bei einer Spielerentscheidung von einem Interaktionsangriff öffnet der Wandelnde Gott sein Maul, wodurch für einen Angriff eine empfindliche Stelle sichtbar wird (Robustheit 13). Dadurch kommt auch jeder frei, der momentan vom Kiefer gepackt ist.

HINDERNISSE

- Mit einem lauten Knirschen beginnt sich die ganze Kammer zu drehen. Die Helden müssen in jeder Runde eine Einfache (MW 8) *Geschicklichkeits*-Probe ablegen, oder sie werden Angeschlagen, wenn sie quer durch die Kammer gehen. Wenn sie sich am Rand entlang arbeiten, ist die Probe Schwer (MW 14).
- Die Stalaktiten an der Decke bekommen Sprünge und fallen herab. Jeder Charakter und auch der Wandelnde Gott müssen eine Sehr einfache (MW 6) *Ausweichen*-Probe am Ende jeder Runde ablegen. Bei einem Fehlschlag erleidet das Ziel 10+2 BW Schaden durch herabstürzende Trümmer.
- Die rotierende Kammer beschleunigt, wodurch sich der MW für die *Geschicklichkeits*-Proben um +2 erhöht und bei einem Fehlschlag ist man Sehr angeschlagen.

ZURÜCK INS LICHT

Das Ausgangstor sieht wie die Kiefer eines Krokodils aus und öffnet sich, sobald der Wandelnde Gott besiegt wurde. Der Gang führt leicht aufwärts und endet schließlich an einem Schacht mit einer im Zickzack nach oben führenden Treppe. Ganz am Ende befindet sich wieder ein Kriechgang, und dieser führt direkt in eine Kammer im Königspalast von Theben!

SZENE 2: SCHLIESSEN WIR DOCH EINEN HANDEL

Standardszene. Die Charaktere verlassen die Kammer durch eine Geheimtür, doch dahinter treffen sie völlig unvermittelt auf Hooded Cobra selbst. Er gebietet ihnen mit einer herrischen Geste zu schweigen und wendet sich hastig an sie:

„Ein Schrei von mir und die gesamte königliche Stadt würde auf eure heroischen Köpfe niedergehen. Doch wir müssen keine Feinde sein, zumindest nicht heute. Ihr seid doch wegen der Pläne des Mandjets hier, oder? Ich weiß, wo sie sind, und ich kann euch helfen, sie zu beschaffen. Ihr müsst mir jedoch im Gegenzug ebenfalls einen Gefallen erweisen. Pharao Möbius hat seine verfluchten Mathematiker damit beauftragt, mithilfe ihrer arkanen Methoden nach Zeichen für einen Verrat zu suchen … und mittels altmodischer Spionage. Meine eigenen Quellen haben mir berichtet, dass dem Pharao demnächst ein entsprechender Bericht übermittelt werden soll. Ha, das sind natürlich allesamt völlig haltlose Anschuldigungen, aber sie würden mir wohl dennoch schaden. Wenn wir zusammenarbeiten, könnten wir beide unsere Ziele erreichen. Haben wir eine Abmachung?"

Hooded Cobra wirkt ungefähr so vertrauenswürdig wie die Schlange, nach der er sich benannt hat. Wenn ihn jemand zu durchschauen trachtet, kann er eine vergleichende Probe auf *Finden* gegen Hooded Cobras *Überreden* ablegen. Bei einem Erfolg erkennt man, dass er tatsächlich ein verräterischer Kerl ist, aber eben auch, dass er sich in einer verzweifelten Lage befindet. Er blufft bezüglich der Wachen. Er kann nicht nach den Wachen rufen, weil der Geheimgang in seinen Quartieren noch zusätzliches Misstrauen auf ihn lenken würde.

Wenn die Helden nicht zur Zusammenarbeit bereit sind, ist er sehr enttäuscht, geht aber nicht direkt gegen sie vor. Er versucht noch einmal, die Situation zu wenden:

„Na gut, dann macht es eben wie ihr wollt, und ihr werdet schon sehen, was ihr davon habt! Vielleicht wird mir euer närrisches Herumstolpern noch irgendwie nützlich sein!"

Wenn die Helden tatsächlich so dumm sind, mit Gewalt gegen ihn vorzugehen, springt er aus einem Fenster, landet in einem Becken darunter und wenn man ihn dann noch weiterverfolgt, hat man es tatsächlich geschafft, den ganzen Palast zu alarmieren. Die ganze Superkampfgruppe Möbius sucht nach den Eindringlingen.

Wenn sich die Helden dazu entschließen, sich vorübergehend mit ihm zusammen zu tun, schüttelt er ihnen die Hand (wobei er wie verrückt kichert). Er muss sich sichtlich zusammenreißen, um damit aufzuhören. Sein Plan ist ganz einfach. Er beschafft ihnen allen Uniformen von Sturmsoldaten und geht dann mit ihnen zum Tempel der Mathematiker, wobei sie einfach seine persönliche Leibwache spielen. Dann wird er eine Audienz bei Möbius verlangen. Er weiß, dass dieser auf dem Mandjet ist und nicht so bald zurückkehren wird. Die Ingenieure und Mathematiker müssen sich dann um ihn kümmern und ihn besänftigen. Währenddessen kann die Gruppe die Pläne und die Beweise gegen Hooded Cobra beschaffen. Wenn jemand echt nicht als Sturmsoldat verkleidet werden kann, wie ein Drachenkrieger oder ein Edeinos, sollen diese Storm Knights einfach die Rolle von Gefangenen spielen, die er zum Omegatron bringen will. Er bemerkt so nebenbei, dass irgendein Typ dort gerade gefoltert wird. Er vermutet, dass es sich um einen Angehörigen der Mystery Men handelt, aber er hat keine Ahnung wer es genau ist. Ein misstrauischer Charakter fragt ihn vielleicht, warum Hooded Cobra überhaupt ihre Hilfe benötigt, wenn er doch Zugang zum Tempel hat. In diesem Fall meint er, er hätte leider nur „inkompetente Narren" zu seiner Verfügung und würde sich lieber auf die Storm Knights verlassen, da sich schon die Gelegenheit unerwartet geboten hat.

Eine atemberaubende Stadt

Dank der Transformation wurde Theben in eine geschäftige Stadt wie aus einem Film oder einem alten Gemälde verwandelt. In allen Richtungen sieht man Säulen, Tempel und Palmen. Diese erstrecken sich bis zu den mächtigen Sandsteinmauern. Es gibt nur drei Eingänge in die Stadt, und diese sind jeweils schwer bewacht. Der Tempel von Luxor, in dem sich nun das Quartier von Pharao Möbius befindet, stellt das glänzende Juwel der Stadt dar. Jenseits des Nils erheben sich Sandsteinsäulen, die von einem wirbelnden Sandsturm verschlungen werden, bis weit in den Himmel.

Die Ufer des Nils sind grün und Dieselfrachter tuckern den Fluss hinauf und hinab. Es gibt nur einen Hafen, der die Stadt versorgt. Er liegt außerhalb der Stadtmauern, wird aber dennoch extrem schwer bewacht. In Richtung des Flusses zeigen zwei monumentale Statuen von Möbius, die über 20 Meter groß sind. Am Himmel über der Stadt und in der Gegend der Mahlstrombrücke sieht man Dutzende Zeppeline.

Der große Tempel der Ingenieurskunst befindet sich hinter Luxor, ein gutes Stück vom Nil entfernt. Neuankömmlinge müssen ihn durch den Haupteingang und eine Säulenhalle betreten. Dabei kommen sie an Dutzenden Statuen von Sphinxen vorbei und können einen Blick auf den Thronsaal selbst erhaschen. Bevor sie diese heilige Kammer betreten können, wenden sie sich nach links und gehen dann über eine Brücke zum Tempel der Ingenieure. Dort sollten sie alles finden können, für das sie hierher gekommen sind.

Andere Wege finden

Wenn sich die Gruppe entscheidet, dass sie die Hilfe von Hooded Cobra nicht benötigt, kann sie es durchaus auch alleine schaffen. Hooded Cobra wagt es nicht, sie zu verraten, während sie in seinen Quartieren sind. Es bleibt den Storm Knights also durchaus Zeit, in Ruhe zu planen. Mit einer Standard (MW 10) *Heimlichkeits*-Probe können sie nach draußen schleichen und die Uniformen von Sturmsoldaten oder anderen geeigneten Personen beschaffen. Vielleicht ja noch mitsamt ihren bewusstlosen Opfern im Gewand!

Viele Leute gehen in den Tempel. Deswegen verkleidet man sich am besten mit irgendeiner offiziellen Uniform. Der schwierigste Teil ist, eine geeignete Ausrede zu erfinden, warum man Einlass haben sollte. Dies ist im Abschnitt **Beschwatzen**, siehe unten, beschrieben. In den Tempel zu schleichen ist fast unmöglich und selbst im Schutz der Dunkelheit ist dafür eine Fast Unmögliche (MW 20) Probe erforderlich. Wenn den Spielern aber ein anderer vernünftig klingender Plan in den Sinn kommt, solltest du mit ihnen zusammenarbeiten, um dessen Ausführung möglich zu machen. Der Einsatz der Karte *Idee* lässt sie auf eine Verkleidung als Ingenieure verfallen.

Mit der Karte *Verbindungen* könnten sie einen kooperativen Schurken kennen, der ihnen einen Gefallen schuldet oder sich in einen Charakter verliebt hat. Vielleicht gibt es auch einen Undercoveragenten des Delphi-Rats im Palast.

Beschwatzen

Egal, ob das Team in Begleitung von Hooded Cobra ist oder nicht, sie werden angehalten, sobald sie den Tempel betreten wollen. Der führende Sturmsoldat wirkt eher gelangweilt als misstrauisch, aber er nimmt die Gruppe dennoch zur Seite und möchte sie einer Routineüberprüfung unterziehen. Wenn Hooded Cobra anwesend ist, beginnt er zu toben und erklärt, dass er wichtige Angelegenheiten hier zu regeln hat und dass seine Soldaten für ihn antworten werden. Dann stürmt er davon und niemand wagt ihn aufzuhalten. Jeder Charakter, der in der Verkleidung einer einigermaßen hochstehenden Person steckt, kann dies mit einer erfolgreichen Standard (MW 10) Probe auf *Überreden* oder *Einschüchtern* ebenfalls tun. Irgendjemand muss aber dennoch zurückbleiben und die Fragen der Wächter beantworten.

Die Fragen stellen sich als Routine heraus, und der Sturmsoldat scheint nicht einmal an den Antworten interessiert zu sein. Er erfüllt nur seine Pflicht. Er stellt jedem der Anwesenden eine andere Frage. Wenn die Antwort irgendwie seltsam oder auffällig ist, bohrt er nach, aber man kann sie dann noch immer mit einer Einfachen (MW 8) *Überreden*-Probe „verkaufen". Scheitert selbst das, wird der Wächter endlich misstrauisch. Irgendetwas stimmt hier doch nicht. Er hält die Gruppe nicht direkt auf, sagt aber im Tempel Bescheid ,und dies führt dazu, dass die Anzahl der Gegner in der nächsten Szene doppelt so groß ist. Nachfolgend findest du ein paar Beispiele für Fragen:

- Wie lautet dein Name? (Und Rang, wenn der Charakter als Sturmsoldat verkleidet ist.)
- Zu welcher Kampfgruppe oder Abteilung gehörst du?
- Was hast du im Tempel zu schaffen?
- Hast du irgendwelche verdächtigen Aktivitäten bemerkt?
- Gibt es Neuigkeiten über den Krieg?

Er beendet die Befragung mit dem Satz: „Ruhm und Ehre für Pharao Möbius!" und salutiert. Wenn die Helden im Gegenzug nicht ebenfalls salutieren, erregen sie automatisch das Misstrauen der Wache.

EIN BLICK IN DEN ABGRUND

Ein letzter ernster Zwischenfall ereignet sich, während die Spione tiefer in den Tempel vordringen. Kurz bevor sie auf den Weg kommen, der zum Tempel der Ingenieurskunst führt, können sie einen direkten Blick in den Thronsaal von Möbius erhaschen. Sein goldener Thron ist momentan verwaist, und in der Kammer halten sich nur Diener auf. Doch da wäre noch etwas. Die Aufmerksamkeit der Storm Knights wird magisch von einer schwarzen Obsidianstatue Sobeks angezogen, die hinter dem Thron steht. Der Stein ist so schwarz, dass er alles Licht in sich aufzusaugen scheint, und Blicke gleiten scheinbar von der Oberfläche ab, ohne dass man Details ausmachen könnte. Jeder Charakter hat den Eindruck, als ob sich der Kopf der Statue leicht drehen und genau ihn ansehen würde.

Jeder Charakter muss eine Schwere (MW 14) Probe gegen Angst ablegen. Manche Charaktere erkennen vielleicht, dass sie es mit einem Dunkelheitsartefakt zu tun haben. So oder so hängt eine schwere Aura des Schreckens und der Bedrohung in der Luft, die nur von realitätsgehärteten Charakteren gespürt wird. Bei einem Fehlschlag macht sich dies im Verhalten des Charakters vorübergehend bemerkbar. Vielleicht stolpert er ein paar Schritte vorwärts oder dergleichen. Den Norms in der Gegend fällt das ungewöhnliche Verhalten der Charaktere vielleicht auf, aber es erregt dennoch nicht ihr Misstrauen.

Unabhängig vom Ergebnis der Proben hört der am wenigsten heroische oder der ehrgeizigste Charakter in der Gruppe ein Flüstern. Die SL entscheidet, um welchen Charakter es sich dabei handelt.

„Komm näher. Ja, genau du. Du hast ein interessantes Potenzial. Fürchte dich nicht, und komm zu mir …"

Der Charakter muss keine Probe ablegen. Er kann dem Ruf auch so widerstehen und auf dem Weg in Richtung des Tempels weitereilen. Wenn der betroffene Storm Knight tatsächlich so dumm ist, in den Thronsaal zu gehen (und ihn andere vernünftigere Charaktere nicht rechtzeitig daran hindern), taucht plötzlich Doktor Möbius mittels Düsterfaden in dem Raum auf. Er hat ein Zupfen vom Dunkelheitsartefakt gespürt.

Sollten die Helden so närrisch sein und beschließen, gegen Möbius zu kämpfen, so erhält dieser sofort Unterstützung durch sechzehn Gospog der Dritten Pflanzung, die entlang des Wegs stehen. Sie waren bereits zuvor dort, verhalten sich aber wie Statuen, wenn sie nicht eingreifen müssen. Außerdem eilen sofort zumindest zwanzig Sturmsoldaten zur Unterstützung herbei. Ein derartiger Kampf endet mit der fast unweigerlichen Niederlage der Storm Knights. Sie werden gefangen genommen und ins Omegatron gebracht (siehe Seite 68)!

SZENE 3: PLÖTZLICH UND UNVERMEIDBAR

Standardszene. Die äußerst geordneten Gänge und Hallen des Tempels sind im Vergleich zu den geschäftigen Straßen Karnaks extrem ruhig und klar strukturiert. Akolythen und Diener eilen lautlos durch die Gänge und gehen irgendwelchen Pflichten nach. Wenn die Helden eine Abmachung mit Hooded Cobra getroffen haben, taucht er plötzlich wieder auf und beschwert sich bei der Gruppe, warum sie sich so lange haben aufhalten lassen. Er weist auf eine Kammer hin, die sich zwei Stockwerke unter ihnen befindet. Dort ist eine Art Bibliothek, in der sich die Berichte über einzelne Personen befinden. Irgendjemand muss die Schriftrolle über ihn anfordern, aber wenn er das selbst machen würde, wäre das natürlich extrem verdächtig. Der Schurke ist mit Informationen über die Pläne des Mandjets sehr geizig. Er meint, er würde ihnen das schon noch verraten, sobald sie seine Wünsche erfüllt haben. Wenn sich die Charaktere weigern oder hartnäckig verhandeln, gibt er nach. Er gesteht, dass die Pläne auch in der gleichen Dokumentenhalle gelagert werden.

Wenn sie nicht mit Hooded Cobra verbündet sind, können sich die Charaktere an den zahlreichen Schildern orientieren, die hier angebracht sind (falls jemand ägyptische Hieroglyphen lesen kann), oder versuchen, einen Akolythen unauffällig auszufragen. Die Mathematiker und Ingenieure selbst sagen meistens nur „Pscht!" oder so etwas, wenn sie jemand in den Gängen und Hallen anspricht.

Das Omegatron

Auf ihrem Weg zur Schriftenhalle kommt die Gruppe an einer langen anderen Halle vorbei, in der zwei Sturmsoldaten neben einer geschlossenen Tür Wache stehen. (Sie kommen auch hierher, wenn sie absichtlich nach dem Omegatron suchen.) Die Hieroglyphen, die diesen Bereich beschreiben, weisen nur darauf hin, dass jeder Zutritt streng verboten ist, und die Sturmsoldaten konfrontieren jeden, der auch nur einen Schritt in die Halle setzt. Erstickte Schreie dringen von der anderen Seite der Tür hervor. Man kann nicht wirklich sagen, ob es sich um eine männliche oder weibliche Stimme handelt. Es gibt aber keinen Zweifel daran, dass die Person schlimme Schmerzen erdulden muss und wenn man die Stimme hört, bekommt man unwillkürlich eine Gänsehaut. Selbst die beiden Sturmsoldaten scheinen sich unbehaglich zu fühlen.

In den Hallen hier ist nicht viel los, und daher ist es möglich, die beiden Wachen auszuschalten, ohne dass es sonst jemand bemerkt. Es gibt keine Möglichkeit mit ihnen zu verhandeln oder sie einzuschüchtern. Beide Männer wissen, dass es bald ihre Schreie sein werden, die man in der Halle hört, wenn sie jemand anders als Doktor Möbius hier einlassen. Man kann die Wachen mit verschiedenen Angriffen oder Kräften, die nicht allzu viel Lärm verursachen, leicht ausschalten, aber natürlich erregt ein Schusswechsel sofort Aufmerksamkeit. Die Streitkräfte im Tempel werden auch alarmiert, sobald es jemandem auffällt, dass die beiden Sturmsoldaten nicht mehr in der Halle vor der Tür stehen.

Viel Ärger

Wenn einer der beiden Wachen dazu kommt, eine Aktion auszuführen, zieht er einen nahen Alarm oder eröffnet das Feuer mit seiner Waffe. In beiden Fällen eilt rasch Verstärkung herbei. Innerhalb einer Runde eilt eine ganze Gruppe von Akolythen zu der Halle und greift alle mit Magie an. Eine Minute später kommen die 16 Gospog der Dritten Pflanzung von dem Gang, der oben zum Tempel führt, hier unten an. Siehe **Lockdown** auf Seite 71, für die anderen Auswirkungen auf den Tempel.

Sobald die Charaktere, die dahinter liegende Kammer betreten, kann eine Person die Tür verbarrikadieren und geschlossen halten. Die Gospog stellen dabei natürlich ein anderes Kaliber dar, da sie innerhalb von ungefähr einer Minute durch die improvisierte Barriere brechen können. Das bedeutet, dass die Gruppe weniger als zwei Minuten Zeit hat, um das zu tun, was sie in der Kammer vorhaben, und eine Fluchtmöglichkeit zu finden.

Mit einer Sehr Schweren (MW 16) *Finden*-Probe entdecken die Charaktere einen Geheimgang in der Kammer, der praktischerweise zur Schriftenhalle führt. Man kann ihn öffnen, indem man einen bestimmten Ziegelstein in der Mauer drückt. Ein breiter Wandabschnitt schiebt sich zur Seite und legt einen Gang frei. Schließt man ihn wieder hinter sich, schüttelt man dadurch auch direkte Verfolger ab. Der Schließmechanismus des Ganges lässt sich leicht von innerhalb des Geheimgangs blockieren und die Verfolger wissen nicht, wohin der Geheimgang führt.

- **Akolythen:** 2 je Helden, siehe Seite 108
- **Sturmsoldaten:** 2 je Helden, siehe Seite 109
- **Gospog der Dritten Pflanzung des Nil-Imperiums (16):** siehe Seite 108

Kammer der Schrecken

In dem Raum befinden sich mehrere Experimente der Verrückten Wissenschaft. Dichte Drähte und Energiekästen umgeben einen Metallsarkophag, der auf einer großen kippbaren Plattform installiert ist. Momentan ruht der Sarg waagerecht, aber man kann ihn mit einem einfachen Hebel an der Basis aufrichten. Die Schreie sind lauter im Raum und kommen eindeutig aus dem Sarkophag. Bei ihm handelt es sich um das gefürchtete Omegatron, das berüchtigte von Doktor Möbius erfundene Folterwerkzeug.

Bevor jemand etwas gegen die Maschinerie unternimmt, solltest du eine Standard *Realitäts*-Probe gestatten. Bei einem Erfolg erkennen die Storm Knights, dass der ganze Raum förmlich von Möglichkeitsenergie geflutet ist, ähnlich wie das bei einer Stele der Fall ist. Vermutlich liegt das daran, dass das Dunkelheitsartefakt auf ähnliche Weise mit der Kammer verbunden ist. Jeder Versuch, das Labor zu zerstören, könnte eine starke Reaktion auslösen. Tatsächlich taucht dann Doktor Möbius selbst mittels Düsterfaden hier auf. Mit einer Schweren (MW 14) *Wissenschafts*-Probe kann man noch mehr über die Kammer herausfinden. In einem gigantischen Computerterminal befindet sich eine Art primitive Schalttafel mit Hunderten Knöpfen und flimmernden Vakuumröhren. Wenn man einen der Knöpfe drückt, beginnt die Person im Omegatron nur noch lauter zu schreien. Bemerkenswert ist die Tatsache, dass die Kabel nicht Energie in das Omegatron leiten, sondern umgekehrt vom Omegatron zur Schalttafel und in den restlichen Tempel. Es gibt keine „Aus"-Taste.

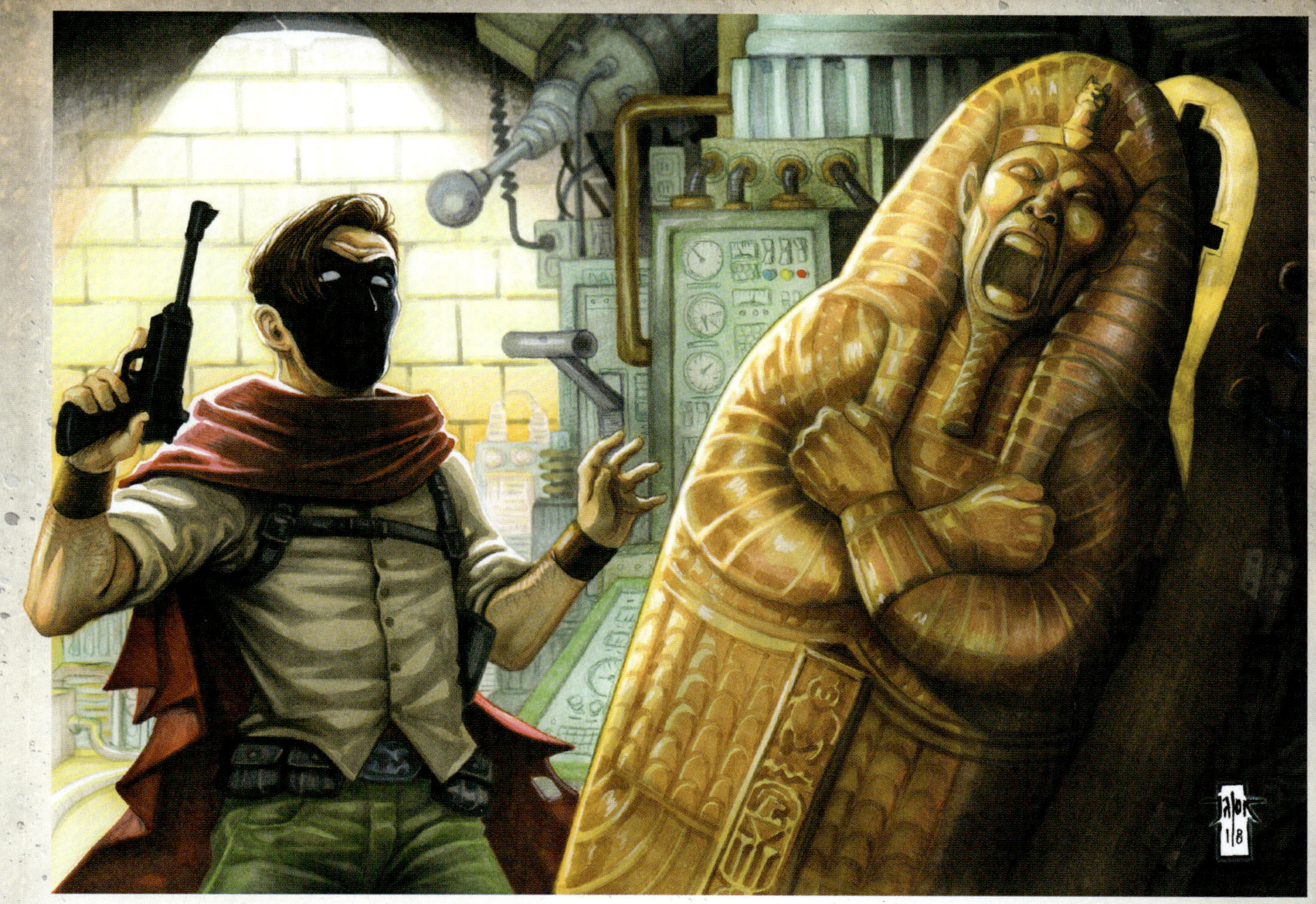

Selbst The Shroud scheut vor dem eisigen Grauen zurück, den das Omegatron verkörpert.

Der Deckel zur Kammer, die in dem Omegatron liegt, lässt sich leicht öffnen. Im Inneren ist nur Dunkelheit, die von keinem Licht erhellt wird, aber wie die Geräusche darin widerhallen gibt Anlass zu der Vermutung, dass das Innere des Sarkophags größer ist als das Äußere. Außerdem befindet sich eindeutig jemand im Inneren, der große Schmerzen erleidet. Wenn man nach drinnen greifen will und die unglückselige Person nach draußen ziehen will, muss man eine *Realitäts*-Probe ablegen. Bei einem Fehlschlag erleidet man 4 Wunden und 8 Schock unabhängig von der Robustheit. Bei einem Erfolg wird das auf 3 Wunden und 6 Schock reduziert, bei einem Guten Erfolg auf 2 Wunden und 4 Schock und bei einem Hervorragenden Erfolg auf 1 Wunde und 2 Schock. So oder so kann man den Schaden wegstecken. Wenn Möglichkeiten bei einer der beiden Proben aufgewendet werden, leuchtet der Computer auf und man kann klar erkennen, dass momentan eine größere Menge Energie aus der Kammer geleitet wird.

Sobald jemand in die Tiefen des Omegatrons greift, umklammert eine knochige Hand die seine und man kann die Person, die darin gefangen ist, hervorziehen. Die Gestalt hat zahlreiche Schnittwunden und Verletzungen und trägt ein zerfetztes Kostüm. Ihre Augen sind eingesunken, und der Wahnsinn flackert in ihnen. Er spricht mit einer heiseren, zitternden Stimme:

„Ich … ich danke euch! Wo sind die anderen? Ich war nicht allein da drinnen …“

Doch die dunkle Kammer liegt jetzt still da. Ein Held kann erneut versuchen hineinzugreifen, doch jeder Versuch richtet erneut den oben beschriebenen Schaden an, und es gibt keinen Hinweis darauf, dass man in der Dunkelheit noch etwas anderes finden kann als schreckliche Schmerzen. Mit einer Probe auf *Gelehrsamkeit* erkennt man, dass es sich bei dem Wrack von einem Mann um „Diamond“ Jack Murphy handelt. Falls in deiner Geschichte irgendein anderer Held im Verlauf des letzten Monats entführt oder angeblich getötet wurde, kannst du ihn durch diesen ersetzen. Murphy kann selbst gehen, doch das war es momentan auch schon. Er ist körperlich und geistig gebrochen … vielleicht für immer. Er war der letzte Angehörige des Teams, das nach Theben aufgebrochen ist, um die Pläne zu bergen, und dann im Omegatron geendet ist.

Die Schriftenhalle

Der große Raum, in dem die Pläne (und Tausende andere Geheimdokumente) aufbewahrt werden, ist fensterlos und hat eine sehr hohe Decke. Schier endlose Regale, auf denen sich die Schriftrollen türmen, ziehen sich hier entlang. Die Dokumente findet man in Form von Schriftrollen, Büchern oder aufwendigen Dokumentenrollen. Bibliothekare jeden Alters durchstreifen die Halle und lagern Pergamente ein oder holen sie ab. Manche von ihnen suchen in einemgroßen Katalog herum, der in der Mitte der Kammer steht. Jeder, der mit mehr als nur einem Flüstern spricht, wird rasch zur Ruhe ermahnt.

Jeder, der Hieroglyphen lesen kann, kann den Katalog mit einer Standard (MW 10) *Beweisanalyse*-Probe studieren und so das korrekte Regal herausfinden. Man kann auch einfach direkt in den Regalen nach den Plänen suchen, allerdings ist das eine Nahezu Unmögliche (MW 20) Probe auf *Beweisanalyse*. Wenn man nicht die ägyptische Sprache spricht, erleiden beide Proben einen Malus von –10.

Es ist auch möglich, das Personal zu bitten, die Pläne für die Storm Knights herauszusuchen. Dabei handelt es sich um eine Standard (MW 10) *Überreden*-Probe, aber die Gruppe erleidet einen kumulativen Malus von –2 auf diese Probe für jedes Mal, das man sie bereits ermahnt hat, leise zu sein. Doch wenn ein Bibliothekar die Pläne aus dem Regal holt, geht der Ärger erst los. Sie sind mit einem Wachssiegel versiegelt und als Geheim klassifiziert. Um sie entgegennehmen zu können, benötigt man eine spezielle Ausweiskarte (über die niemand in der Gruppe verfügt). Dadurch erkennt der betreffende Bibliothekar, dass hier etwas nicht mit rechten Dingen zugeht und gibt Alarm.

Aufgeflogen

Wenn die Gruppe bei einer der oben angeführten Proben scheitert, erkennen die aufmerksamen Betreuer der Bibliothek, dass etwas nicht stimmt. Ein Aufseher kommt zu den Charakteren, um Fragen zu stellen. Ein Akolyth positioniert sich beim Alarm, um ihn notfalls rasch auslösen zu können, und die anderen Akolythen nehmen rund um die Gruppe Aufstellung und machen sich bereit, ihre Zauber zu wirken, falls das nötig werden sollte. Wenn der Alarm ausgelöst wird, greifen die Bibliothekare die Fremden an und der **Lockdown** (siehe Seite 71) versiegelt den Raum.

- **Akolythen:** 1 je Helden, siehe Seite 108

Endlich die Pläne

Die Blaupausen für den Mandjet befinden sich tatsächlich auf blauem Papier, das sich zusammengefaltet in einem Lederbeutel befindet. Es wird eine gewisse Zeit dauern, sie zu studieren und eine Schwachstelle zu finden, aber sie sind entscheidend, um eine Schwachstelle an dem tödlichen Fahrzeug zu finden.

Die Geheimtür

So oder so kommt es zum **Lockdown** (siehe Seite 71), bevor die Helden die Kammer verlassen können. Der einzige Weg nach draußen ist die Geheimtür, die sich hinter einem der Regale befindet und die man auslösen kann, indem man einen bestimmten Schriftrollenbehälter zieht. Dieser Gang ist mit dem Gang zur Kammer des Omegatrons verbunden. Dort, wo sie sich treffen, gibt es Bündel von dicken Drähten, die eine Röhre hinabführen. Diese liegt in der Dunkelheit, doch sie ist groß genug, um darin nach unten zu rutschen. Das ist auch

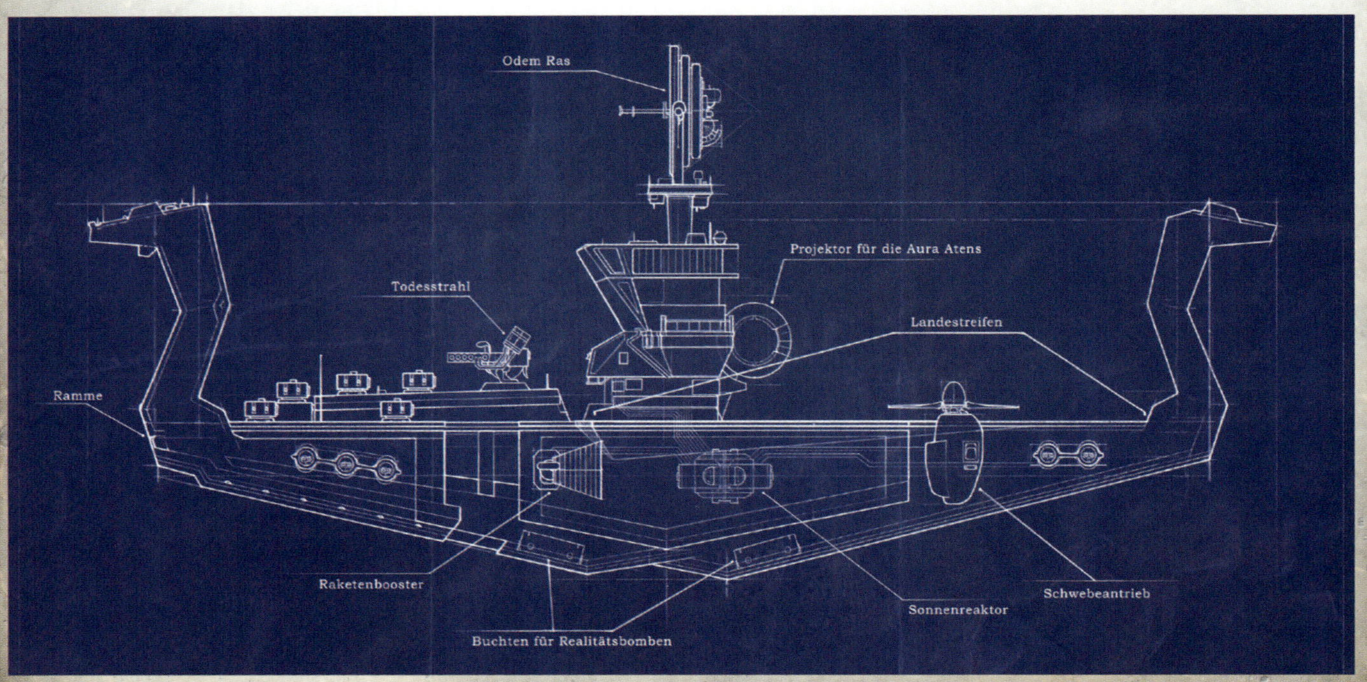

der einzig sinnvolle Fluchtweg, und er führt uns zur nächsten Szene!

Der Gang muss entweder mit einer *Finden*-Probe aufgespürt werden oder er wird freigelegt, wenn es zu einem Kampf gegen die Magier kommt und die Regale dadurch Feuer fangen. Dies kann auch durch ein Hindernis geschehen, das sich während der Auseinandersetzungen in diesem Raum ereignet. Wenn die Storm Knights Gefangene gemacht haben, können sie sie mit einer *Einschüchtern*-Probe dazu bringen, den Geheimhang zu enthüllen. Der Raum ist luftdicht versiegelt, und wenn man bei einer Probe scheitert, um den Geheimgang zu finden, erleidet man 2 Schock. In diesem Fall kann man sich auch erst dann von diesem Schock erholen, sobald man durch die Röhre gerutscht ist, die zu Szene Vier führt.

LOCKDOWN

Auch wenn es den Helden gelingen sollte, die Pläne in ihre Finger zu bekommen, ohne Aufsehen zu erregen, gibt es irgendwo anders im Palast einen Alarm, wodurch es sofort zu einem Lockdown kommt. Ein schwerer Steinblock blockiert den einzigen Ausgang. Wenn es zu der Situation passt, könnte Hooded Cobra kurz im Eingang auftauchen, dreist grinsen und noch „Eindringlinge! Schnappt sie euch!" rufen, bevor der dicke Steinblock nach unten rast. Man kann gerade noch sein manisches Kichern hören.

Es ist auch möglich, dass der Lockdown von jemandem ausgelöst wurde, dem die Charaktere verdächtig vorgekommen sind. Sobald der Alarm ausgelöst wird, erwachen die Gospog der Dritten Pflanzung auf dem Weg zum Tempel zum Leben und eilen in die ungefähre Gegend, aus der der Alarm kommt. Auch in den Reihen der normalen Tempelarbeiter gibt es potenzielle Gegner für die Abenteurer. Obwohl das hier Akademiker sind, hatten alle zumindest eine grundlegende Ausbildung auf dem Gebiet der Magie, und sie haben einen Eid geschworen, den Tempel zu verteidigen und Eindringlinge abzuwehren. Auch ein paar Sturmsoldaten streifen durch die Hallen des Tempels. Du entscheidest, wie viel Aufsehen die Charaktere bisher erregt haben und welche Gegner sich daher in der Gegend aufhalten, in der sie sich gerade befinden. Die Gospog treffen in einer Minute (sechs Runden) ein, und alle menschlichen Gegner reagieren in ein bis zwei Runden.

Wenn der Alarm ausgelöst wird, während sich die Gruppe in einer der beiden Kammern befindet, werden sie durch den Lockdown sofort von den Hallen des restlichen Tempels abgeschnitten. Der Geheimgang wartet auf sie und bietet ihnen eine perfekte Fluchtmöglichkeit. Wenn der Ärger begonnen hat, während sie in den Hallen oder Gängen des restlichen Tempels unterwegs sind, haben sie gerade genug Zeit, um in einen der beiden Räume zu fliehen, bevor dieser versiegelt wird. Jemand, der in den Hallen bleibt, wird es verdammt schwer haben. Wenn sie nicht von der ersten Welle Gospog gefangen genommen werden, wird die nächste Welle gemeinsam mit dem lähmenden Gas, das plötzlich aus geheimen Löchern austritt und gegen das die Gospog immun sind, den Job sicher erledigen.

- **Akolythen:** 1 je Storm Knight, siehe Seite 108
- **Sturmsoldaten:** 1 je Helden, siehe Seite 109
- **Gospog der Dritten Pflanzung des Nil-Imperiums (16):** siehe Seite 108

SZENE 4: AUF, AUF UND DAVON

Dramatische Szene. Die Rutschpartie durch die Röhre bringt die fliehenden Charaktere zum Boden eines Silos. Sobald die letzte Person gelandet ist, bricht der Boden durch das zusätzliche Gewicht durch und jeder im Silo landet in der weitläufigen Kammer darunter. Es ist ein Sturz aus 15 Metern Höhe. Das Silo wurde in die Decke gebaut, und es ist mit Kabeln mit verschiedenen Kontrolltafeln verbunden. Der Fall richtet 15 + 1 BW Schaden an. Wie dies bei einem derartigen Sturz normalerweise der Fall ist, gewährt Rüstung maximal +2 Robustheit gegen den Schaden und jeder Held kann eine Standard (MW 10) *Geschicklichkeits*-Probe ablegen, um den Schaden um 5 zu reduzieren.

Die Gruppe landet in einem Hangar mit hoher Decke, der sich unter dem Tempel der Ingenieurskunst befindet. Eine große Rakete, die an eine V2 erinnert, steht auf einer Plattform in der Mitte. Ein Lichtstrahl stößt durch einen Schacht, der durch den Tempel nach oben ins Freie führt, in den Raum.

BATTLE ROYALE

Alle Anwesenden im Hangar (siehe unten) blicken verblüfft zu den Neuankömmlingen. Ein paar Hände greifen nach Waffen, niemand sagt etwas, dann ruft plötzlich jemand: „Schnappt sie!" und es geht los. Momentan sind alle Tore, die aus dem Hangar führen, durch den Lockdown versiegelt. Doch es gibt eine praktische Fluchtmöglichkeit in Form der Rakete. Um sie auf den Start vorzubereiten, muss man eine kleine Checkliste abarbeiten (siehe **Startbereit** auf Seite 73). Es ist möglich, dass Hooded Cobra die Schurken persönlich anführt. Wenn nicht, ist ein anderes Mitglied der Retribution League an seiner Stelle hier.

In dem Raum sind Dutzende Wissenschaftler und Techniker. Diese nehmen aber nicht am Kampf teil. Sie kauern sich hinter Treibstofffässer, Computerkonsolen und alles andere, das sie zwischen sich und die Helden bringen können. Außerdem gibt es da noch eine interessante Person im Hangar. Es handelt sich um eine wunderschöne Frau mit langen, blonden Locken in einem eleganten Abendkleid, die an die Rakete gebunden ist. Sie schreit nur dann auf, wenn die guten Jungs nicht von selbst auf die Idee kommen, dass sie Rettung benötigt.

Die Frau heißt Jesse Caramel. Bewohner der Zentralerde erkennen sie als nicht besonders bedeutenden Filmstar, der angeblich am Tag Eins der Invasion getötet wurde. Jeder aus der Gruppe, der am Tag Eins teilgenommen hat (siehe *Tag Eins: Das Nil-Imperium*), weiß, dass sie transformiert wurde und sich den Schurken angeschlossen hat. Wenn man sie darauf anspricht, verteidigt sie sich. Sie meint, dass sie ihre Taten bereut und macht Hooded Cobra für alles verantwortlich:

„Der Halunke hat mich mit Juwelen und Macht verlockt, aber er hat mich nur benutzt. Er benötigte einen Sündenbock, um seine verräterischen Pläne gegenüber dem Big Boss zu verschleiern. Sobald er mich aus dem Weg geräumt hat, kann er behaupten, ich wäre an allem schuld gewesen und geflüchtet! Helft mir, so helft mir doch! Ich schwöre, ich werde all das böse Zeugs nicht mehr machen!“

Natürlich lügt sie. Wenn sie befreit wird, verrät sie die Helden bei der ersten günstigen Gelegenheit. Sie hat allerdings nichts dagegen, wenn sie zuvor etwas dazu beitragen kann, Hooded Cobra zu Fall zu bringen.

- **Hooded Cobra:** siehe Seite 104
- **Hauptmann Hotep:** siehe unten
- **Jesse Caramel:** siehe Seite 73
- **Elite-Sturmsoldaten:** 3 je Storm Knight, siehe Seite 108
- **Verstärkungen:** Wenn die Helden einen Rückschlag erleiden oder einen Großteil der Gegner recht mühelos besiegen, öffnet sich einer der Ausgänge und eine Welle von Gospog der Dritten Pflanzung ergießt sich in den Raum (3 je Helden, siehe Seite 108). Sie werden von einem weiteren Schurken begleitet. Dabei handelt es sich aber nicht um einen neuen Fluchtweg, der freigeworden ist, weil dort nur noch mehr Gegner warten. Wenn die Helden auch diese Welle mühelos besiegen, folgen noch gefährlichere Gegner, und falls alle Stricke reißen, greift auch Möbius selbst ein. Alle Streitkräfte der Superkampfgruppe Möbius sind hier verfügbar, und es sollte klar sein, dass ein Sieg im Kampf schlicht und einfach nicht möglich ist.

Hindernisse

- **Durchgeschnittene Treibstoffleitungen:** Der Kampf könnte etliche Treibstoffleitungen, die mit der Rakete verbunden sind, losreißen oder durchschneiden. Das hat keinen sofortigen Effekt, allerdings kann der Einsatz von Feuer zu einer Feuerbrunst führen, die den ganzen Raum verschlingen könnte. Die kauernden Wissenschaftler und Techniker werden erst so richtig panisch, sobald der Treibstoff kreuz und quer durch den Raum spritzt.
- **Maschinengewehrnest:** Zwei Sturmsoldaten, die sich bisher aus dem eigentlichen Kampf herausgehalten haben, haben die Gelegenheit genutzt, um im hinteren Bereich des Raums ein großes Maschinengewehr mit Munitionsgurt zu monierten. Es ist einsatzbereit, und die Sturmsoldaten decken die Helden jetzt mit Langen Feuerstößen von diesem 50er Kaliber Khaifu MG ein (Schaden 16, PB 2).
- **Festgehalten:** Herabstürzende Kisten oder Schutt, der durch die Auseinandersetzung entsteht, fällt auf einen Helden und hält ihn an Ort und Stelle fest. Er erleidet dadurch zwar keinen direkten Schaden, ist aber Sehr Verwundbar und kann sich nicht bewegen. Um ihn zu befreien ist eine Sehr Schwere (MW 16) *Stärke*-Probe erforderlich. Eine Gruppenaktion ist möglich.
- **Feuer:** Ein katastrophales Feuer bricht durch Funken aus, die aus einem der Computer schlagen. Breite Abschnitte des Bodens werden zu einem brennenden Inferno, die 18 + 1 BW Schaden bei jedem anrichten, der diese Bereiche betritt oder sich darin aufhält. Ein Charakter, der von Raketentreibstoff übergossen wurde, erleidet diesen Schaden in jeder Runde. Mit all den Treibstofftanks, die hier herumstehen, ist es nur eine Frage der Zeit, bis es zu verheerenden Explosionen kommt.
- **Explosionen:** Der erste Treibstofftank fliegt in die Luft, wodurch Trümmer von der Decke regnen. Jeder im Raum erleidet 24 Schaden und die Rakete wird beschädigt. Eine weitere Explosion ist unvermeidbar, und wenn es dazu kommen sollte, wird wohl die ganze Kammer einstürzen. Den Helden bleiben nur noch wenige Augenblicke, um mit der Rakete zu entkommen.

HAUPTMANN HOTEP

Hotep ist ein Veteran mehrerer imperialer Feldzüge und dies ist nicht die erste Welt, auf der er seinen Beitrag geleistet hat, um sie zu befrieden. Er ist von seinen eigenen Fähigkeiten extrem überzeugt, und er hat schon mehrere Storm Knights im Kampf Mann gegen Mann besiegt. Besonders viel Spaß hat er an einem zünftigen Faustkampf. In gewisser Weise ist er ein ehrenhafter Mann, und er fordert einzelne Storm Knights zu einem Kampf mit den Fäusten heraus. Dabei betrügt er nicht einmal! Seine Soldaten sind extrem loyal und hindern jeden, sich in einen Wettkampf ihres Hauptmanns einzumischen. Wenn sie der Ansicht sind, dass einer der Storm Knights dabei versucht zu betrügen, werden sie ihn niederschießen.

Zitat: „Wer wagt es, die heilige Erde Thebens zu entweihen?“

Attribute: Charisma 8, Geschicklichkeit 10, Verstand 8, Geist 10, Stärke 12

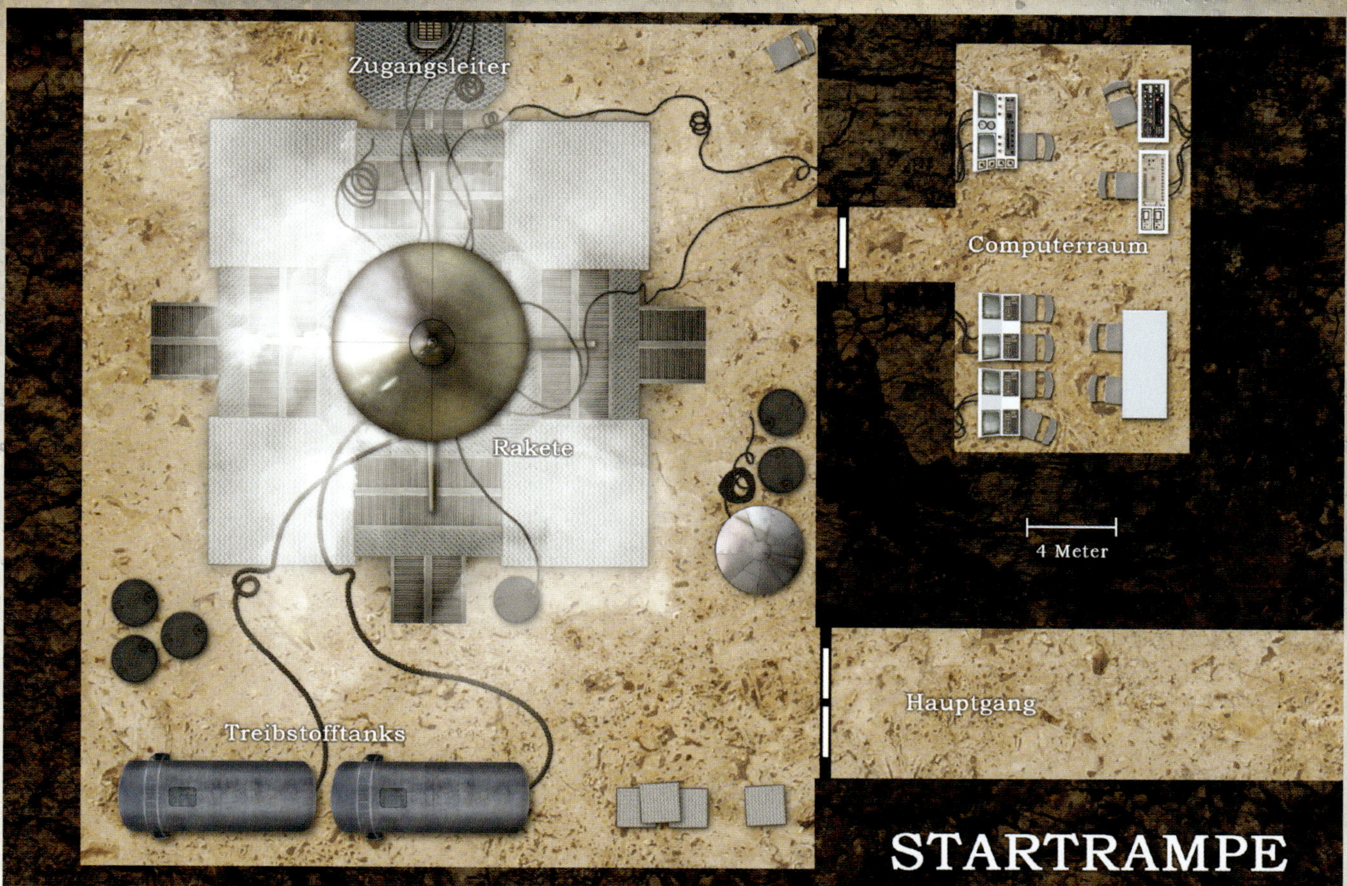

Fertigkeiten: Ausweichen 14, Einschüchtern 14, Feuerwaffen 13, Finden 8, Glauben 12, Manövrieren 13, Projektilwaffen 13, Realität 14, Tricksen 9, Verspotten 9, Waffenloser Kampf 15

Bewegung: 10; **Robustheit:** 14 (2); **Schock:** 12; **Wunden:** 3

Ausrüstung: Schutz-Ankh (Rüstung +2), Gewehr (Schaden 14), Granaten (Schaden 16, Mittelgroße Explosion)

Vorzüge: Ausdauer, Sammeln, Schläger, Unnachgiebig

Möglichkeiten: 3

Spezielle Fähigkeiten: –

JESSE CARAMEL

Jesse ist eine atemberaubende Schönheit, und erstaunlicherweise kommt diese Schönheit gerade dann zur Geltung, wenn sie keine Zeit hatte, sich mit Schminke zuzukleistern. Ihre Stimme ist leer und irgendwie nervtötend, aber sie versucht, sexy und rauchig zu sprechen. Sie war schon selbstsüchtig, bevor sie durch die Weltgesetze des Nils verändert wurde, und diese Transformation hat sie nur noch oberflächlicher gemacht. Sie möchte Schmuck, Ruhm und Männer, die sich um sie schlagen – und zwar in der Reihenfolge.

Zitat: „Klaffende Bauchwunde? Warum jammert ihr hier herum, ich habe mir gerade einen Nagel eingerissen!"

Attribute: Charisma 9, Geschicklichkeit 7, Verstand 7, Geist 7, Stärke 6

Fertigkeiten: Ausweichen 8, Einschüchtern (12), Feuerwaffen 8, Gassenwissen 10, Tricksen 10, Überreden 14, Verspotten 12, Waffenloser Kampf 8

Bewegung: 7; **Robustheit:** 6; **Schock:** 7; **Wunden:** 1

Ausrüstung: –

Vorzüge: Berühmt

Möglichkeiten: keine

Spezielle Fähigkeiten: –

STARTBEREIT

Der Raum wird von einer imposanten Rakete dominiert. Diese stellt die einzige Möglichkeit für die Helden dar, erfolgreich aus Theben zu fliehen. Die Gerüste sind noch immer rund um die Rakete aufgebaut, und ein paar der Verkleidungsplatten fehlen noch. Alles in allem erinnert sie an eine V2 Rakete, doch sie verfügt über ein kleines Cockpit in der konischen Spitze. Während sie sich mit den Gegnern im Raum herumschlagen, müssen die Helden auch die Rakete startbereit machen und sich dann mit ihrer Hilfe in Sicherheit bringen. Dabei handelt es sich nicht um eine Dramatische Probenabwicklung. Vielmehr besteht die Aufgabe aus verschiedenen Teilen, die man in beliebiger Reihenfolge abhandeln kann, und je nachdem, wie sich die Dinge entwickeln, können manche Schritte auch übersprungen werden.

- **Betankt die Rakete:** Alle Treibstoffschläuche sind mit der Rakete verbunden, aber die Pumpen sind deaktiviert. Um eine Pumpe zu aktivieren, benötigt man nur eine Standard (MW 10) *Wissenschafts*-Probe. Es dauert drei Runden, um sie vollständig zu betanken, aber man könnte theoretisch auch eine Runde nach dem Beginn des Betankens mit ihr starten. Es sind mehrere Pumpen verbunden, und die Aktivierung von weiteren Pumpen reduziert die Dauer des Tankvorgangs jeweils um eine Runde.
- **Alles abwerfen:** Die Treibstoffschläuche und das Gerüst sollten vor dem Start von der Rakete gelöst werden. Dazu ist eine Einfache (MW 8) *Geschicklichkeits*-Probe erforderlich. Die Rakete kann auch starten, ohne dass man diesen Schritt ausführt, aber die Proben, um sie zu kontrollieren, erfolgen dann mit MW 16. Auch so werden Würfe gegen MW 14 benötigt, da die Rakete eine schlechte Manövrierfähigkeit hat.
- **Hitzeschilde hochklappen:** Ein Ring von großen Metalltafeln umgibt die Rakete. Man kann sie anheben und zur Deckung nutzen, und sie lenken die starke Hitzeexplosion vom Antrieb ab, wenn die Rakete startet. Jedes davon kann mit einer Sehr Schweren (MW 16) *Stärke*-Probe manuell in Position gebracht werden oder mit einer Standard (MW 10) *Computer*-Probe vom Computerraum aus. Doch es ist ohnehin wahrscheinlich, dass die Helden die Metalltafeln nicht anheben wollen, weil sie dadurch mit dem Raketenstart auch alle Ausrüstung in der Kammer zerstören können.

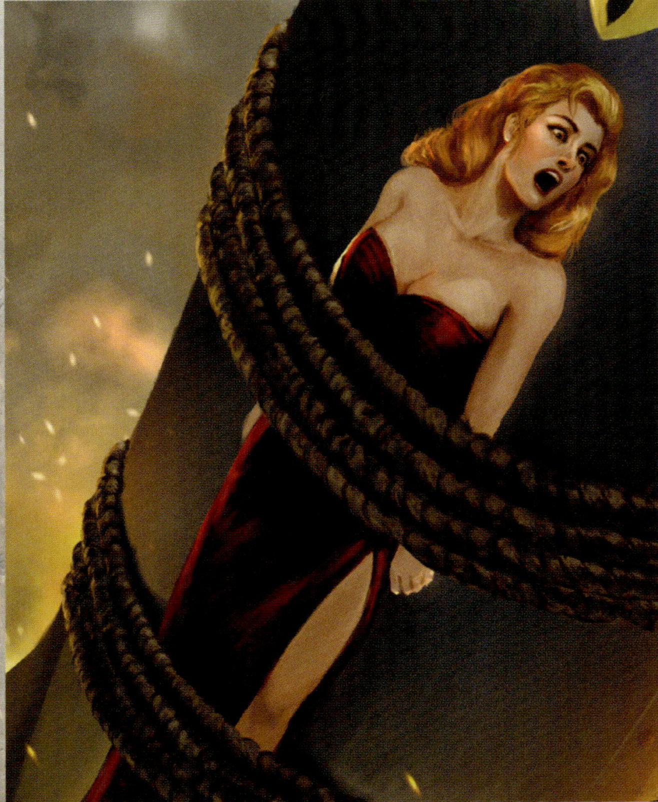

- **Jesse befreien:** Man kann einfach die Seile zerschneiden, indem man ihnen 10 Schaden zufügt, oder die Knoten mit einer Einfachen (MW 8) *Verstand*-Probe lösen. Wirklich gute Helden stellen natürlich sicher, dass sie Jesse vor dem Start befreien, selbst wenn sie ahnen oder wissen, dass sie ja doch eine Schurkin ist. Es ist aber durchaus möglich, die Rakete zu starten, während sie an sie gefesselt ist. Ein Held könnte die Seile nutzen, um sich zu sichern, wenn er beim Start noch außerhalb der Rakete ist und sich irgendwie am Rumpf festhalten will. Er erhält dann einen Bonus von +2 auf alle entsprechenden Proben.
- **Einsteigen bitte:** Im Cockpit gibt es nur einen Sitz, aber es gibt eine Bucht, in die man steigen und sich darin festhalten kann. Sie ist eigentlich nicht für Passagiere, sondern für irgendeine Zuladung gedacht, aber es haben sechs Leute darin Platz. Jeder, der sich außerhalb der Rakete befindet, wenn sie startet, kann sich an sie klammern, indem er eine Sehr Schwere (MW 16) *Stärke*-Probe ablegt. Wie bereits oben erwähnt, kann man durch den Einsatz des Seils, mit dem ursprünglich Jesse gefesselt gewesen ist, den MW auf 14 senken.
- **Start!:** Es gibt zwei Möglichkeiten den Start auszulösen. Mit einer Anspruchsvollen (MW 12) *Computer*-Probe kann man einen Countdown mit einer gewünschten Rundenzahl an der Computerkonsole festlegen. Am Ende der gewünschten Runde erwachen die Triebwerke zum Leben und der Kampf endet. Jeder, der sich in der Nähe der Rakete befindet, hat noch eine Chance, an Bord zu springen und sich festzuhalten (siehe Einsteigen bitte, oben). Der Start kann auch vom Cockpit aus mit einer Einfachen (MW 8) Probe auf *Luftfahrzeuge* eingeleitet werden, allerdings ohne Countdown. Die Triebwerke starten am Ende der Runde, in der man die Probe ablegt.

In den Lüften

Sobald die Rakete unterwegs ist, sollte man sich mit ein paar Details des Fahrzeugs befassen. Die Bucht, in der sich momentan wohl der Großteil der Helden befindet, ist wohl eigentlich für die Zuladung einer großen Bombe gedacht. Es gibt keinen Öffnungsmechanismus und kein Tor, und glücklicherweise ist auch momentan keine Bombe an Bord.

Nun werden ein paar Dinge bezüglich des Cockpits offensichtlich. Die Kontrollen sind sehr einfach gestaltet, und die Flugbahn ist durch einfache Maschinen festgelegt. Es gibt keine Landestützen oder dergleichen. Es handelt sich also nicht um ein Raketenschiff, sondern um eine Cruise Missile mit einem Piloten. Der einzig sinnvolle Grund, ein derartiges Fahrzeug zu bauen, würde darin bestehen, einem realitätsgehärteten Piloten zu ermöglich, eine Waffe in ein Zielgebiet zu lenken, das dieser Waffe aufgrund der Tatsache, dass dort keine Verrückte Wissenschaft oder das entsprechende Tech-Axiom verfügbar ist, normalerweise nicht ermöglichen würde zu funktionieren.

Es wurde noch kein Kurs festgelegt, und deswegen ist die Rakete standardmäßig darauf eingestellt, 60 Sekunden nach dem Start zu explodieren! Dazu gibt es praktischerweise in der Ladebucht und im Cockpit einen Timer, der fröhlich hinunterzählt.

Der Pilot (so er vorhanden ist), kann eine Schwere (MW 14) Probe auf *Luftfahrzeuge* ablegen, damit die Rakete geradeaus oder in eine bestimmte Richtung fliegt. Wenn die Probe scheitert, beginnt die Rakete unkontrolliert zu kreisen und zu taumeln, wodurch alle weiteren Aktionen der Passagiere so ausgeführt werden, als ob sie Sehr Angeschlagen sind.

Es gibt einige Optionen, wie man mit dem Countdown umgehen kann.

- Wenn der Pilot die Kontrolle behält, kann er versuchen, vor dem Ablauf des Countdowns eine Notlandung im Nil hinzulegen. Der Aufschlag richtet 25 + 1 BW Schaden bei allen an Bord an. Bei einer erfolgreichen Probe auf *Luftfahrzeuge* gegen MW 14 wird der Schaden auf 20 + 1 BW reduziert. Ein Guter Erfolg reduziert den Schaden auf 15 + 1 BW und ein Hervorragender Erfolg auf 10 + 1 BW.
- Ein Genie in den Reihen der Charaktere kann mit einer Nahezu Unmöglichen (MW 20) Probe auf *Wissenschaft* rasch tief genug in die Elektronik vordringen, um den Mechanismus aufzuspüren und zu deaktivieren. Dennoch wird der Pilot vermutlich früher oder später eine Notlandung im Nil machen müssen, bevor der Treibstoff ausgeht. Wenn die Rakete vor dem Start vollständig betankt wurde, schafft sie es sogar bis zum Roten Meer und damit in den Bereich der Zentralerde, bevor sie notlanden muss.
- Die Mannschaft könnte beschließen, einfach abzuspringen. Manche Charaktere können vielleicht durch irgendwelche Kräfte oder Fähigkeiten fliegen oder eine Art Fallschirm improvisieren. Wer das nicht kann, muss sich darauf einstellen 50 + 1 BW Schaden von einem Fall mit Endgeschwindigkeit wegzustecken. Du kannst auch andere Vorschläge der Charaktere in Betracht ziehen, wenn diese irgendwie glaubwürdig erscheinen.

Das ist übrigens eine tolle Stelle für einen Cliffhanger. Mache eine Pause und sieh zu, wie die Spieler über ihre tödliche Situation diskutieren und darum ringen, eine Lösung zu finden. Wenn wirklich alle Stricke reißen, sind die Rocket Ranger in der Gegend. Sie sind dem seltsamen Objekt gefolgt, als es in Theben abhob.. Sie können durch die Lüfte heransausen und die Charaktere im letzten Moment retten, wenn diese wirklich bei allen Lösungsversuchen scheitern.

NACHSPIEL

Wenn die Rocket Ranger noch nicht aufgetaucht sind, haben sie jetzt ihren Auftritt. Sie fliegen die Charaktere einfach zurück zu Dr. Frest, und dieser begutachtet die Pläne und die Informationen über den Mandjet, die sie beschafft haben. Dank ihrer Informationen erkennt er eine Schwäche des Schlachtschiffs. Es handelt sich um eine Rückkoppelungsschleife, die dazu in der Lage ist, die Energie der eigenen Hauptwaffe gegen das Fahrzeug zu lenken. Dummerweise ist eine Sabotage nur an Bord des Fahrzeugs möglich.

Um an Bord zu gelangen, benötigt die Gruppe den aktuellen Aufenthaltsort des Mandjets (die Amazonen aus Kapitel Vier können diese Informationen leicht zur Verfügung stellen), und sie müssen einen Weg finden, um die Aura Atens zu überwinden. Dr. Frest oder ein Wissenschaftler in der Gruppe könnte mit Zugriff auf eine große Menge Eternium und im Verlauf von etlichen Wochen etwas bauen. Dummerweise mangelt es an solch einer Menge Eternium, und die Zeit wird zudem knapp. Es ist bereits klar, dass Doktor Möbius aufgrund des großen Erfolges plant, ein Begleitschiff zum Mandjet namens Evening Falcon zu bauen. Die Schiffswerft im Victoriasee diente zur Konstruktion des Mandjets selbst. Es wäre vielleicht dort möglich, ein entsprechendes Fahrzeug rasch zu bauen.

Sobald die Gruppe über die Möglichkeiten verfügt, an Bord zu gelangen, muss sie nur doch dafür sorgen, dass Doktor Möbius den Mandjet lange genug verlässt, damit sie ihre Sabotage ausführen kann. Frest hat extrem großen Respekt vor den Fähigkeiten seines Erzfeindes und vermutet, dass er alle entsprechenden Anstrengungen der Gruppe vereiteln würde, wenn er zu diesem Zeitpunkt an Bord ist. Frest erklärt sich dazu bereit, diesen Teil der Aufgabe zu übernehmen. Er fordert die Helden auf, zum Victoriasee aufzubrechen und sich die Fabrik anzusehen.

Wenn das Team noch keine Lösung für das Problem Jesse gefunden hat, fordert Frest sie auf, sie hier bei ihm zu lassen. Er vertraut ihr nicht, aber er hat eine Idee, wie er sie in seinen Plan einbauen könnte, Möbius abzulenken.

Frest schlägt außerdem vor, dass die Gruppe noch alle wichtigen Dinge erledigt, die sich rasch erledigen lassen, und mit vertrauten Personen spricht, die sie noch einmal sprechen wollen. Das könnte die letzte Chance sein, Abschied zu nehmen oder Pläne zu schmieden, bevor es wirklich verrückt wird.

AKT SECHS: DIE QUELLE DES NILS

Die Storm Knights haben die Pläne des schrecklichen Mandjets beschafft. Sie haben sich entweder die Zeit genommen, sie selbst zu analysieren oder sie an Dr. Frest oder den Delphi-Rat übergeben. Diese Analyse hat gezeigt, dass die Konstruktion in einer geheimen Werft irgendwo in der Nähe von Port Bell am Victoriasee stattgefunden hat. Dies sieht man an den Stempeln der verschiedenen Frachtdokumente.

Eine Analyse der Aura Atens hat ergeben, dass es sich dabei um einen extrem mächtigen Hitzeschild handelt, der dazu in der Lage ist, alle Fahrzeuge und Projektile, die es zu durchdringen versuchen, einfach zu zerstören. Ein Schwesternschiff könnte es überwinden oder eben eine Version davon, die Dr. Frest bauen könnte, wenn er über ausreichend von den gleichen Materialien verfügt.

Es ist Zeit, Port Bell aufzusuchen und entweder die Evening Falcon oder die entsprechenden Komponenten für Dr. Frest zu beschaffen.

ÜBERSICHT

Szene Eins: Die Storm Knights reisen nach Port Bell und suchen nach der geheimen Werft, in der der Mandjet gebaut wurde. Die Untersuchungen werden durch einen gefährlichen Gefängnisausbruch in den Hintergrund gedrängt.

Szene Zwei: Der Delphi-Rat unterbricht die Nachforschungen mit dem wichtigen Auftrag, einen nahen Fixpunkt zu beschützen. Obwohl das ein optionaler Einsatz ist, kann man durch diese kurze Nebenmission Ruhm und Verbündete gewinnen.

Szene Drei: Das Team ist wieder auf seinem eigentlichen Einsatz und überquert den See, um eine Insel zu erreichen, auf er sich die Geheimbasis befindet. Unterwegs fällt ihnen ein Flüchtlingsschiff auf, das von einem legendären Seemonster angegriffen wird. Zumindest sieht dies auf den ersten Blick so aus!

Szene Vier: Die eigentliche Infiltration der Basis beginnt. Ob die Gruppe dabei verschlagen oder direkt vorgeht, spielt keine Rolle. So oder so kann das Team die Basis durchsuchen, wichtige Hinweise auf Möbius' Pläne bergen und den Standort der Evening Falcon aufspüren.

Szene Fünf: Stehlt die Falcon! Die Gruppe hat alle Details beisammen, die nötig sind, um sich das Raketenschiff zu schnappen und um zum endgültigen Showdown mit dem Mandjet und Möbius aufzubrechen.

SZENE 1: ÄRGER AM HAFEN

Standardszene. Nil-Imperium, Dominante Zone. Unsere unerschrockenen Helden folgen der Spur nach Kampala in Uganda. Sie suchen einen Weg, wie man

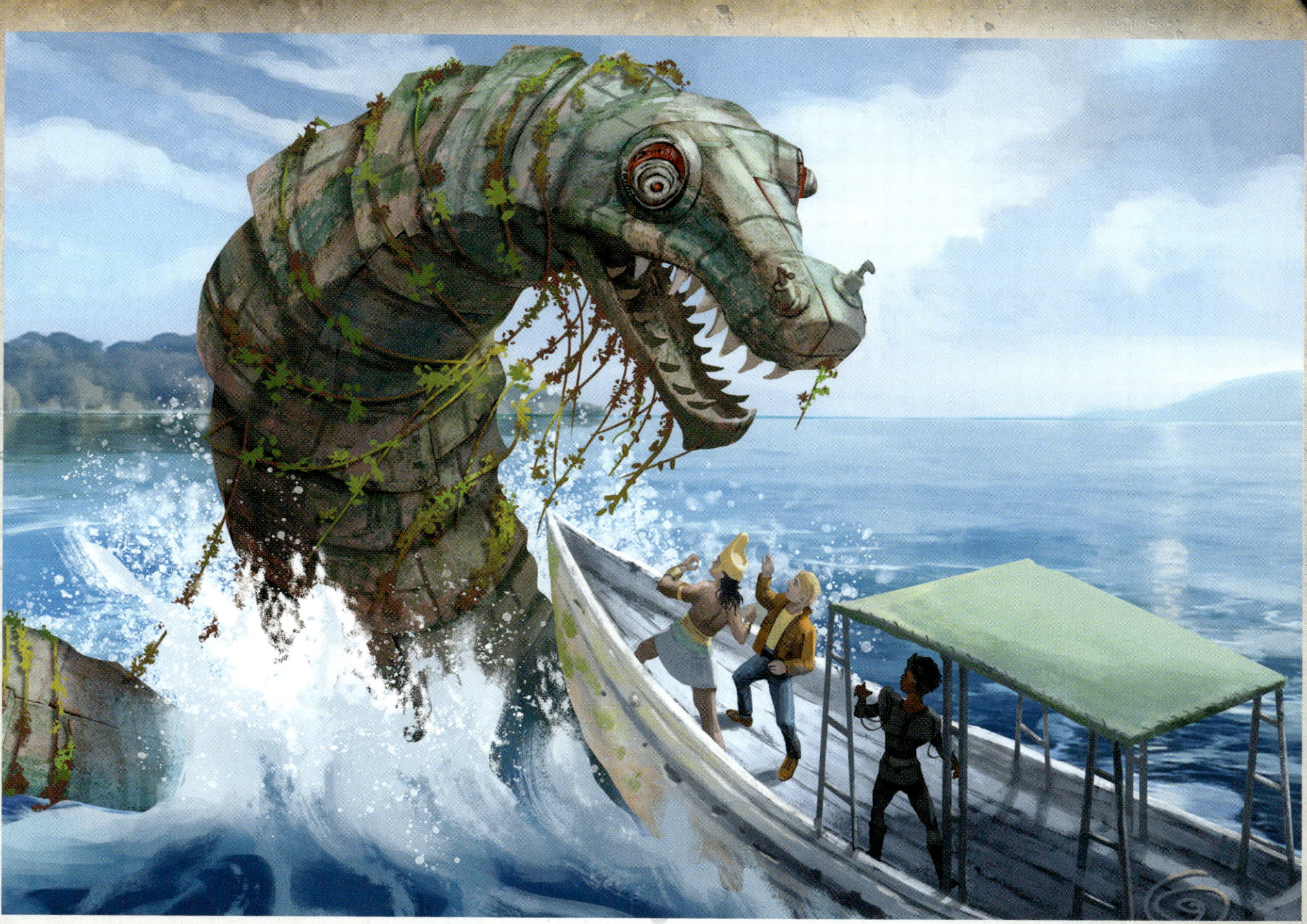

Ein größeres Boot stellt nicht die Lösung der Probleme auf dem Victoriasee dar.

die Aura Atens überwinden kann. Sie orientieren sich in Port Bell, finden Verbindungen zur Fabrik von Möbius, die auf einer Insel im Victoriasee liegt, und bekommen es mit einem großen Gefängnisausbruch zu tun.

DER WEG DORTHIN

Es gibt mehrere Möglichkeiten, wie die Storm Knights nach Port Bell reisen könnten.

- **Luftweg:** Wenn die Gruppe über ein Flugzeug verfügt (oder eine *Verbindung*), könnten sie mit einem Wasserflugzeug zum Victoriasee fliegen, landen und dort am Hafen anlegen, ohne die imperialen Streitkräfte zu alarmieren. Es gibt auch einen kleinen kommerziellen Flughafen mit privaten Hangars. Eine besonders unauffällige Anreisemethode besteht darin, den sogenannten Nil-Express zu verwenden. Dabei handelt es sich um ein großes Wasserflugzeug für Passagiere, das zwischen dem Victoriasee und dem Nil direkt außerhalb von Kairo verkehrt. So wie bei einer Reise mit dem Zug werden die Papiere der Reisenden nur überprüft, wenn diese ihre Tickets kaufen, aber nicht beim Einsteigen und Aussteigen.
- **Auto:** Es ist eine lange, staubige und gefährliche Reise mit dem Auto nach Uganda. Doch das heißt nicht, dass man sie nicht bewerkstelligen könnte. Es gibt entlang der Straßen nach Uganda praktisch keine Wachposten oder Checkpoints.
- **Schiff:** Es ist möglich, eine Route durch das Gebiet der Zentralerde zu nehmen und dann von Süden zu kommen. Aufgrund der Realitätsstürme und der Angriffe des Seemonsters (siehe Seite 85) verkehren auf dem Victoriasee keine Fähren mehr, doch ein einfallsreiches Team könnte ein kleines Schiff kaufen, das zu einer derartigen Reise fähig ist (Wert 22) und es selbst mit entsprechenden Proben auf *Wasserfahrzeuge* lenken. Bei einem Fehlschlag kommt es zu einer Begegnung mit einem Realitätssturm oder die Gruppe trifft auf Sturmsoldaten, die an der Küste oder bei den Docks patrouillieren, wo sie anlegen wollen.
- **Zug:** Die Veränderung im Tech-Axiom hat zu einer starken Wiederbelebung der Zugreisen im Gebiet des jetzigen Nil-Imperiums gesorgt. Das Imperium unterhält das Schienennetzwerk und legt auch ständig neue Schienen, um auf diesem Weg große Mengen von Truppen und Material kreuz und quer im Imperium verlagern zu können. So ist beispielsweise eine Passagierverbindung von Kairo nach Kampala

verfügbar. Dort kann man dann umsteigen und nach Port Bell weiterreisen. Die Passagiere müssen sich ausweisen, wenn sie ihre Tickets kaufen, werden aber weder beim Einsteigen noch beim Aussteigen genauer kontrolliert, außer es kommt zu irgendeinem Zwischenfall im Zug, der das Aufsehen des Imperiums erregt. Die entsprechenden Dokumente, um die Tickets erwerben zu können, können leicht vom Delphi-Rat zur Verfügung gestellt werden. Es gibt noch eine weitere Zugstrecke, die eine Direktverbindung nach Theben darstellt, aber auf diesen Zügen sind nur Vorräte und imperiale Soldaten gestattet … und blinde Passagiere.

DIE ÖRTLICHEN SEHENSWÜRDIGKEITEN

Während sich die Storm Knights mit der Gegend vertraut machen, solltest du ihnen für jeden Schauplatz eine Probe auf *Gassenwissen* gestatten. Wenn jemand die Sprache Suaheli beherrscht, erhalten sie einen Bonus von +4 auf diese Proben. Auch bei einem Fehlschlag kann man den entsprechenden Schauplatz mit ein wenig Nachforschung erkunden. Der Grad des Erfolgs bestimmt hauptsächlich, wie viel man sofort über die jeweiligen Schauplätze in Erfahrung bringt.

- **Chemiefabrik Isis:** In dieser gigantischen Anlage wurde früher der Großteil der Medikamente für die Gegend hergestellt. Nach der Axiomswelle wurde sie von den imperialen Streitkräften übernommen. Dadurch haben sich nicht nur die Besitzer, sondern auch der Verwendungszweck geändert. Bei einem Erfolg auf *Gassenwissen* findet man heraus, dass die Fabrik von 20 Elite-Sturmsolaten (siehe Seite 108) bewacht wird. Bei einem Guten Erfolg hört man Gerüchte, dass die Fabrik giftige Waffenkomponenten herstellt und sie mit der Eisenbahn nach Norden verschifft. Bei einem Hervorragenden Erfolg finden unsere einfallsreichen Heden heraus, dass eine Gruppe namens Retribution League in der Gegend aufgetaucht ist, und die Fabrik zu ihrer Operationsbasis gemacht hat.
- **Die Kasubi-Königsgräber:** Bei den Königsgräbern handelt es sich um einen mittelgroßen Fixpunkt in der Gegend (siehe **Lukwata schlägt zu**, Seite 83), die die Grabstätten der Bugandakönige umgeben. Das Nil-Imperium ist bisher noch nicht entschlossen gegen die Stätte vorgegangen, weil dies sicherlich örtliche Aufstände und Rebellionen auslösen würde. Im Gegenzug benutzt der Delphi-Rat die Stätte kaum, um nicht die Aufmerksamkeit des Nils darauf zu lenken. Storm Knights dürfen sie natürlich in einem Notfall verwenden. Meistens findet sie allerdings dafür Verwendung, um Norms der Zentralerde zu ermöglichen, sich wieder anzukoppeln.
- **Victoriasee:** Heruntergekommene Piers ermöglichen den Zugang zum See und stellen Anlegestellen dar. Große Frachtschiffe mit der Flagge des Nil-Imperiums legen an einem gut erhaltenen und schwer bewachten Pier an und ab. Außerdem gibt es überall Gerüchte darüber, dass ein örtliches Seemonster namens Lukwata aufgetaucht ist und Boote auf dem See heimsucht. Mit einem Standarderfolg auf *Gassenwissen* findet man heraus, dass die Fischer noch immer zahlreiche der Docks benutzen. Es findet allerdings kein Fährenverkehr mehr über den See statt. Mit einem Guten Erfolg findet man heraus, dass der Großteil der imperialen Schiffe zur Insel Bubeke (siehe Szene 4) unterwegs ist oder von dort kommt. Mit einem Hervorragenden Erfolg findet man Flüchtlinge, die sich in der Nähe der Docks verbergen. Sie warten auf eine geheime Fähre, die heute Nacht eintreffen soll und mit der der Großteil von ihnen zur Zentralerde fliehen will.
- **Luzira Hochsicherheitsgefängnis:** Hierbei handelt es sich um das größte Gefängnis in Uganda. Es ist eine Anlage, die von einer hohen Mauer umlaufen wird und nun vom Imperium betrieben wird. Das Imperium scheint effektiv nur daran interessiert zu sein, politische Gefangene hier einzukerkern. Mit einem Standarderfolg auf *Gassenwissen* findet man heraus, dass es getrennte Anlagen für männliche und weibliche Gefangene gibt. Mit einem Guten Erfolg findet man heraus, dass hier auch Superschurken und Gefangene, die auf ihren Tod warten, eingesperrt sind und mit einem Hervorragenden Erfolg erhalten die Helden den Tipp, dass der so genannte Snake King demnächst einen Angriff auf das Gefängnis plant.
- **Bahnhof:** Die Anlage, in der Passagiere die Züge besteigen und verlassen, wird relativ schwach bewacht. Doch ein Großteil davon ist abgezäunt und wird stärker bewacht. Bei einem Standarderfolg auf *Gassenwissen* findet man heraus, dass es momentan starke Aktivitäten am Bahnhof gibt. Es werden große Mengen an Vorräten hierher geliefert. Mit einem Guten Erfolg findet man heraus, dass diese Frachtlieferungen hauptsächlich mit dem Hafen zu tun haben und mit Schiffen, die zur Insel Bubeke unterwegs sind (siehe **Showdown auf Bubeke**, Seite 87): Mit einem Hervorragen Erfolg findet man außerdem heraus, dass die Frachtlieferungen nach Bubeke vor einem Monat sogar noch größer gewesen sind und dann nachgelassen haben. Dieser Zeitpunkt stimmt wohl mit jenem Zeitpunkt überein, zu dem der Mandjet fertig gestellt wurde und gestartet ist.

DER GEFÄNGNISAUSBRUCH

Sobald sich die Storm Knights ausreichend mit der Gegend vertraut gemacht haben oder sobald sie Gerüchte vom bevorstehenden Gefängnisausbruch gehört haben, kommt es auch tatsächlich dazu. Man hört Explosionen und das Geheul von Sirenen. Imperiale Truppentransporter rasen nach Osten und Sturmsoldaten in den Straßen erteilen der Bevölkerung schroff Befehle, dass sie sich gefälligst in ihre Häuser zurückziehen und diese nicht verlassen sollen.

Der örtliche Schurke Snake King ist für einen groß angelegten Gefängnisausbruch im Luzira Hochsicherheitsgefängnis verantwortlich. Sein Hauptziel besteht darin, die Gefangenen aus dem Todestrakt zu befreien, weil er hofft, auf diese Weise die schlimmsten Schurken und Verbrecher für seine Bande zu rekrutieren. Im Gefängnis tobt ein Aufstand im großen Maßstab, und die Sturmsoldaten haben alle Hände voll zu tun, die Situation irgendwie unter Kontrolle zu halten. Für Snake King arbeiten bereits jetzt fast ein Dutzend hartgesottener Verbrecher, und wenn die Helden nicht einschreiten, wird sich ihre Zahl zumindest verdoppeln.

Wenn die Gruppe aus irgendeinem Grund überhaupt kein Interesse daran zeigt, hinter den Sturmsoldaten her zu eilen oder sich gleich selbst ein Fahrzeug zu beschaffen und zum Ort des Geschehens zu brausen, treffen sie auf Flüchtlinge, die versuchen, einen sicheren Unterschlupf in Port Bell zu finden. Sie prahlen laut damit, welche schreckliche Verbrechen sie begehen werden, jetzt da sie frei sind. Manche nehmen sich Geiseln und andere versuchen bereits jetzt, Leute zu terrorisieren, auf die sie unterwegs treffen. Dazu zählen auch die Storm Knights.

- **Snake King:** siehe unten
- **Hartgesottene Verbrecher:** 2 je Storm Knight, siehe Seite 80

Rückschläge und Hindernisse

- Ein Aaki-Transportfahrzeug (siehe Seite 110) trifft mit zwei Sturmsoldaten je Held ein (siehe Seite 109). Das Fahrzeug ist mit einem Kocha-Maschinengewehr ausgestattet (Schaden 14, Langer Feuerstoß), das auf seiner Oberseite montiert ist. Die Truppen schießen wahllos auf Gefangene, auch wenn es sich bei einigen von ihnen vielleicht nur um unschuldige, politische Gefangene handelt.
- Es gibt Kinder im Gefängnis, die zu den eingesperrten Frauen gehören. Sie sitzen in einem beschädigten Gebäude fest, und dieses sieht so aus, als könnte es jeden Augenblick zusammenfallen. Um sie alle zu retten, ist eine Dramatische Probenabwicklung mit vier Schritten erforderlich, bei denen auf *Geschicklichkeit* gewürfelt wird.
- Weitere Gefangene versammeln sich um Snake King. Zwei weitere Hartgesottene Verbrecher je Storm Knight stürzen sich in den Kampf. Die Hälfte von ihnen ist unbewaffnet, und die andere Hälfte hat sich mit improvisierten Keulen ausgerüstet (Schaden Stärke +2, der Angreifer wird bei einem gescheiterten Angriff Verwundbar).
- Eines oder mehrere Mitglieder der Retribution League treffen ein. Diese Schurken sind vom Größenwahn von Snake King beeindruckt, und falls er besiegt wird, rekrutieren sie ihn vielleicht für ihre Organisation.

Konsequenzen

Wenn die Helden den Snake King nicht aufhalten, terrorisiert er die Stadt. Solange der Schurke nicht gefangen genommen wurde, werden alle Proben auf *Gassenwissen* und *Überreden* mit einem Malus von –4 ausgeführt. Das Chaos, das er sät, sorgt dafür, dass potenzielle Informanten abtauchen, und die zahlreichen Raubüberfälle, die er und seine Bande verursachen, sorgen dafür, dass Ausrüstung schwerer zu kaufen oder zu beschaffen ist. Vielleicht finden die Helden Verbindungen oder neue Verbündete in den Reihen der geflohenen Gefangenen. Das gilt vor allem dann, wenn sie sich Mühe geben, die harmloseren Gefangenen gegen die Sturmsoldaten zu unterstützen und nicht die Hartgesottenen Verbrecher aus dem Todestrakt. Wenn die Gruppe bei all diesen Geschehnissen nicht sehr vorsichtig ist, beziehungsweise irgendwie ihre Identität verschleiert, wird das Nil-Imperium darauf aufmerksam, dass sich Storm Knights in der Gegend aufhalten und alle Truppen befinden sich in hoher Alarmbereitschaft. (Daher erleiden die Helden –2 auf alle Proben auf *Heimlichkeit*, wenn sie in einen Bereich schleichen wollen, der vom Nil-Imperium bewacht wird. Das gilt auch auf alle *Überreden*-Proben, um Sturmsoldaten zu bluffen.)

Snake King

Bwanbale Bagiire war nur ein Kleinkrimineller mit großen Ambitionen, der seinen Arm verlor, als er sich mit dem falschen Unterweltboss angelegt hat. Während der Invasion des Nil-Imperiums

SNAKE KING

nutzte er das Chaos und rächte sich erfolgreich. Dann fiel er aber dummerweise in eine Schlangengrube, die sein Widersacher in seinem Hauptquartier hatte, um darin Exempel zu statuieren. Bwanbale wurde Dutzende Male gebissen, und durch die seltsame Giftmischung wurde er in den Pulp-Schurken verwandelt, der jetzt als Snake King bekannt ist.

Snake King verfügt über gelbe geschlitzte Augen und seine Haut ist mit Schlangenschuppen überzogen. Eine gigantische Schlange wächst aus dem Stumpf, bei dem es sich einst um seinen rechten Arm gehandelt hat. Er trägt in Alltagssituationen Roben mit langen Ärmeln, um die Kreatur zu verbergen. Er kann das Maul der Schlange nutzen, um Gegenstände zu halten oder zu manipulieren. Er hält sie jedoch normalerweise so lange verborgen, bis der Zeitpunkt gekommen ist, sie als Geheimwaffe einzusetzen.

Zitat: „Die Legenden werden von meiner Schreckensherrschaft erzählen! Jetzt blickt mir in die Augen und gehorcht!"

Attribute: Charisma 7, Geschicklichkeit 9, Verstand 7, Geist 10, Stärke 10

Fertigkeiten: Ausweichen 12, Einschüchtern 12, Gassenwissen 9, Heimlichkeit 10, Manövrieren 10, Realität 12, Tricksen 8, Überreden 10, Verspotten 9, Waffenloser Kampf 14

Bewegung: 9; **Robustheit:** 10; **Schock:** 10; **Wunden:** 3

Ausrüstung: –

Vorzüge: Gedankenkontrolle (muss Augenkontakt haben, kein +2 auf den Versuch, sich der Gedankenkontrolle zu widersetzen)

Möglichkeiten: 3

Spezielle Fähigkeiten:

- **Schlangenangriff:** *Stärke* +2/12 Schaden, 3 Meter Reichweite
  Wenn der Snake King seinen Schlangenangriff erstmals in einem Kampf einsetzt, ist er Begünstigt.

HARTGESOTTENER VERBRECHER

Diese abgehärteten Verbrecher haben unaussprechliche Gräueltaten begangen. Statt Reue zu zeigen, schärfen sie ihre Kraft und Fähigkeiten im Gefängnis nur noch weiter. Sie hoffen darauf, eines Tages ausbrechen zu können und erneut Tod und Chaos zu säen.

Attribute: Charisma 6, Geschicklichkeit 8, Verstand 7, Geist 7, Stärke 9

Fertigkeiten: Ausweichen 10, Einschüchtern 9, Feuerwaffen 9, Gassenwissen 8, Heimlichkeit 10, Nahkampfwaffen 10, Schlösserknacken 10, Tricksen 7, Verspotten 7, Waffenloser Kampf 10

Bewegung: 8; **Robustheit:** 9; **Schock:** 7; **Wunden:** –

Ausrüstung: KK08 Pistole (Schaden 13), Messer (*Stärke* +1/10 Schaden)

Vorzüge: –

Möglichkeiten: nie

Spezielle Fähigkeiten: –

„TRAU NIEMALS EINEM MANN MIT EINER SCHLANGE ALS ARM."
– THOMAS BROWNSTONE

SZENE 2: KÖNIGE GANDAS

Standardszene. Relativ knapp nach dem Gefängnisausbruch wird die Gruppe von Akiki Lwanga (siehe Seite 82) kontaktiert. Sie bedankt sich bei den Helden für ihre Hilfe. Dann stellt sie sich als der örtliche Kontakt des Delphi-Rats vor und informiert sie darüber, dass sie einen Auftrag für sie hat, der vom stellvertretenden Direktor Ken Nakatomi persönlich abgesegnet wurde. Sie verspricht ihnen, sie bei ihrem Haupteinsatz zu unterstützen, doch momentan ist es von enormer Bedeutung, dass sie dabei helfen, einen örtlichen Fixpunkt zu verteidigen.

EINSATZBESPRECHUNG

Bei dem Einsatz geht es um die Kasubi-Königsgräber. Diese stellen einen Fixpunkt der Zentralerde dar, der an vier Gräbern der Könige von Buganda verankert ist. Das Königreich existierte, manchmal legal und manchmal illegal, in Uganda, bevor dieses vom Nil-Imperium erobert wurde. Jetzt wird die Regierung natürlich von Möbius und seinen Schergen dominiert, aber die Clans von Buganda existieren noch immer und unterstützen den Delphi-Rat im Kampf gegen die Invasoren.

Die Gräber sind eine Ausstellungsstätte und groß genug, dass dort geheime Treffen zwischen Agenten des Delphi-Rats stattfinden können, beziehungsweise sich dort Personen lange genug aufhalten können, damit sie wieder an die Realität der Zentralerde ankoppeln können, falls sie sich bei einem Einsatz im Nil-Imperium entkoppelt haben. Vor Jahren wurde der Ort von einem Feuer verwüstet, aber durch großzügige Spenden der Kanawa Corporation wiederhergestellt. Während Nakatomi diese seltsame Verbindung untersuchte, stieß er auf einen Plan Pan Pacificas, den Fixpunkt nunmehr zu zerstören und einen Aufstand der Bugandaclans anzuzetteln. Auf diesem Weg würde das Reich sowohl den Delphi-Rat als auch Pharao Möbius beeinträchtigen und behindern.

Deswegen wurde ein Pulp-Schurke namens The Charsonist angeheuert. Dieser sollte einen Mob Übeltäter aufhetzen, um den Standort niederzubrennen und zu plündern. Akiki hat bereits in Erfahrung gebracht, dass der Schurke Stimmung gegen die Buganda macht, indem er auf religiöse und ethnische Unterschiede anspielt, und wenn das scheitert, setzt er einfach auf die Gier seiner neu angeworbenen Schergen. Sie ist davon überzeugt, dass der Angriff kurz bevorsteht und dass die Helden daher möglichst rasch zum Fixpunkt eilen müssen. Sie verspricht ihnen, ihre Fragen unterwegs zu beantworten oder spätestens dann, wenn die Situation geklärt wurde.

DIE GRABMÄLER

Das ganze Gebiet ist eine Dominante Zone der Zentralerde. Die Umgebung ist ländlich, doch der Schauplatz selbst befindet sich in einem heiligen Wald und ist von einer Mauer umgeben. Die Anlage besteht aus einer Mischung aus uralten und modernen Gebäuden. Hier befinden sich auch Büros und Museumsgebäude, von denen aus man Zugang zu den Grabstätten hat.

Zu dem Zeitpunkt, an dem die Gruppe zu den Königsgräbern geführt wird, hat sich bereits ein Mob an dem Ort versammelt, und mehrere Gebäude haben zu brennen begonnen. Die Beschützer müssen rasch handeln, um die Situation noch zu retten. Dies wird mittels zweier Dramatischer Probenabwicklungen gehandhabt, die gleichzeitig stattfinden. Eine davon dient dazu, die Menge zu zerstreuen, und die andere dient dazu, die Feuer zu löschen. Die zwei Aufgaben sind miteinander verbunden, und gescheiterte Dilemmas bei einer Probenabwicklung betreffen auch die andere Probenabwicklung. Ein paar besonders hartgesottene Anarchisten bereiten den Storm Knights direkten Ärger.

- **Hartgesottene Verbrecher:** 2 je Storm Knight, siehe Seite 80. Jeder dieser Verbrecher ist mit einer Benzinbombe (Schaden 14, Kleine Explosion) und einem Messer (Schaden Str +1/10) bewaffnet.

DIE MENSCHENMENGE BESÄNFTIGEN

Die vier Schritte sind jeweils eine Anspruchsvolle (MW 12) *Überreden*-Probe. Ein Held, der aus irgendeinem Grund furchteinflößend wirkt, kann stattdessen auf *Einschüchtern* mit einem Malus von –2 würfeln. Scheitert man allerdings bei derartigen Einschüchterungsversuchen, wird die Menge nur noch entschlossener und verbitterter, und alle weiteren Proben erleiden einen Malus von –2. Wenn die Dramatische Probenabwicklung

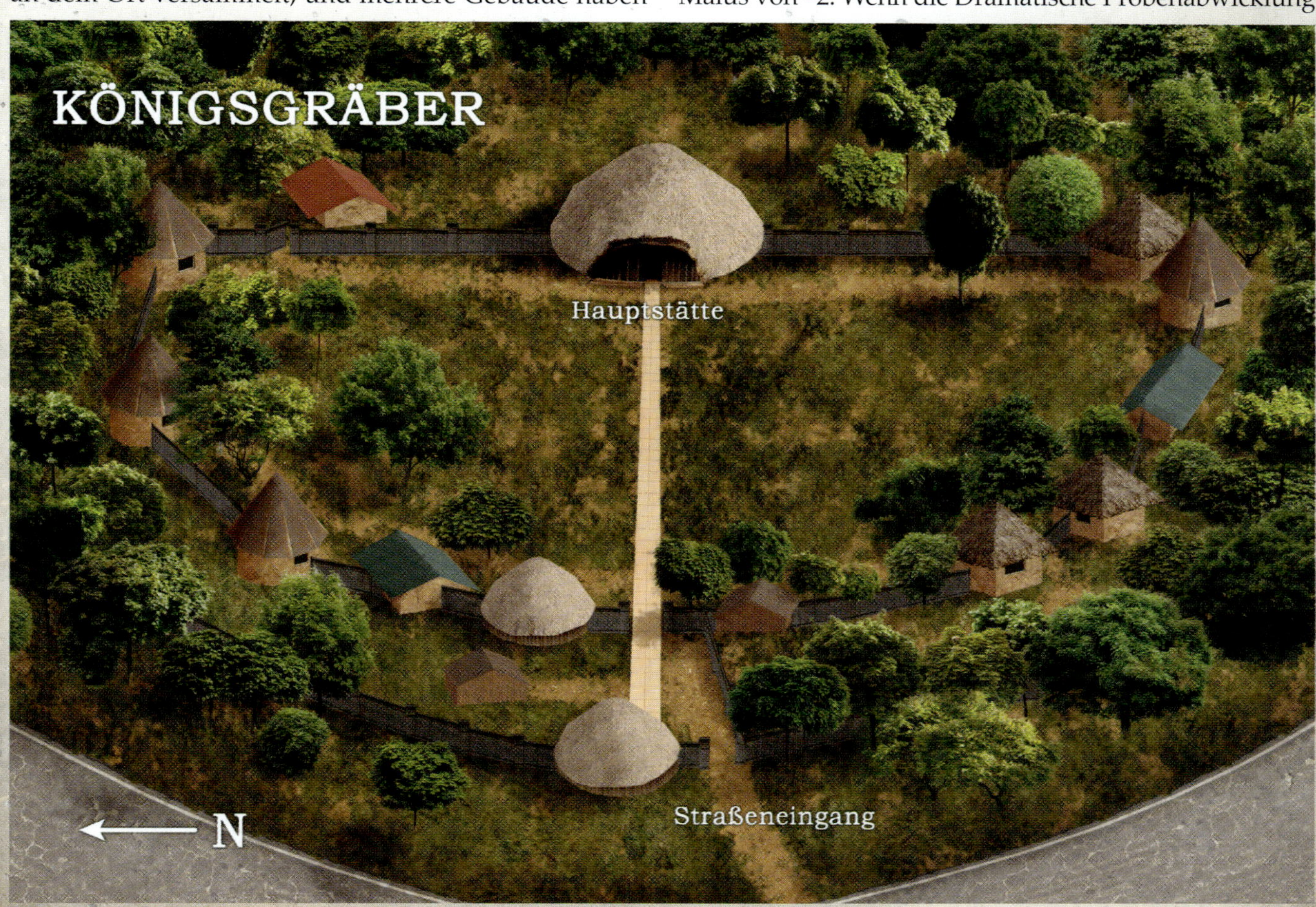

erfolgreich ist, zerstreut sich die Menge. Dies verhindert weitere Versuche, Gebäude in Brand zu stecken oder zu plündern. Außerdem wendet sich die Menge gegen The Charsonist, wodurch der Schurke und seine Schergen den Storm Knights gegenüber enthüllt werden. Wenn die Dramatische Probenabwicklung nicht spätestens in der fünften Runde abgeschlossen wird, verbreitet sich das Chaos in Kampala so weit, dass The Charsonist erfolgreich fliehen kann. Wenn man Suaheli oder Bantu spricht, erhält man auf diese Proben einen Bonus von +2.

DAS FEUER BEKÄMPFEN

Jeder der vier Schritte bei dieser Probenabwicklung ist eine Standard (MW 10) *Verstand*-Probe. Es handelt sich dabei um so Dinge wie das Organisieren einer Eimerkette, das Feuer an der Quelle bekämpfen, Feuerschneisen ausheben, um die Ausbreitung zu verhindern und so weiter. Mit einem entsprechenden *Beruf* wie beispielsweise Ingenieur kann man auch auf diese Fertigkeit würfeln (das entscheidet die SL). Sobald diese Dramatische Probenabwicklung beendet ist, ist die Stätte nicht länger in Gefahr. Wenn die Probenabwicklung nicht spätestens in der Fünften Runde abgeschlossen ist, erleidet der Fixpunkt so viel Schaden, dass er in sich zusammenbricht und das Gebiet wieder zu einer Dominanten Zone des Nil-Imperiums wird.

Hindernisse

- Die spirituelle Wächterin des Grabes und ihr Stellvertreter werden von den Flammen eingeschlossen und müssen gerettet werden, bevor sie darin verbrennen.
- Die intensive Auseinandersetzung löst einen ungewöhnlichen Realitätssturm aus, der über den ganzen Fixpunkt brandet.
- Imperiale Truppen treffen ein und beginnen wahllos auf beide Seiten zu schießen.
- Akiki wird von einer blutrünstigen Menge umstellt, und wenn man sie nicht rasch rettet, könnte sie schwer verletzt werden.

Konsequenzen

Wenn sich die Storm Knights bereit erklären, zu helfen, erzählt ihnen Akiki anschließend alle Details über die wichtigen Schauplätze in der Region, die ihnen vielleicht während Szene 1 entgangen sind. Dann macht sie sie mit einem vertrauenswürdigen Kapitän eines Fischerboots in Port Bell bekannt. Ein derartiges Fahrzeug kann den Hafen verlassen und auch wieder dort anlegen, ohne große Aufmerksamkeit zu erregen, und sie meint, dass sie mit seiner Hilfe die Insel Bubeke relativ problemlos erreichen können. Wenn es den Storm Knights gelungen ist, die Menschenmenge zu zerstreuen, erringen sie einen guten Ruf bei der örtlichen Bevölkerung. Diese verbreiten widersprüchliche Gerüchte über sie bei den imperialen Soldaten und geben falsche Auskünfte, wenn man sie über den Aufenthaltsort der Storm Knights befragt. Dadurch können sie die Verfolgung von imperialen Truppen leichter abschütteln. Wenn der Fixpunkt diese Szene übersteht, bleibt er intakt. Das Nil-Imperium macht sich keine großen Sorgen um den Ort, und scheinbar empfindet man dort einen seltsamen Respekt für die Grabmäler, obwohl sie aus einer anderen Kultur stammen. Wenn das Nil-Imperium Gerüchte erreichen, dass Pan Pacifica hinter all dem Ärger gesteckt hat, steigen die Spannungen zwischen den beiden Cosms.

Da sich diese Auseinandersetzung in einem Gebiet der Zentralerde zuträgt, gilt das Gesetz des Ruhmes, wodurch die Storm Knights eine verbesserte Chance haben, ein Ruhmresultat zu erzielen. Die Neuigkeiten verbreiten sich dann wie ein Lauffeuer bei der Bevölkerung und verschaffen ihnen einen Vorteil für den Rest dieses Akts.

AKIKI LWANGA

Akiki ist in Kampala aufgewachsen und hat dort ihre Ausbildung beendet. Sie hatte den Plan, Ziviltechnikerin zu werden. Sie kennt alle lokalen Sprachen und eine erstaunliche Anzahl von Personen aus allen Gesellschaftsschichten mit den unterschiedlichsten Berufen. Sie ist sehr ernst und gibt sich optimistisch, höflich und offen. Sie ist überall beliebt, aber zu vertrauensselig, wodurch sie manchmal in unerwartete Gefahren gerät.

Zitat: „Brücken zu erbauen ist wesentlich schwieriger, als sie abzureißen."

THE CHARSONIST

Charles Le Force war schon immer von Feuer und Zerstörung besessen. Zuerst brannte er Gebäude nur so zum Spaß nieder, aber später kam er auf die Idee, dass er auch gleich davon profitieren könnte. Er floh aus seiner Heimat Frankreich, nachdem ihn das Gesetz fast gestellt hätte. Er kam nach Afrika, weil er von der Invasion des Nil-Imperiums gehört hatte, und zwar in der Hoffnung, dass er vielleicht selbst zum Super-Schurken transformiert werden würde. Er fand die Armschienen Sachmets, die Feuer verschießen können, und gab sich den Namen The Charsonist. Charles ist kein Feigling, aber er vermeidet lieber den direkten Konflikt. Er lässt lieber die brüllenden und tobenden Feuer die Arbeit für ihn erledigen.

Zitat: „Ja, ich bin dieser Typ. Der Typ, der einfach nur die Welt niederbrennen möchte."

Attribute: Charisma 8, Geschicklichkeit 10, Verstand 7, Geist 8, Stärke 8

Fertigkeiten: Ausweichen 12, Einschüchtern 9, Energiewaffen 12, Feuerwaffen 12, Gassenwissen 9, Heimlichkeit 11, Manövrieren 10, Überreden 10, Verspotten 10, Waffenloser Kampf 11, Wissenschaft 8

Bewegung: 10; **Robustheit:** 9 (2); **Schock:** 8; **Wunden:** 3

Ausrüstung: Maske (Rüstung +2)

Vorzüge: Hitzestrahl (BBQ, Feuer, Schaden 15, Reichweite 10/20/40, Kleine Explosion)

Möglichkeiten: 3

Spezielle Fähigkeiten: –

SZENE 3: LUKWATA SCHLÄGT ZU

Standardszene. Akiki bringt die Helden zu den Piers von Port Bell, wo sie auf Kapitän Mukisa treffen. Er hat ein Fischerboot, das sie zur Insel Bubeke bringen kann, ohne dabei Aufsehen zu erregen. Wenn Szene Zwei schlecht ausgegangen ist, ist Akiki nicht mehr dazu bereit oder in der Lage, den Helden zu helfen. Sie müssen dann selbst ein Boot finden. Wenn sie die Gunst der örtlichen Bevölkerung erlangt haben, werden sie vertrauenswürdige Kontaktpersonen mit Mukisa in Kontakt bringen. Wenn nicht, dann stellt sich Mukisa als der einzige Kapitän heraus, der verzweifelt genug ist, um ihnen zu helfen. Es ist auch möglich, sein Boot, die Bahati, oder ein vergleichbares Boot zu stehlen und die Überfahrt alleine zu wagen.

DIE BAHATI

Das Boot von Mukisa ist ein schmuckloses, aber sehr zuverlässiges Boot. Es gibt keine geschlossenen Aufbauten, aber eine Zeltplane, die mit Pfosten aufgespannt ist. Das Boot befindet sich in einem mäßigen Zustand, aber der Antrieb scheint einwandfrei zu funktionieren. Mukisa wirkt heruntergekommen und wie ein Mann, der eine schwere Zeit durchgemacht hat. Er beschwert sich, dass die Fischerei in letzter Zeit nicht sehr einträglich ist, da Lukwata sich immer näher am Ufer herumtreibt. Das Boot bietet 10 Personen Platz, doch in letzter Zeit ist der Kapitän immer nur allein auf Fischzug gegangen.

KAPITÄN MUKISA

Der gute Kapitän ist in seinen späten 50ern. Er hat eine Augenklappe durch einen Gaffelunfall, und er findet Piratenwitze, die sich auf seine Augenklappe beziehen, nicht besonders witzig. An seiner linken Hand fehlen ihm zwei Finger, die er bei einem anderen Zwischenfall eingebüßt hat. Er wirkt ausgezehrt und erschöpft, weil er das große Boot in letzter Zeit immer ganz allein betreiben musste.

Zitat: „Das war ja mal ein Glück."

VICTORIASEE

Der See ist gigantisch und man gewinnt fast schon den Eindruck, auf dem Meer zu sein, wenn man ihn befährt. Rund um die Anlegestellen bei Port Bell ist das Wasser ruhig, aber in der Ferne kann man ständig Blitze sehen. Kapitän Mukisa schlägt vor, in der Nacht aufzubrechen, damit man sie nicht vom Ufer aus bemerkt. Es ist jedoch auch möglich, untertags aufzubrechen, vor allem, wenn sich die Storm Knights ein wenig verkleiden und so tun, als ob es sich bei ihnen um eine Mannschaft von Fischern handelt. Sich als Touristen auszugeben ist angesichts der Geschehnisse in der Region und auf der ganzen Welt keine wirklich brauchbare Tarnung.

Kurz nachdem sie abgelegt haben, sehen sie die verrosteten Überreste von mehreren gesunkenen Fähren und Frachtschiffen. Das Wasser ist hier noch recht flach und die verrosteten Rümpfe stehen aus dem Wasser hervor. Sie tragen eine Reihe von Einschusslöchern, und knapp unter der Wasseroberfläche erkennt man klaffende Löcher im Rumpf. Es sieht aus, als ob sie von Torpedos getroffen worden wären, oder vielleicht hat das ja mit der Kreatur zu tun, die hier Fahrzeuge angreifen soll.

Sobald man sich vom Ufer entfernt, wird der See zusehends aufgewühlter. Jeder Charakter sollte eine Einfache (MW 8) Probe auf *Wasserfahrzeuge* ablegen, oder er geht kurz über Bord und wird dann wieder aus dem Wasser gefischt. Dadurch besteht keine Gefahr, außer vielleicht, dass der Stolz des betreffenden Storm Knights etwas verletzt wird. Charaktere die einen Guten oder Hervorragenden Erfolg erzielen, werden vom Kapitän gelobt. Wenn die Charaktere nicht Mukisa angeheuert haben, sondern selbst das Schiff lenken, müssen sie stattdessen eine Schwere (MW 14) Probe auf *Wasserfahrzeuge* ablegen. Wenn sie scheitern, erregen sie das Misstrauen eines patrouillierenden Paket Kampfjets (siehe Seite 94) und werden von ihm angegriffen!

DIE FÄHRE

Während der Reise fällt den Charakteren eine große Fähre auf, die sich entlang des Ufers einer der Inseln im See schleicht. Aufmerksame Spieler werden sicher daran denken, dass es ja eigentlich keinen Fährbetrieb mehr auf dem See gibt. Diese hier macht ab und zu illegale Fahrten nach Tansania, das noch immer von der Zentralerde gehalten wird. Wenn sie nicht selbst auf diese Idee kommen, weist sie Kapitän Mukisa darauf hin. Vermutlich kommt es in der Nacht zu dieser Begegnung, und die Fähre ist nicht beleuchtet. Sie ist wie eine dunkle Silhouette in der Dunkelheit, und nur ein paar Blendlaternen leuchten rot.

Plötzlich kann man ein Brüllen und das Geräusch von berstendem Metall hören. Die Lichter auf der Fähre beginnen zu flackern. Ein weiterer Schatten wird sichtbar. Er ist so groß wie das Schiff selbst. Der lange Hals der Gestalt hat sich um das Schiff geschlungen, und sein Kiefer hat sich in den Schornstein verbissen. Verzweifelte Schreie von den Flüchtlingen hallen zu den Storm Knights hinüber. Auf sie wartet ein nasses Grab, falls die Helden nicht rasch eingreifen.

Mukisa bringt sein Boot rasch näher zur Fähre. Alle Charaktere müssen gegen Angst würfeln. Dann können sie *Finden*-Proben ablegen, um mehr über die Situation zu erfahren. Bei einem Erfolg bemerken sie Leute auf dem Deck und im Wasser rund um die Kreatur und stellen sie fest, dass die Kreatur von Seetang bewachsen ist. Außerdem sieht sie ungefähr so aus wie ein Plesiosaurier.

Bei einem Guten Erfolg erkennen sie, dass die Angriffe der Kreatur so klingen wie Metall, das an Metall schabt. An manchen Teilen kann man einen Blick durch die Vegetation erhaschen und erkennt Nieten und Metallplatten. Lukwata ist eine Maschine. Mit einem Hervorragenden Resultat erkennt man, dass die Situation noch ein wenig komplizierter ist. Große Brocken Seetang erheben sich immer wieder von der Kreatur und greifen die Flüchtlinge scheinbar eigenständig an!

An Bord gelangen

Mukisa manövriert das Boot so, dass die Helden jenen helfen können, die ins Wasser gefallen sind. Die Fähre hat bereits schwere Schlagseite, und ein paar Rettungsboote sind bereits im Wasser. Ein Held der auf irgendeine Weise fliegen kann, gelangt mühelos an Deck des anderen Schiffs. Jeder andere kann mit einer Anspruchsvollen (MW 12) *Geschicklichkeits*-Probe an Bord springen (wobei er sozusagen den Weg über mehrere Rettungsboote nimmt). Fertigkeitsstufen auf *Wasserfahrzeuge* kommen dabei zur Anwendung! Bei einem Fehlschlag stürzt der glücklose Retter selbst ins Wasser. Er kann mit einer Aktion zurück an Bord seines Bootes klettern und es dann erneut probieren. Wenn die Charaktere auf ihrem eigenen Boot bleiben und aus der Ferne angreifen, kannst du von einer Reichweite von 20 Metern ausgehen.

Heftiger Widerstand

Sobald es den Gegnern auffällt, dass jemand gekommen ist, um den Unschuldigen zu helfen, greifen die falschen humanoiden Seemonster diese an. Eine Luke im Kopf des großen Robotermonsters öffnet sich. Dort drinnen erscheint Iron Crocodile. Er ruft: „Endlich eine würdige Herausforderung!" Mit einem Sprung stürzt er sich in den Kampf.

- **Iron Crocodile:** siehe unten
- **Robo-Seemenschen:** 2 je Storm Knight, siehe Seite 85
- **Robo-Seemonster:** siehe Seite 85. Denk daran, dass das Seemonster von Wunder-Mind gelenkt wird (siehe Seite 86) und er für es Schaden wegstecken kann. Sobald das Monster allerdings eine Wunde erleidet, egal ob sie weggesteckt wurde oder nicht, taucht es unter. Es lässt die Robo-Seemenschen und Iron Crocodile zurück, die ab jetzt alleine kämpfen müssen.

Hindernisse

- **Stürme:** Der ferne Sturm ist gar nicht so fern. Blitze schlagen ein (siehe **Umweltgefahren**, *Torg Eternity*). Es fällt außerdem starker Regen (Deckung –2) und macht diese Rettungsoperation sogar noch schwieriger.
- **Raues Gewässer:** Die Wellen werden stärker und härter. Kleine Boote werden von den Wellen vor sich hergetrieben, und selbst die Fähre neigt sich gefährlich im Wasser. Jeder auf der Fähre muss in jeder Runde eine *Geschicklichkeits*-Probe ablegen (Fertigkeitsstufen auf *Wasserfahrzeuge* kommen zur Anwendung). Wer scheitert, ist in dieser Runde Angeschlagen. Die Probe wird mit –2 ausgeführt, während man sich auf einem der kleineren Boote oder im Wasser aufhält.
- **Die Retribution League:** Iron Crocodile ist nicht alleine hier. Er wird von einem aktiven Mitglied der Retribution League unterstützt! Dabei sollte es sich in diesem Fall nicht um Hooded Cobra selbst handeln, aber jedes andere Mitglied stellt eine Möglichkeit dar.
- **Sinkende Fähre:** Mit einem letzten Aufstöhnen des gequälten Metalls beginnt die Fähre endgültig zu sinken. In jeder Runde ist weniger Platz an Deck, und es befinden sich mehr Flüchtlinge im Wasser, die gerettet werden müssen. Der Großteil von ihnen kann aus eigener Kraft zu einer nahen Insel schwimmen, solange sie nicht von den Schurken direkt bedroht werden.
- **Krokodile:** Im Victoriasee gibt es Krokodile, die sich ins Geschehen einmischen könnten. Nur so als Hinweis, falls die Helden mit dem Sturm und der sinkenden Fähre noch nicht genügend Probleme am Hals haben.

Iron Crocodile

Iron Crocodile ist ein brutaler Schurke, der seine Kräfte durch einen Exo-Anzug der Verrückten Wissenschaft hat. Er arbeitet als Schläger für Wunder-Mind. Dieses verrückte Genie hat auch all die Verbesserungen an seinem Anzug vorgenommen. Wenn die Gruppe bereits gegen Iron Crocodile gekämpft und ihn besiegt hat, steckt jetzt einfach eine neue Person im gleichen Anzug.

Zitat: „Niemand verlässt das Nil-Imperium, außer der Boss gestattet es!"

Attribute: Charisma 8, Geschicklichkeit 8, Verstand 10, Geist 10, Stärke 15

Fertigkeiten: Einschüchtern 14, Feuerwaffen 12, Finden 12, Gassenwissen 10, Nahkampfwaffen 12, Realität 14, Schwere Waffen 12, Überlebenskunst 10, Verspotten 12, Wasserfahrzeuge 10, Willenskraft 11

Bewegung: 6; **Robustheit:** 19 (4); **Schock:** 10; **Wunden:** 3

Ausrüstung: Iron Crocodile Anzug (siehe spezielle Fähigkeiten, unten)

Vorzüge: Superstärke (Kraft), Rüstung

Möglichkeiten: 3

Spezielle Fähigkeiten:

- **Eisenbiss:** Schaden Stärke +4/19
- **Iron Crocodile Rüstung:** Robustheit +4

- **Atemgerät:** Kann 1 Stunde unter Wasser atmen.
- **Harpunenkanone:** Schaden 13, Reichweite 10/20/30 mit Greifhaken
  Wenn Iron Crocodile einen Gegner mit der Harpunenkanone trifft, kann er sofort eine vergleichende *Stärke*-Probe gegen das Ziel ablegen und es bei Erfolg 10 Meter zu sich ziehen. Helden können in ihrem Zug eine *Stärke*-Probe gegen MW 14 ablegen, um sich von dem Greifhaken zu befreien. Iron Crocodile kann nur ein Ziel gleichzeitig auf diesem Weg festhalten.
- **Krokodilstränen:** Einmal je Kampf kann Iron Crocodile einen Tränenangriff als Mittelgroße Säureexplosion mit einer Probe auf *Feuerwaffen* einsetzen. Der Angriff richtet Schaden 15 an, und jeder, der durch den Angriff Schaden erleidet, ist automatisch für eine Runde Angeschlagen.

ROBO-SEEMENSCH

Diese mechanischen Monstrositäten verfügen über humanoide Oberkörper und über segmentierte Schlangenleiber von der Hüfte abwärts. Klumpen von Seetang und andere feuchte Vegetation überziehen sie, wodurch ihre robotische Natur erst aus der Nähe erkennbar wird. Ihre Programmierung ist ganz einfach. Sie greifen alles und jeden an, der kein Erkennungssignal ausstrahlt. Sie konzentrieren sich dabei zuerst auf jene Ziele, die Widerstand leisten. Natürlich trägt Iron Crocodile einen entsprechenden Sender am Gürtel. Wenn die Helden bereits früher gegen ihn gekämpft haben, fällt ihnen dieser Sender besonders rasch auf.

Zitat: „Bzzzt … Zisch … Töten!"

Attribute: Charisma 3, Geschicklichkeit 8, Verstand 3, Geist 6, Stärke 9

Fertigkeiten: Einschüchtern 10, Finden 8, Tricksen (8), Waffenloser Kampf 12, Wasserfahrzeuge 10

Bewegung: 8; **Robustheit:** 12 (3); **Schock:** –; **Wunden:** –

Ausrüstung: –

Vorzüge: –

Möglichkeiten: nie

Spezielle Fähigkeiten:

- **Angst:** Robo-Seemenschen sind furchterregende Monstrositäten. Wenn ein Charakter auf sie trifft, muss er eine Probe auf *Willenskraft* oder *Geist* bestehen. Wenn er scheitert, ist er Sehr Angeschlagen.
- **Detonieren:** Wenn ein Roboter zerstört wird (oder einen entsprechenden Befehl von Wunder-Mind erhält), explodiert er mit einer Mittelgroßen Explosion mit Schaden 14.
- **Stumpfsinnig:** Robo-Seemenschen sind gegen *Verspotten* und gegen telepathische Kräfte immun.
- **Unerbittlich:** Robo-Seemenschen ignorieren Schock.

BIST DU NICHT TOT?

Das **Gesetz der Unweigerlichen Rückkehr** ermöglicht es dir, die Rückkehr von Schurken, die im Nil-Imperium getötet werden, ziemlich flexibel zu gestalten. Daher kann die Retribution League in jedem Akt dieses Abenteuers ihren Auftritt haben. Es gibt viele Mitglieder und du kannst kleine Gruppen von Schurken auftreten lassen, um die Geschehnisse abwechslungsreich zu gestalten, oder sie durch andere Schurken ersetzen, wenn sie von den Helden getötet wurden. Wenn ein Schurke dabei auf irgendeine Weise entkommen konnte, kann er bereits im nächsten Akt zurückkehren, andernfalls solltest du sie zumindest vorübergehend aus der Action heraushalten.

Die Cosm-Karte mit *Unweigerlicher Rückkehr* kann verwendet werden, um Schurken Möglichkeiten zu gewähren. Warte auf diese Karte, bevor du einen Schurken zurück in den Einsatz schickst. Wenn die Karte auf diese Weise gespielt wird, sollten die Spieler selbst auswählen, welchen Schurken sie gerne wiedersehen würden. Der entsprechende Schurke muss dabei nicht sofort seinen Auftritt haben, aber du solltest versuchen, ihn in den aktuellen Akt einzubauen. Der entsprechende Schurke sollte auch die erste Person sein, die einen Fluchtversuch unternimmt, wenn sich die Dinge gegen ihn wenden. Immerhin möchte er nicht gleich wieder im Limbus landen! *Unvermeidbare Rückkehr* ist ein gutes Werkzeug, um die Geschichte voranzutreiben. Du solltest das Gesetz aber nicht so sehr missbrauchen, dass der Tod überhaupt keine Rolle mehr spielt.

Du solltest auch nicht zögern, zurückkehrenden Schurken eine zusätzliche Kraft und neue Eigenheiten oder Einschränkungen zu geben. Verbessere eine wichtige Fähigkeit oder eine Pulp-Superkraft, gib ihm einen interessanten Vorzug der Kategorie Kampfkraft oder sogar ganz neue Kräfte. Aber vielleicht hat der Schurke auch eine permanente Verletzung erlitten, schuldet einem noch schlimmeren Bösewicht einen Gefallen oder wird durch körperliche oder geistige Narben gekennzeichnet. Allfällige Auswirkungen der Karten *Nemesis* oder *Romanze* sind auch nicht vergessen, bloß weil der Schurke gestorben ist.

Hooded Cobra stellt in diesem Zusammenhang eine Ausnahme dar. Er treibt die Handlung in diesem Abenteuer voran. Das **Gesetz der Dramatik** sorgt also auf jeden Fall dafür, dass er für das Finale zur Verfügung steht. Wenn er frühzeitig getötet wird, solltest du den Helden die Gelegenheit geben, ihn mit *Unweigerlicher Rückkehr* zurückzubringen, aber wenn sie dies nicht tun, schickt ihnen der Delphi-Rat eine Botschaft, dass er gesichtet wurde und offensichtlich am Leben ist. Du solltest ihn hier in Akt Sechs nicht einbauen, damit er in Akt Sieben seinen großen Auftritt haben kann. Wenn er ganz am Ende des Abenteuers stirbt, haben ihn die Helden auf jeden Fall ein- für allemal bezwungen!

ROBO-SEEMONSTER

Dieses gigantische U-Boot wurde so konstruiert, dass es an einen Plesiosaurier erinnert. Sein gigantischer Rumpf ist von Seetang überwuchert, der zumindest aus einiger Entfernung seine wahre Natur tarnt. Im Seemonster befinden sich Dutzende Robo-Seemenschen. Eine Mannschaft von 10 Personen passt gut in das Fahrzeug oder in einem Notfall können sich bis zu 20 Personen hineinquetschen. Wunder-Mind verbindet sich direkt mit dem Fahrzeug, um es zu steuern. Daher befindet sich unter normalen Umständen keine Mannschaft an Bord. Wenn Wunder-Mind direkt mit dem Fahrzeug verbunden ist, kann er Schaden für es wegstecken.

Der flexible, segmentierte Nacken ermöglicht es der Kreatur, mit ihren Kreissägenkiefern aus verschiedenen Winkeln anzugreifen. Die Maschine wurde ursprünglich gebaut, um den Grund des Victoriasees nach Tektiten abzusuchen, die Möglichkeitsenergie gespeichert haben. Dieses spezielle Gestein war bei der Erbauung des Mandjets von entscheidender Bedeutung. Außerdem wurde das Robo-Seemonster genutzt, um die Schifffahrt der Zentralerde auf dem See zu unterbinden und Leute von der Insel Bubeke fernzuhalten.

Höchstgeschwindigkeit: 60 km/h (11); **Robustheit:** 22 (4); **Wunden:** 5

- **Sehr groß:** Angriffe gegen das Seemonster erfolgen mit einem Bonus von +4 zum Treffen aufgrund seiner Größe.
- **Manövrierfähigkeit:** Wasserfahrzeuge erhalten auf Verteidigungen oder Verfolgungsjagden einen Malus von -2.
- **Angst:** Wenn ein Charakter erstmals in einem Akt auf das mächtige „Monster“ trifft, muss er eine Probe auf *Willenskraft* oder *Geist* bestehen. Wenn er scheitert, ist er Sehr Angeschlagen.
- **Biss:** Das Biest führt Nahkampfangriffe aus, indem es die Fertigkeit *Wasserfahrzeuge* des Piloten nutzt und verursacht 24 Schaden.
- **Schrecken:** Während der Lukwata anwesend ist, zählt jede Szene als Dramatische Szene.
- **Verbunden:** Wunder-Mind ist direkt mit den Kontrollen des Fahrzeuges verbunden, und das Fahrzeug führt alle Aktionen mit seiner Fertigkeit *Wasserfahrzeuge* 14 aus. Er kann mit seiner Fertigkeit *Realität* 12 Schaden für das Seemonster wegstecken.

Wenn das Fahrzeug zerstört wird, wird sein Gehirn mit einer raketengetriebenen Fluchtkapsel aus dem Fahrzeug geschleudert.

WUNDER-MIND

Wunder-Mind sieht selbst wie ein bizarrer Roboter aus. Sein Kopf erinnert an ein umgedrehtes Goldfischglas, in dem ein Gehirn in einer leuchtenden Flüssigkeit schwimmt. Wenn der Roboterkörper zerstört wird, kann Wunder-Mind noch einen letzten Trick aus dem Ärmel zaubern. Die Gehirnlappen breiten sich wie zwei kleine Füße aus und das Gehirn ergreift die Flucht. Da das Gehirn sehr klein ist, werden Angriffe gegen es mit einem Malus von –4 ausgeführt. Ein Treffer, der zumindest eine Wunde verursacht, reicht aus, um den Schurken endgültig zu töten und einen ziemlichen Saustall am Boden zu verursachen.

Attribute: Charisma 5, Geschicklichkeit 8, Verstand 15, Geist 10, Stärke 14 (nur in Robotergestalt)

Fertigkeiten: Ausweichen 10, Einschüchtern 10, Energiewaffen 12, Finden 18, Realität 12, Tricksen 18, Verspotten 10, Waffenloser Kampf 12, Wasserfahrzeuge 14

Bewegung: 8; **Robustheit:** 18 (4); **Schock:** 10; **Wunden:** 3

Ausrüstung: Roboterkörper (Rüstung +4)

Vorzüge: Gedankenstrahl (Kopfweh), Trickgeräte

Möglichkeiten: 3

Spezielle Fähigkeiten:

- **Greifklauen:** Schaden *Stärke* +3/17
- **Gehirn im Glas:** Mit einem Gezielten Angriff umgeht man die Rüstung des Roboterkörpers, und das Gehirn im Glas hat außerdem nur Robustheit 8. Mit einer Wunde, die man direkt am Glas verursacht, springt das Glas, wodurch der Roboterkörper inaktiv wird. Das Gehirn kann jedoch noch immer versuchen zu fliehen! Alle anderen Angriffe (also gegen den Roboterkörper) richten überhaupt keinen Schockschaden an.

DAS NACHSPIEL

Sobald Lukwata und Iron Crocodile ausgeschaltet oder vertrieben wurden, sind die Flüchtlinge außer Gefahr. Hilfe ist bald unterwegs, vor allem wenn die Helden einen guten Eindruck bei der

WUNDER-MIND

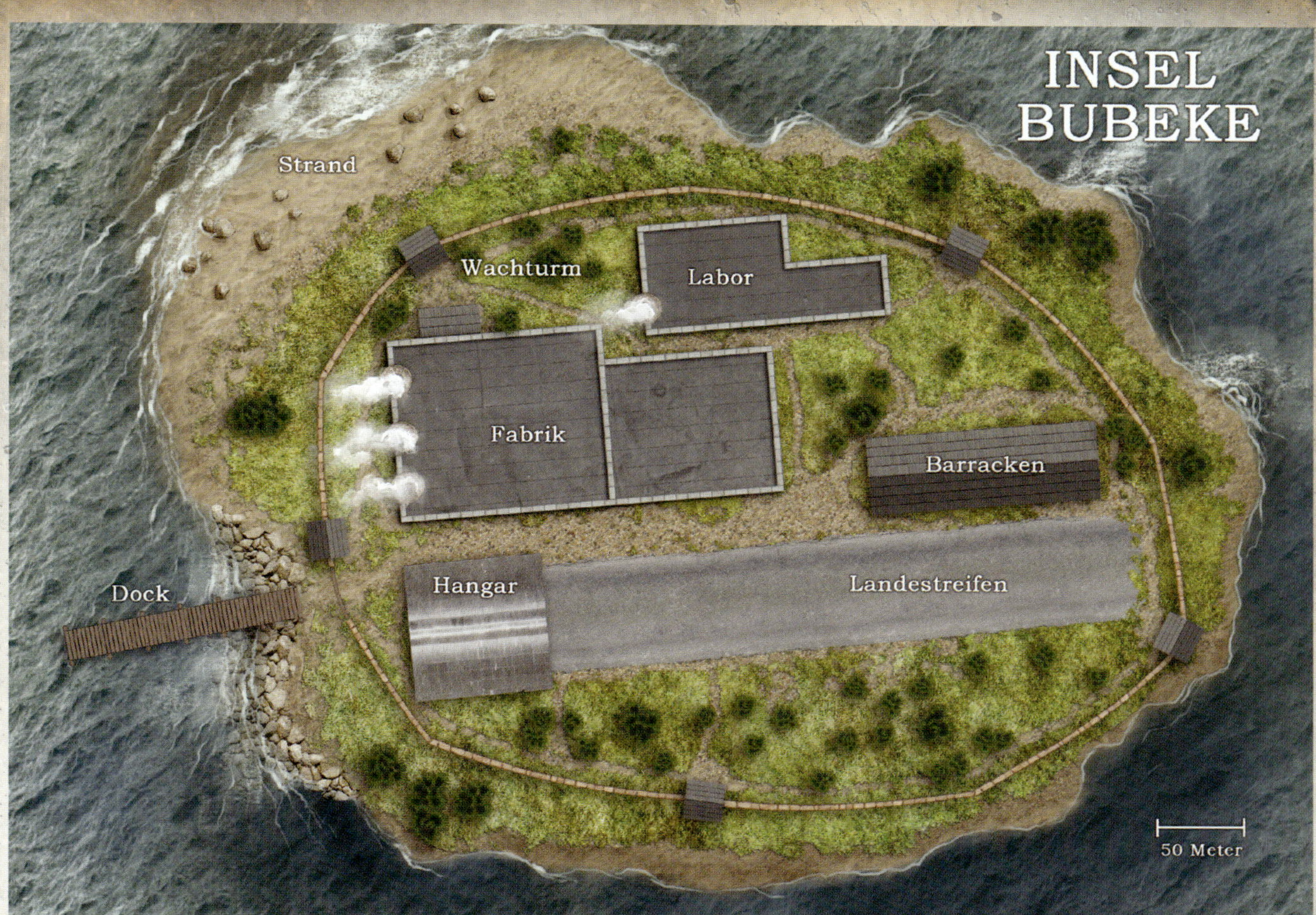

örtlichen Bevölkerung während des Gefängnisausbruchs oder dem Angriff auf die Königsgräber hinterlassen haben. Vielleicht ist es sogar möglich, die Fähre zu retten und zu reparieren und so zu verhindern, dass sie sinkt.

So oder so, sind die Flüchtlinge zumindest momentan in Sicherheit, und die Helden sollten zusehen, dass sie rasch zur Insel Bubeke gelangen. Wunder-Mind flieht mit Lukwata in diese Richtung, und wenn man ihm folgt, führt er sie vermutlich direkt zur Basis.

SZENE 4: SHOWDOWN AUF BUBEKE

Standardszene. Die Helden erreichen die Insel Bubeke. Dabei spielt es keine Rolle, ob sie das Boot von Mukisa benutzt oder einen anderen Weg gefunden haben. Hier befindet sich eine gigantische Basis und die Fabrik, in der Pharao Möbius den mächtigen Mandjet hat bauen lassen. In dieser Szene muss die Gruppe die Basis erforschen. Sie findet heraus, warum sich Möbius für diesen Standort zum Bau des Mandjets entschieden hat, Dann sollte sie das kleinere Schwesternschiff entdecken (und stehlen). Dabei handelt es sich um die Evening Falcon, ein Raketenschiff, welches dazu in der Lage ist, die tödliche Aura Atens zu durchdringen. Ein Team, das verschlagen vorgeht, kann dies alles erreichen, ohne in große Kämpfe verwickelt zu werden. Es kann aber auch gut sein, dass diese Szene zu einer Massenschlacht gegen die imperialen Streitkräfte ausartet, die hier versammelt sind.

DIE ANNÄHERUNG

Die Eindringlinge können sich einen guten Überblick über die Insel verschaffen und ihren Überfall planen. Die Basis ist nach allen Seiten hin gut bewacht, und jeder Wachturm tastet die Umgebung mit einem schwenkbaren Scheinwerfer ab. Wenn man sich vom Strand aus nähert, muss man eine Schwere (MW 14) *Heimlickeits*-Probe ablegen. Wenn man hingegen den Umweg durch den bewaldeten Bereich nimmt, reduziert sich die Schwierigkeit auf Standard (MW 10). Untertags ist das wesentlich schwieriger, und bei beiden Proben erhöht sich die Schwierigkeit um +4.

Wenn die Eindringlinge bemerkt werden, eilt eine Wache zum Alarm und löst ihn aus. Dadurch wird die ganze Basis in Alarmbereitschaft versetzt (dies bedeutet einen Malus von –4 auf alle weiteren *Heimlichkeits*-Proben). Die anderen Wächter (normalerweise zwei weitere Wächter je Wachturm) eröffnen sofort das Feuer. Ein Trupp von 20 Sturmsoldaten trifft nach einer

Minute (6 Runden) am Ort des Geschehens ein. Elite-Verstärkung wie Pakets, Superschurken oder das Robo-Seemonster treffen eine weitere Runde später ein.

Wenn alle momentan anwesenden Gegner besiegt werden, bevor weitere Verstärkung eintrifft, ist eine weitere *Heimlichkeits*-Probe möglich, um erneut Deckung zu finden oder so die Stellung zu wechseln, dass die Verfolger die Spur verlieren. Der Malus für die Tatsache, dass die Basis in Alarmbereitschaft ist, bleibt bestehen, außer es gelingt, alle anfänglichen Wachen auszuschalten, ohne Schusswaffen oder andere laute Waffen einzusetzen. Außerdem muss man noch einen zweiten Wächter in einer Entfernung von 50 Metern ausschalten, der in der zweiten Runde ebenfalls den Alarm betätigt.

Verfügbare Truppen

- Fünf Trupps mit je 20 Sturmsoldaten (siehe Seite 109) sind in den Baracken stationiert. Zwei Trupps sind immer im Dienst und die anderen drei Trupps springen aus ihren Betten und machen sich rasch kampfbereit, sobald Alarm ausgelöst wurde.
- Ein Geschwader aus drei Pakets (siehe Seite 84) steht einsatzbereit auf dem Landefeld. Ein Flugzeug hebt zwei Minuten nach dem Alarm ab. Es hat den Auftrag, eine 2.000-Pfund-Bombe auf Pulp-Helden abzuwerfen, die im Bereich der Basis gesichtet werden. Alle drei Pakets heben ab und nehmen die Verfolgung der Evening Falcon auf, sobald diese abhebt. Dies gilt natürlich nicht, wenn die Helden daran gedacht haben, sie zuvor zu sabotieren.
- An jedem wichtigen Schauplatz (wozu auch alle Wachtürme zählen), halten sich zudem immer 3 weitere Sturmsoldaten auf.
- Wunder-Mind (siehe Seite 86) und sein Robo-Seemonster sind am Dock, wo die Schäden eines früheren Kampfes repariert und die Tektiten entladen werden (siehe unten). Das Robo-Seemonster kann sich auch über Land bewegen, und wenn die Situation verzweifelt genug erscheint, greift Wunder-Mind mit ihm die Helden direkt an. Zuvor erteilt er rekrutierten Pulp-Schurken an Bord den Befehl, von Bord zu gehen und die Helden gefangen zu nehmen.
- Zehn Roboter arbeiten am Dock und weitere 20 Roboter arbeiten in der Fabrik. Diese Modelle verfügen über das gleiche Chassis und die gleichen Werte wie die Robo-Seemenschen (siehe Seite 85), allerdings verfügen sie über Beine statt Schlangenschwänze, sind nicht mit Seetang getarnt und können nicht explodieren.

Die Landebahn

Diese Landebahn ist riesig, vor allem wenn man bedenkt, wie wenig Flugzeuge sich momentan hier befinden. Die lange Start- und Landebahn ist mit dem Fabrikgebäude verbunden und man kann sie auch vom Dock aus erreichen. Hier ist ein guter Ort, an dem die Helden vom Robo-Seemonster angegriffen werden können. Der Roboter baut sich auf der Startbahn auf, um die Evening Falcon an einem Start zu hindern.

Die normale Wachmannschaft ist in der Nähe der Kampfflugzeuge stationiert, und es befinden ich auch Wachtürme in der Nähe. Abgesehen davon ist hier aber nicht viel los. Die Start- und Landebahn besteht aus Beton, und es gibt tiefe längliche Kerben, die durch das enorme Gewicht des Mandjets verursacht wurden, als er vor einem Monat hier abgehoben ist.

Für die Helden ist vermutlich das Munitionslager von Interesse. Dieses ist mit Munition jedes Kalibers vollgestopft und mit Hunderten Bomben zwischen 500 und 2.000 Pfund! Außerdem findet man hier auch Ausrüstung und Zuladung für Zeppeline.

Neuigkeiten verbreiten sich rasch

Wenn sich die Helden das Wohlwollen Gandas verdient, Flüchtlinge gerettet haben und so weiter, erhalten sie Unterstützung durch einen unerwarteten Verbündeten. Einer der Sturmsoldaten ist zwar transformiert, erinnert sich aber immer noch an die Leute dieser Gruppierungen. Er hat Berichte darüber erhalten, was die Helden getan haben. Wenn die Helden bemerkt werden, ist er entweder die Person, die sie bemerkt und schafft es, sie diesmal gerade noch in Sicherheit zu bringen, oder er ist die Person, die den Auftrag hat, den Alarm auszulösen und genau dies nicht tut.

Manchmal zahlen sich gute Taten tatsächlich aus!

Die Baracken

Hier findet man eine Menge Sturmsoldaten verschiedener Ränge. Der Großteil von ihnen ruht sich gerade aus, doch wenn es Alarm gibt, sind sie rasch kampfbereit. Ohne eine geeignete Verkleidung ist es Nahezu Unmöglich (MW 20), dieses Gebäude mit einer *Heimlichkeits*-Probe unbemerkt zu betreten, und selbst mit einer Verkleidung müssen die Helden die anwesenden Offiziere bluffen, die die Soldaten in der Basis relativ gut kennen.

So oder so haben die Eindringlinge eigentlich keinen wirklichen Grund in dieses Gebäude zu gehen, außer vielleicht zur Sabotage.

Die Docks

Dieses überdachte Gebäude in der Bucht ist ein U-Boot-Hafen. Hier können Frachtschiffe andocken, aber vor allem Wunder-Minds Robo-Seemonster. Gigantische

Kräne befinden sich an der Decke, und es befinden sich Schienen mit Karren in dem Gebäude, die bis in die Fabrik führen. Wenn das Seemonster hier neu aus dem See eintrifft, speit es die Tektiten, die es am Boden des Sees geerntet hat, in einen der Karren aus. Sobald die Eindringlinge bemerkt werden oder es einen Alarm gibt, wird das Seemonster angreifen, wenn sich hier Gegner aufhalten. Eskaliert die Situation, kann es sich sogar an Land schleppen und Eindringlinge verfolgen, allerdings kann es sich an Land nur mit einer Geschwindigkeit von 6 bewegen.

Die 10 Roboter, die die Kräne und die Verladungseinrichtungen bedienen, beachten die Eindringlinge nicht, außer Wunder-Mind erteilt ihnen den Befehl zum Angriff.

DAS LABOR

Das Labor ist weitläufig und nur außen bewacht. Wenn man sich im Labor befindet, kann man die Tore relativ einfach von innen verbarrikadieren. Alarmierte Streitkräfte versammeln sich und bereiten einen Angriff vor. Im Labor fällt den Helden sofort eine knisternde Energiesäule in der Mitte auf. In ihr ist ein Mann mit einem Umhang gefangen! Seine Arme und Beine sind mit Metallschellen gefesselt. Energieblitze zucken die Säule hinauf und hinab und tanzen über das Metall. Sobald sich die Charaktere nähern, hebt der Mann den Blick. Er trägt eine Maske, aber man kann ihn sofort als Colonel Cairo erkennen. Er ruft den Helden Folgendes zu:

„Vorsicht, meine Freunde! Das hier ist Wunder-Minds Todesfalle. Ein falscher Schritt kann sie auslösen, und dann haben wir nur wenige Sekunden, bevor mich die Energie in diesen Metallfesseln zerfetzt. Oh nein … es ist schon zu spät! Überlasst mich einfach meinem Schicksal und durchsucht das Labor nach den Plänen für Doktor Möbius' Geheimwaffe. Es ist wesentlich wichtiger, dass diese Pläne zu Dr. Frest gelangen, als mich zu retten. Ich fürchte, es ist nicht genug Zeit, um beides zu tun!"

Jeder Charakter hat nun eine Wahl. Er kann sich an der Rettung des Colonels beteiligen, oder er kann bei einer Gruppenaktion auf *Finden* teilnehmen, um die Pläne zu suchen.

TODESFALLE: ELEKTROHINRICHTUNG

Diese Falle wird durch Annäherung ausgelöst. Das unglückselige Opfer kann also seinem Möchtegernretter noch in die Augen blicken, bevor es zerfetzt wird. Versucht man die Falle von der Innenseite aus zu öffnen, wird sie ebenfalls aktiviert. Die Falle baut rasch Energie auf, am Ende läuft ein massiver Energiestoß durch die Metallfesseln an den Armen und Beinen. Die Fesseln werden ruckartig nach oben und unten gezogen und das unglückselige Opfer dabei in Stücke gerissen.

Die Metallfesseln müssen entmagnetisiert werden, indem man Elektrizität von der äußeren Röhre mittels einer improvisierten Verbindung ableitet. Wie bei den meisten Todesfallen (siehe *Nil-Imperium Quellenbuch*) handelt es sich dabei um eine Dramatische Probenabwicklung. Jeder Schritt ist eine Schwere (MW 14) *Wissenschafts*-Probe, und wenn diese nicht vor dem Ende von fünf Runden beendet werden, wird Colonel Cairo in Stücke gerissen. Es ist auch möglich, es auf anderem Weg zu versuchen, beispielsweise mittels *Schlösserknacken* oder *Stärke*. Eine erfolgreiche Probe auf eine dieser Fähigkeiten beendet ebenfalls einen Schritt, allerdings reduziert sich bei jedem derartigen Einsatz einer anderen Fähigkeit als *Wissenschaft* die insgesamt zur Verfügung stehende Zeit um eine Runde. Man sollte also besser vorsichtig sein!

Bei einem Erfolg kommt Colonel Cairo frei, aber er ist momentan nicht in dem Zustand, sich dem Kampf anzuschließen. Wenn es nötig werden sollte, verfügt er allerdings über die Mittel, um Dr. Frest und die anderen Mystery Men zu kontaktieren. Dies gilt natürlich erst, wenn er befreit wurde. Läuft die Zeit aus, ruft er noch „Versprecht mir, dass ihr Doktor Möbius aufhaltet!", und wird dann in Fetzen gerissen.

Wenn Möglichkeiten beim Deaktivieren der Falle eingesetzt werden, erwacht ein weiterer Mechanismus zum Leben, wodurch mehr Energie in die Falle strömt. Material schießt in Druckröhren und diese erzittern unter dem Druck. Sobald die Dramatische Probenabwicklung – wie auch immer – beendet ist, gibt es ein Geräusch, wie wenn eine Eieruhr abläuft, und ein kleines Stück Eternium wird aus der Anlage ausgestoßen.

Es gibt Notizen zu dem Gerät im Labor, die von Wunder-Mind stammen. Sie erläutern, dass der Hauptzweck des Geräts nicht darin besteht, sein Opfer zu töten, sondern aus ihm Möglichkeitsenergie abzuzapfen. Er formuliert in diesen Aufzeichnungen auch die These, dass das Omegatron von Doktor Möbius einem ähnlichen Zweck dienen muss. Er glaubt außerdem, dass sich das Resultat des Geräts stark verbessert, wenn das Opfer bei dem Vorgang nicht unter Beobachtung steht. Deswegen hat

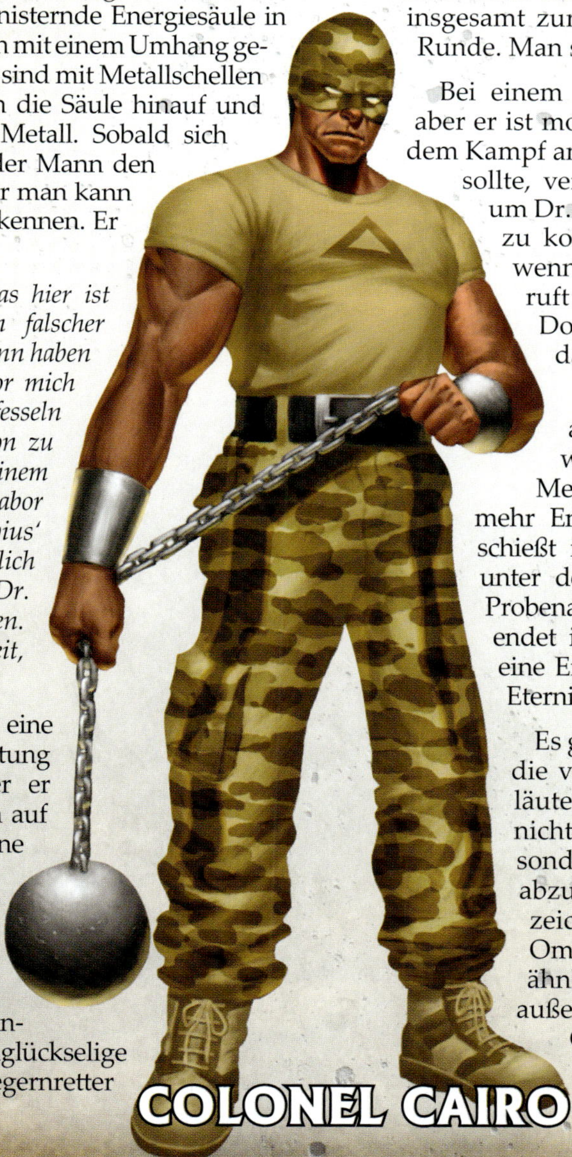

COLONEL CAIRO

er auch die Räumung des Labors befohlen, um seine These auf die Probe zu stellen. Er ist zu dem Schluss gekommen, dass Captain Cairo irgendwann so erschöpft sein wird, dass er stolpert oder dass er den verzweifelten Versuch unternehmen wird, die Falle von innen heraus zu entschärfen. So oder so würde er damit selbst den ganzen Vorgang abschließen.

Das Labor durchsuchen

Wunder-Minds Aufzeichnungen sind kreuz und quer im Labor verstreut und stellen eine bizarre Mischung aus Deutsch und Englisch dar. Was die Gruppe genau herausfindet, hängt davon ab, welches Resultat sie auf ihre Gruppenaktion bei der Standard (MW 10) *Finden*-Probe erzielt:

- **Fehlschlag:** Die Helden entdecken die gleichen Informationen wie bei einem Erfolg. Währenddessen umringen die Schurken das Gebäude, starten die Pakets, und diese werfen Bomben auf das Labor ab! Nachdem die erste Bombe eingeschlagen ist, beginnen die verschiedenen Gerätschaften im Labor zu explodieren, wodurch die Helden fliehen müssen und einen anderen Standort erreichen müssen, an dem sie einigermaßen sicher sind (vermutlich die Fabrik). Sie werden unterwegs von den draußen versammelten Truppen angegriffen.
- **Erfolg:** Es befinden sich hier Pläne für ein Luftfahrzeug namens Evening Falcon. Wunder-Mind hat es mit Unterstützung der Retribution League gebaut, und es soll eine Möglichkeit darstellen, an Bord des Mandjets zu gelangen und die Kontrolle darüber zu erlangen! Die Evening Falcon ist offenbar startbereit und befindet sich in der Fabrik. Es gibt auch Informationen, wozu dieser Ort eigentlich dient. Hier werden kleine Tektitsplitter vom Boden des Victoriasees geerntet und verarbeitet, indem man das Robo-Seemonster verwendet. In der Fabrik wird aus diesem Gestein Eternium gewonnen.
- **Gut:** In einem der Dokumente befindet sich eine Übersetzung von Hieroglyphen, die in einem Tempel im See gefunden wurden. Die Bilder erzählen die Geschichte von einem uralten Objekt, das hier abgestürzt ist und den Krater erschaffen hat, in dem sich jetzt der See befindet. Dieser Ort wurde zur Geburtsstätte der zwei Nilflüsse und seltsame, kleine rote und blaue Kügelchen mit seltsamer Kraft wurden auf dem Grund des Sees verstreut. Dabei handelt es sich um Tektiten, und diese stellen eine mächtige Quelle für Eternium dar, das für die Verrückte Wissenschaft von essenzieller Bedeutung ist. Eine ähnliche Stätte befindet sich übrigens im Lebenden Land. Ihre Geschichte wird im Abenteuer **Heftiger Einschlag** in den *Delphi Missionen: Lebendes Land* erzählt! Die Übersetzung enthält auch eine ominöse Prophezeihung.

  „Wenn die Zwei Nile eins werden, wird der Große Verschlinger erscheinen. Der Himmel wird zum Tod werden, und das Endlose wird enden."
- **Hervorragend:** Die Helden finden außerdem Dokumente, die zwar nichts mit der Evening Falcon, aber mit der Raffinierung von Eternium zu tun haben. Sie stammen aus dem Kollegium der Mathematiker und sagen verschiedene Ausgänge der „Operation Eisberg" voraus. Die Details sind schrecklich. Es geht um Dinge wie Angriffe mit Realitätsbomben gegen Mahlstrombrücken in Europa und Indien. Wenn diese erfolgreich sind, würden sich dort die Axiome so verändern, dass sich die Brücken nicht erneut verbinden könnten, wodurch das ganze Stelennetzwerk des Cyberpontifikats und von Orrorsh deaktiviert werden würde. Dadurch würden Hunderte Millionen Leute ausgelöscht werden, weil sie zu Was-wäre-wenns reduziert werden würden. Es ist anhand der Dokumente nicht zu sagen, ob die Pläne bereits über eine rein theoretische Phase hinaus gediehen sind.

SZENE 5: DIE FABRIK

Dramatische Szene. Die Fabrik ist die größte Anlage auf der Insel und besteht aus einem massiven offenen Hangar mit einer Deckenhöhe von 50 Metern. Zwanzig Roboter arbeiten hier unermüdlich. Sie schaufeln feines Geröll aus den Karren, die von den Docks kommen, und durchkämmen sie nach roten und blauen Tektiten, die dann in großen Schmelzöfen zu Eternium eingeschmolzen werden. Der Großteil des Hallenbodens steht momentan leer. Es befinden sich noch Kräne und Gestelle dort, wo einst der Mandjet erbaut wurde. An seiner Stelle befindet sich nun ein wesentlich kleineres Raketenschiff, die glitzernde Evening Falcon. Ein Roboter betankt gerade das Schiff, während ein anderer ein paar Bolzen festzieht.

Die Roboter achten nicht auf Charaktere, die sich im Randbereich der Fabrik oder bei den Toren aufhalten. Sie reagieren jedoch sofort, sobald die Storm Knights den eigentlichen Arbeitsbereich betreten oder einen der Roboter bei seiner Arbeit stören. Sie geben Alarm, wodurch die Basis in Alarmbereitschaft geht (wenn dies nicht ohnehin schon der Fall ist). Dann lassen sie ihre Arbeit stehen und greifen die Helden an. Wenn die Charaktere zu diesem Zeitpunkt aus der Fabrik fliehen, verfolgen sie die Roboter nicht, aber natürlich bleibt der Alarm der ganzen Basis aufrecht.

Die Evening Falcon

Die Evening Falcon ist ein schlankes, glitzerndes, elegantes Raketenschiff. Sie ist zigarrenförmig, verfügt über gezackte Flügel, die tatsächlich an Falkenflügel erinnern, so wie sie in Hieroglyphen dargestellt werden.

Höchstgeschwindigkeit: 1.500 km/h (18, sehr schnell); **Robustheit:** 18 (2); **Wunden:** 3

- **Manövrierfähigkeit:** *Luftfahrzeuge* erhalten für Verteidigungen oder Verfolgungsjagden einen Malus von -2.

- **Passagiere:** 8
- **Sehr Groß:** Angriffe gegen die Evening Falcon erfolgen mit einem Bonus von +4 zum Treffen aufgrund der Größe.
- **Sehr Schnell:** Die Geschwindigkeit des Fahrzeugs sorgt dafür, dass der Charakter einen Bonus von +4 erhält, um Schritte bei einer Verfolgungsjagd zu beenden, oder der Gegner einen Malus von –4 zum Treffen.
- **Spezielle Fähigkeiten:**
  - **Auge Ras:** Ein Bordschütze kann mit dem auf einer Waffenkuppel montierten Geschütz Ziele am Boden oder hinter der Evening Falcon mit Proben auf *Energiewaffen* angreifen (18 Schaden, Reichweite 10.000, 20.000, 40.000).
  - **Landekrallen:** Die Stahlkrallen des Falken können sich in jeder Oberfläche verankern, wodurch das Fahrzeug auf jedem sehr großen Fahrzeug oder Gebäude landen kann. Dies kann bei der Landung zugleich als Angriff eingesetzt werden, indem man eine Probe auf *Luftfahrzeuge* zum Treffen ablegt (18 Schaden, PB 4).
  - **Schild von Horus:** Die Evening Falcon hat +10 Rüstung gegen alle Energiewaffen und alle derartigen Waffen führen ihre Angriffe gegen die Evening Falcon mit einem Malus von –10 zum Treffen aus.

DIE FLUCHT

Die Gruppe benötigt die Evening Falcon, um überhaupt eine Chance gegen den Mandjet zu haben. Er ist also ohnehin ihr Ziel und dient gleichzeitig als praktisches Fluchtmittel. Es erfordert eine erfolgreiche Probe auf *Verstand* oder *Luftfahrzeuge* (MW 12, da die Manövrierfähigkeit zur Anwendung kommt), um sich einen Überblick über die Kontrollen zu verschaffen und den Raketenantrieb zu starten. Ein anderer Charakter kann *Wissenschaft* nutzen, um den Piloten zu unterstützen.

Auf beiden Seiten befinden sich große Hangartore. Man kann sie mit einer Nahezu Unmöglichen (MW 18) *Stärke*-Probe öffnen oder sie aufsprengen, indem man ihnen 20 Schaden zufügt. So oder so ist dann genügend Platz, damit die Evening Falcon hindurchpasst.

Alle noch anwesenden Streitkräfte versuchen, eine Flucht der Gruppe mit der Evening Falcon zu verhindern, sie werden es dabei aber nicht riskieren, das Raketenschiff zu beschädigen.

Die Pakets von der Insel nehmen die Verfolgung auf. Wenn die Evening Falcon schon abgehoben hat, sind die Piloten verzweifelt genug, um auf den Antrieb zu schießen. Sie hoffen, dass sie das Raketenschiff zur Landung zwingen können. Im Vergleich zur Evening Falcon sind die Pakets jedoch geradezu lächerlich unterlegen, und selbst ein absoluter Neuling als Pilot sollte sie leicht abhängen können.

NACHSPIEL

Wenn alles glatt läuft, kehrt die Gruppe mit der Evening Falcon zu Dr. Frest zurück. Außerdem haben sie bereits die Pläne des Mandjets erbeutet, und die Amazonen stellen Eternium als Treibstoff zur Verfügung. Damit haben sie alle Puzzleteile zusammen, um gegen Möbius anzutreten und der Bedrohung durch den Mandjet ein für allemal ein Ende zu bereiten.

Wenn sich die Dinge bisher nicht so gut entwickelt haben, ist aber noch nicht alle Hoffnung verloren. Mit Hilfe der Baupläne der Evening Falcon könnte Dr. Frest oder ein anderer Held, der sich mit Verrückter Wissenschaft auskennt, ein vergleichbares Schiff bauen. Vielleicht muss die Gruppe dafür nach Hespera oder zum Victoriasee zurückkehren, um noch mehr Eternium und spezielle Materialien für die Konstruktion aufzutreiben. Das neue Fahrzeug muss nicht über die gleichen Fähigkeiten wie die Evening Falcon verfügen. Wichtig ist nur, dass es der Auswirkung der zerstörerischen Aura Atens widerstehen kann.

Die Operationen auf Bubeke bleiben nicht lange eingestellt, sogar dann nicht, wenn es bombardiert wurde. Die Tektiken auf dem Boden des Victoriasees stellen eine extrem wertvolle Quelle an Eternium dar, die beide Seiten im Krieg gut nutzen könnten. Aus diesem Grund könnte dieser größte See Afrikas bald zum Schauplatz für eskalierende Seekämpfe werden. Wenn das Team während dieses Akts einen guten Eindruck bei der örtlichen Bevölkerung hinterlassen hat, macht es dies dem Delphi-Rat einfacher, Verbündete für die bevorstehende Auseinandersetzung zu rekrutieren.

HE, DEN TYPEN KENNE ICH

Etliche Mitglieder der Retribution League haben im Einleitungsabenteuer „Tag Eins: Das Nil-Imperium“ eine Rolle gespielt. Sie können in weiteren offiziellen Produkten für *Torg Eternity* auftreten oder von dir selbst in deinen Abenteuern verwendet werden. In diesem Fall reagieren die Storm Knights vielleicht auf unerwartete Weise auf sie.

Hooded Cobra und seine Schurken sind in der Zwischenzeit nicht untätig geblieben. Sie haben vermutlich ihre Fähigkeiten verbessert und neue Kräfte erlangt, ebenso wie das die Helden getan haben. Dadurch können sie für Überraschungen sorgen, obwohl ihr Anblick ja so vertraut ist. Auch dann, wenn diese Schurken in früheren Abenteuern gefangen genommen oder getötet wurden, haben Schurken und Helden im Nil-Imperium, von denen man überzeugt war, dass sie endgültig bezwungen wurden, einfach das Talent, wieder zurückzukehren.

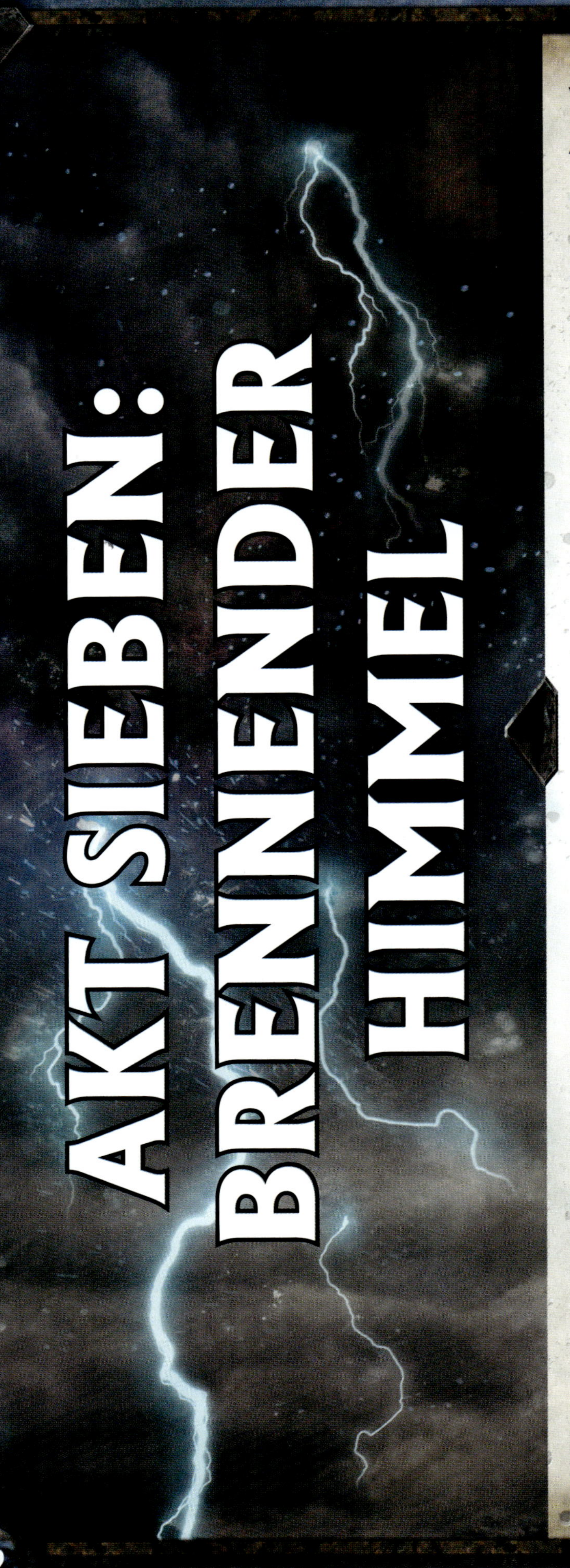

AKT SIEBEN: BRENNENDER HIMMEL

Die einzelnen Puzzleteile sind alle zusammengetragen, und der Angriff gegen den Mandjet kann beginnen. Ab diesem Zeitpunkt ist Dr. Frest nicht mehr für die Helden als Ansprechpartner verfügbar. Jesse Caramel hat ihn verraten, und er wurde von den Streitkräften des Nil-Imperiums gefangen genommen (was seine Absicht war). Andernfalls hat er selbst für einen ähnlichen Verrat gesorgt. Er hat den Helden eine Botschaft zurückgelassen (siehe Seite 103). Sie erhalten sie, sobald sie zur Basis zurückkehren, oder sie wird den Helden durch einen Boten zugestellt.

Die Analyse der verfügbaren Taten, die entweder durch Frest selbst erfolgt ist oder durch Gelehrte und Wissenschaftler in der Gruppe, hat ergeben, dass der Mandjet rund um eine seltsame Stele erbaut wurde. Deswegen kann er auch jederzeit das Gebiet des Nil-Imperiums verlassen, ohne dass er dadurch die Gefahr eingeht, zu entkoppeln. Die Stele an Bord muss entwurzelt werden, damit die Sabotage erfolgreich sein kann.

Die Schritte des Plans lauten wie folgt – sie sollen:

- Doktor Möbius so ablenken, dass er nicht an Bord des Mandjets ist. Darum kümmert sich bereits Dr. Frest!
- den aktuellen Standort des Mandjets ausfindig machen. Aufklärungsinformationen haben ergeben, dass das gigantische Kriegsschiff momentan Kurs auf Beirut gesetzt hat. Angesichts der Analysen ist man zu der Ansicht gelangt, dass das Schiff keinen konventionellen Angriff starten, sondern eine funktionsfähige Stele wie eine Bombe abwerfen wird. Diese wird sofort aktiviert und erschafft eine neue Zone, die auch Israel bedeckt.
- den Schild Atens überwinden, um an Bord zu gelangen. Dazu ist die Evening Falcon erforderlich, die die Gruppe in **Akt Sechs** erobert hat. Sie ist schnell genug, um das Ziel von überall im Nil-Imperium aus in wenigen Stunden zu erreichen.
- das Schiff entern, die Stele erreichen und sie entwurzeln. Das wird nicht unbedingt zu einer Entkoppelung des Mandjets führen, doch gemäß den Plänen kontrolliert die Stele alle Gospog an Bord. Wenn diese ausgeschaltet sind, können sich die Helden mehr oder weniger ungestört um das eigentliche Schiff kümmern.
- zur Brücke gelangen und die Triebwerke überladen. Wenn das getan wird, bevor die Gospog deaktiviert werden, könnten sie die Triebwerke manuell abschalten und so die Zerstörung des Schiffs verhindern. Es ist möglich, aber verdammt gefährlich, dass sich das Team aufteilt und beide Aufgaben gleichzeitig beendet.
- den Mandjet so lenken, dass er nicht mitten in Beirut abstürzt. Man könnte ihn beispielsweise ins Rote

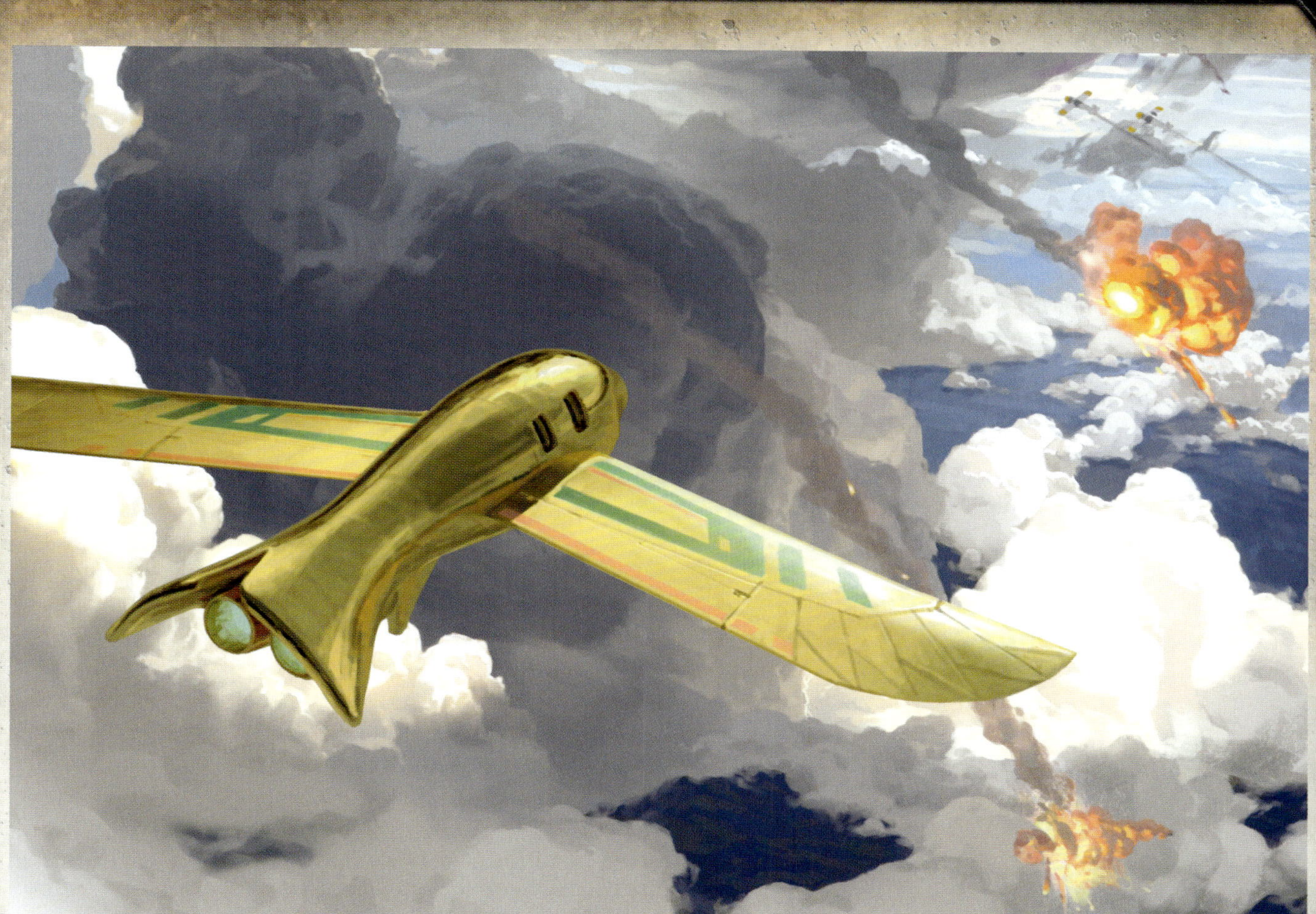

Es ist Zeit, sich in die Lüfte zu schwingen und gegen Möbius' legendäre Superwaffe zu kämpfen

Meer stürzen lassen oder ihn hoch in die Stratosphäre lenken. Natürlich gilt es dann noch, aus dem Fahrzeug zu fliehen, bevor es vernichtet wird.

SZENE 1: LUFTKAMPF

Standardszene. Zentralerde, Dominante Zone. Die Gruppe fliegt mit atemberaubendem Tempo mit der Evening Falcon in Richtung des Mandjets. Das mächtige Kampfschiff befindet sich momentan im libanesischen Luftraum und beschießt mit seinem vernichtenden Hitzestrahl entfernte Ziele am Boden. Die Falcon nähert sich und die Helden können zehn Pakets und einen Bomber bemerken, die unter dem Mandjet auf seinem Weg nach Beirut fliegen.

Zwei tapfere Piloten in libanesischen A-29 Embraers versuchen, den Bomber abzufangen. Die A-29s funken die Falcon an, weil sie davon ausgehen, dass es sich bei ihr um Verstärkung handelt. Die Helden können den Ruf beantworten und den Embraers zur Hilfe eilen oder den Funkspruch ignorieren und die Ablenkung als eine gute Gelegenheit nutzen, um zu landen.

Die zweite Option ist natürlich wesentlich einfacher. Sie benötigen dafür nur eine Einfache (MW 8) *Luftfahrzeuge*-Probe, um auf der Hülle zu landen und das Schiff zu betreten (der Malus von –2 für die Manövrierfähigkeit der Evening Falcon kommt natürlich zur Anwendung). Der einzige Nachteil ist, dass sie sich die Todesschreie der libanesischen Piloten im Funk anhören müssen und vielleicht Albträume wegen der zahlreichen unschuldigen Toten haben, die der Bomber mit seinen Angriffen verursachen wird.

LUFTKAMPF!

Wenn die Falcon auf ihrer Seite eingreift, jauchzen die Piloten der A-29s begeistert und greifen den Bomber nur noch entschlossener an. Zwei Pakets greifen jeweils eine A-29 an, und der Rest stürzt sich auf die Evening Falcon! Ermutige die Spieler, die keine aktive Rolle auf der Falcon haben (wie beispielsweise Pilot, Bordschütze oder auch Funker, der die Gegner verspotten könnte), einen der A-29 und ihren Piloten (einen Norm) zu spielen.

Wenn die Piloten nicht von den Spielern gespielt werden, brauchst du dir gar nicht erst die Mühe machen, für sie zu würfeln. Sie werden nach zwei Runden zerstört und richten zuvor eine Wunde beim Bomber an.

- **A-29s:** siehe Seite 94

- **Nekata-Bomber** siehe Seite 94
- **PM-4 Paket (10):** siehe Seite 94
- **Die Evening Falcon:** siehe Seite 90

Grüsse von der Zentralerde

Am Ende der zweiten Runde schießen Langstreckenraketen herbei und zerstören den Bomber oder zwei Pakets, falls der Bomber bereits ausgeschaltet wurde. Vier israelische F-15 schließen sich dem Kampf an und entschuldigen sich über Funk, dass sie so spät dran sind. Auch jetzt kannst du den Spielern die Gelegenheit geben, den einen oder anderen Piloten der neu eingetroffenen Kampfjets zu spielen. Wenn die Evening Falcon die Chance nutzt, um sich aus dem Kampf zu lösen und zu landen, spiele den restlichen Kampf so lange aus, wie irgendwelche Spieler daran beteiligt sind. Sobald dies der Fall ist, werden die verbleibenden Kampfjets der Zentralerde vom Hitzestrahl geschmolzen. Die Aura Atens wird vom Mandjet lange genug deaktiviert, damit die verbleibenden Pakets einen Vorbeiflug machen können und die Evening Falcon an der Stelle, wo sie auf dem Rumpf verankert ist, zerstören können! Andernfalls brechen die verbleibenden Kampfjets der Erde ihren Anflug ab, sobald alle Pakets zerstört wurden.

Der Todesstrahl

Sobald fünf Flugzeuge des Nil-Imperiums zerstört wurden oder nachdem die F-15 eintreffen (siehe oben), wendet der Mandjet seine Waffen gegen die Kampfjets und die Evening Falcon. Er feuert in jeder Runde mit einer Probe auf *Energiewaffen* (Wert 14), und ein Treffer richtet 32 Schaden mit PB 10 an! Die spezielle Schutzschicht der Evening Falcon sorgt dafür, dass sie die Eigenschaft Panzerbrechend ignoriert. Wenn es den Helden gelungen ist, Hooded Cobra in **Akt Zwei** daran zu hindern, das Auge Sobeks zu erlangen, richtet der Todesstrahl nur 26 Schaden mit PB 5 an.

PM-4 Paket

Diese verbesserte Version der PM1 Paket wird erst jetzt von Fabriken im Nil-Imperium hergestellt. Der Kampfjet ist manövrierfähiger als die PM1 und ist mit einer Khaifu Zwillings-Maschinenkanone und mit einer Zwillings-Ansturmkanone bewaffnet, die jeweils 20 Feuerstöße abgeben können, bevor ihnen die Munition ausgeht.

Höchstgeschwindigkeit: 600 km/h (16, Sehr Schnell); **Robustheit:** 18 (2); **Wunden:** 3

- **Manövrierfähigkeit:** Malus von –1 auf *Luftfahrzeuge* für Verteidigung oder Verfolgungsjagden
- **Passagiere:** 1, Pilot aus dem Nil-Imperium, Luftfahrzeuge 11 (Verteidigung 10), Schwere Waffen 10, Schock 8
- **Sehr Groß:** Angriffe gegen das Fahrzeug erfolgen mit einem Bonus von +4 zum Treffen aufgrund der Größe.
- **Sehr Schnell:** Die Geschwindigkeit des Fahrzeugs sorgt dafür, dass der Charakter einen Bonus von +4 erhält, um Schritte bei einer Verfolgungsjagd zu beenden, oder der Gegner einen Malus von –4 zum Treffen.
- **Waffen:** Khaifu MG (Schaden 16, PB 2, synchronisiert für +1 zum Treffen, Langer Feuerstoß), Ansturmkanone (Schaden 22, synchronisiert für +1 zum Treffen)

Nekata Bomber

Der Nekata erinnert an den amerikanischen B-24 Liberator Bomber aus dem Zweiten Weltkrieg. Momentan hat Möbius gerade eben genug derartige Bomber, um ein vollständiges Geschwader zu bilden. Er setzt sie daher nur ein, wenn im Kampfgebiet die Axiome des Nil-Imperiums herrschen, entweder durch eine Stelenerweiterung oder durch Realitätsbomben.

Höchstgeschwindigkeit: 500 km/h (15, Sehr Schnell); **Robustheit:** 22 (2); **Wunden:** 5

- **Sehr Schnell:** Die Geschwindigkeit des Fahrzeugs sorgt dafür, dass der Charakter einen Bonus von +4 erhält, um Schritte bei einer Verfolgungsjagd zu beenden, oder der Gegner einen Malus von –4 zum Treffen.
- **Sehr Groß:** Angriffe gegen das Fahrzeug erfolgen mit einem Bonus von +4 zum Treffen aufgrund der Größe.
- **Manövrierfähigkeit:** Malus von –4 auf *Luftfahrzeuge* für Verteidigung oder Verfolgungsjagden
- **Passagiere:** 12, Pilot und mehrere Bordschützen aus dem Nil-Imperium, Luftfahrzeuge 11 (Verteidigung 7), Schwere Waffen 10, Schock 8

Waffen: Acht Ansturm-Maschinenkanonen, die verschiedene Anflugwinkel abdecken (Schaden 22, PB 2, Langer Feuerstoß, können auf bis zu 8 verschiedene Ziele gleichzeitig feuern, ohne einen Malus für Mehrfach-Zielauswahl zu erleiden, können aber in einer Runde immer nur einmal auf das gleiche Ziel feuern).

A-29 Embraer

Die A-29 ist ein schnelles Angriffsflugzeug, das dazu gebaut wurde, Aufklärung oder Unterstützung für Bodentruppen zu leisten die mit Laserpointern ausgestattet ist. Im Notfall ist das Flugzeug wendig und kann sich auch in einem direkten Luftkampf gegen andere Kampfjets messen, vor allem, wenn es sich um Gegner eines niedrigeren Tech-Axioms handelt, wie die Pakets des Nil-Imperiums.

Höchstgeschwindigkeit: 590 km/h (16, Sehr Schnell); **Robustheit:** 17 (0); **Wunden:** 2

- **Sehr Schnell:** Die Geschwindigkeit des Fahrzeugs sorgt dafür, dass der Charakter einen Bonus von +4 erhält, um Schritte bei einer Verfolgungsjagd zu beenden, oder der Gegner einen Malus von –4 zum Treffen.
- **Sehr Groß:** Angriffe gegen das Fahrzeug erfolgen mit einem Bonus von +4 zum Treffen aufgrund der Größe.
- **Manövrierfähigkeit:** keine Malusse auf *Luftfahrzeuge* für Verteidigung oder Verfolgungsjagden
- **Passagiere:** 1, Pilot der Zentralerde, Luftfahrzeuge 11 (Verteidigung 7), Schwere Waffen 10, Schock 8
- **Waffen:** 20mm Maschinenkanone (Schaden 18, Langer Feuerstoß), 2 Miniguns (Schaden 14, Langer Feuerstoß, Synchronisiert +1), 2 Sidewinder (Schaden 22, Zielerfassung)

F-15

Die F-15 ist ein Luftüberlegensheitsjet, der noch immer in vielen Ländern der Zentralerde im Dienst steht. Er verfügt über extrem moderne Instrumente, eine starke Zuladung und hohe Schubkraft sowie über die Fähigkeit Flugzeuge des Nil-Imperiums, die sich zu weit aus dem Schutz ihrer Realität wagen, auf große Reichweite vernichtend zu schlagen.

Höchstgeschwindigkeit: 1.450 km/h (17, Sehr Schnell); **Robustheit:** 20 (2); **Wunden:** 3

- **Sehr Schnell:** Die Geschwindigkeit des Fahrzeugs sorgt dafür, dass der Charakter einen Bonus von +4 erhält, um Schritte bei einer Verfolgungsjagd zu beenden, oder der Gegner einen Malus von –4 zum Treffen.
- **Sehr Groß:** Angriffe gegen das Fahrzeug erfolgen mit einem Bonus von +4 zum Treffen aufgrund der Größe.
- **Manövrierfähigkeit:** kein Malus auf *Luftfahrzeuge* für Verteidigung oder Verfolgungsjagden
- **Passagiere:** 1, Pilot der Zentralerde, Luftfahrzeuge 11 (Verteidigung 7), Schwere Waffen 10, Schock 8
- **Waffen:** 20mm Maschinenkanone (Schaden 18, Extremer Feuerstoß), 8 Sidewinder (Schaden 22, Zielerfassung)

SZENE 2: ALLE AN BORD

Standardszene. Nil-Imperium, Dominante Zone. Die Gruppe hat es an Bord geschafft! Es gibt in der unmittelbaren Umgebung keine Wachen, und es ist daher leicht, tiefer ins Schiff einzudringen. Der Mandjet stellt eine Dominante Zone des Nil-Imperiums aufgrund der Stele dar, rund um die er erbaut wurde. Das Schiff ist sozusagen selbst ein fliegender Fixpunkt. Normalerweise würde die Macht eines Fixpunkts schwinden, wenn er sich bewegt, aber die spezielle Konstruktionsweise des Mandjets sorgt dafür, dass sie erhalten bleibt. Sobald die Stele entwurzelt wurde, bleibt das Schiff für den Rest des Akts ein Fixpunkt. Es verliert dann innerhalb eines Tages seine Funktion als Fixpunkt und kann außerhalb der Weltgesetze des Nil-Imperiums nicht mehr agieren.

Jeder in der Gruppe muss eine Einfache (MW 8) *Heimlichkeits*-Probe ablegen, um nicht von umherstreifenden Patrouillen bemerkt zu werden (siehe unten). Wenn Charaktere bei der Evening Falcon bleiben, müssen sie dennoch entsprechende Proben würfeln, und bei einem Fehlschlag werden sie gemeinsam mit der Evening Falcon entdeckt. Wenn die Helden entdeckt werden, können sie entweder die Stellung halten und sich verteidigen oder im Rahmen einer Verfolgungsjagd zu ihrem Ziel eilen. Jeder, der Schritt D erreicht, hat die Stele erreicht.

PATROUILLEN

Es gibt kein lebendes Personal auf dem Mandjet, nicht einmal Techniker. Möbius setzt seine Gospog dazu ein. Jede Kreatur verfügt, im Gegensatz zu ihrem normalen Aussehen, über einen kugelförmigen Helm mit Funkantennen. Der verrückte Pharao vertraut weder Menschen noch den Geschenken des Hageren Manns, aber mit Hilfe seines verrückten Genies ist es ihm gelungen, die Gospog in eine gut kontrollierte Streitmacht von untoten Robotern zu verwandeln. Diese benötigen natürlich weder Proviant noch Rast. Es gibt nur einen Nachteil an diesen computergesteuerten Kreaturen. Möbius hat alle Überreste ihrer Gehirne entfernt. Daher werden die Gospog zentral gesteuert, und wenn diese Steuerung ausfällt, hören alle Gospog an Bord auf sich zu bewegen.

Überall im Schiff sind einzelne Gospog der Zweiten Pflanzung unterwegs. Sie tragen Flugoveralls, tragen Werkzeuge bei sich und sind damit beschäftigt, Reparaturen und Anpassungen an den Maschinen vorzunehmen. Trupps von jeweils 10 Gospog der Zweiten Pflanzung, die mit Hitzestrahlern bewaffnet sind, durchstreifen die Gänge. Es gibt keinen Alarm auf dem Mandjet, da allerdings alle Gospog über die zentrale Steuerung miteinander verbunden sind, kann jeder Gospog sehen, was alle anderen Gospog sehen. Diese bewaffneten Trupps sind überall im Schiff verteilt, und auch wenn die Helden bemerkt werden, dauert es, bis sie alle zum Einsatzgebiet eilen können.

Sobald ein Arbeiter oder ein Trupp einen Eindringling bemerkt, kommt zwei Runden später ein weiterer Trupp an. Das geht dann alle zwei Runden so weiter, bis alle Gospog im Einsatz sind. Wenn es den Helden tatsächlich gelingen sollte, alle Gospog an Bord zu vernichten, gibt es keinen Grund mehr, die Stele zu entwurzeln und die Helden können sich gleich damit befassen, den Reaktor zu sabotieren. Das wäre in solch einem Fall sogar die einzig sinnvolle Strategie, da Doktor Möbius bemerken wird, wenn alle Gospog ausgeschaltet werden (dies ist durch die Verbindung seines Dunkelheitsartefakts mit der Kontrollstele möglich, siehe unten). Er sieht dann zu, dass er möglichst rasch an Bord zurückkehren kann, um sich des offensichtlichen Problems anzunehmen und taucht mittels Düsterfaden an Bord auf.

- **Robo-Gospog:** Ingesamt sind 100 Gospog in Form von zehn Trupps zu je zehn Gospog auf Patrouille. 20 weitere Gospog sind alleine unterwegs. Einige sind als Bordschützen tätig und die anderen widmen sich Reparaturarbeiten.

Robo-Gospog der Zweiten Pflanzung

Diese uniformierten Mumien erinnern in vielerlei Hinsicht an herkömmliche Gospog der Zweiten Pflanzung, doch statt ihrem üblichen Kopfschmuck tragen sie kugelförmige Helme mit Funkantennen. Wenn diese „Roboterhüte" entfernt oder schwer beschädigt werden, wird der betreffende Gospog vollständig bewegungsunfähig. Dummerweise stellen die Helme allerdings keine besondere Schwachstelle dar, und es ist effektiv gleich leicht, den Gospog auf normalem Weg zu zerstören, wie seinen Helm zu vernichten.

Attribute: Charisma 5, Geschicklichkeit 11, Verstand 7, Geist 10, Stärke 9

Fertigkeiten: Feuerwaffen 14, Finden 8, Tricksen (10), Waffenloser Kampf 13, Willenskraft 12

Bewegung: 11; **Robustheit:** 9; **Schock:** –; **Wunden:** –

Ausrüstung: Strahlengewehr (Schaden 14)

Vorzüge: –

Möglichkeiten: ‚ie

Spezielle Fähigkeiten:

- **Krallen:** Schaden *Stärke* +2/11
- **Angst:** Gospog der Zweiten Pflanzung erscheinen als furchterregende Mumien. Wenn ein Charakter auf sie trifft, muss er eine Probe auf *Willenskraft* oder *Geist* bestehen. Wenn er scheitert, ist er Sehr Angeschlagen.
- **Stumpfsinnig:** Gospog sind immun gegen *Einschüchtern*- und *Verspotten*-Aktionen.
- **Synchron:** Boni durch Gruppenaktionen kommen nicht nur auf den Angriff, sondern auch auf den Schaden zur Anwendung. Dies gilt, wenn mehrere Gospog ein Ziel angreifen.
- **Unerbittlich:** Gospog ignorieren Schock.
- **Untot:** Gospog sind immun gegen Gift und andere Effekte, die Atmung, Essen oder andere „lebende" biologische Prozesse erfordern.

Der Robelisk

Gemäß den Plänen befindet sich die Kontrolleinheit, die deaktiviert werden muss, im Zentrum des Schiffs. Der Raum ist kreisförmig und hat vier tunnelartige Eingänge. Elektrische Blitze zucken an den Wänden entlang. In der Mitte des Raums befindet sich ein Obelisk aus Onyx, der an eine herkömmliche Stele des Nil-Imperiums erinnert und in der Luft schwebt. Dabei dreht er sich langsam um seine Achse. Rund um seine Mitte befindet sich eine Stahlkonstruktion mit Drähten, Kugeln aus knisternder Energie und Antennen.

Diese Verschmelzung von Magie und Verrückter Wissenschaft ist das Gehirn des Mandjets. Wie eine Stele ist er praktisch unzerstörbar, solange er mit dem Netzwerk des Dunkelheitsartefakts verbunden ist. Die einzige Möglichkeit für die Storm Knights besteht darin, den Obelisk mit Proben auf *Realität* aus dem Netzwerk zu reißen. Das Entwurzeln des Robelisken ist eine Dramatische Probenabwicklung, bei der in allen Schritten Proben auf *Realität* zur Anwendung kommen. Es gibt zwei Wächter in der Kammer (siehe unten), und das Gerät hat eigene Verteidigungsmaßnahmen, die sich aktivieren, sobald ein Schritt abgeschlossen ist:

Schritt A: Eine unheimliche Verbindung entsteht zwischen dem Obelisken und dem Storm Knight, der den Schritt beendet hat (sowie allen, die sich bei einer Gruppenaktion beteiligt haben). Der MW erhöht sich für alle, die auf diesem Weg mit dem Obelisken verbunden sind, für die weiteren Schritte um +4. Dies erhöht den MW augenblicklich, wenn die Storm Knights in einer Probe versucht haben, mehrere Schritte abzuschließen.

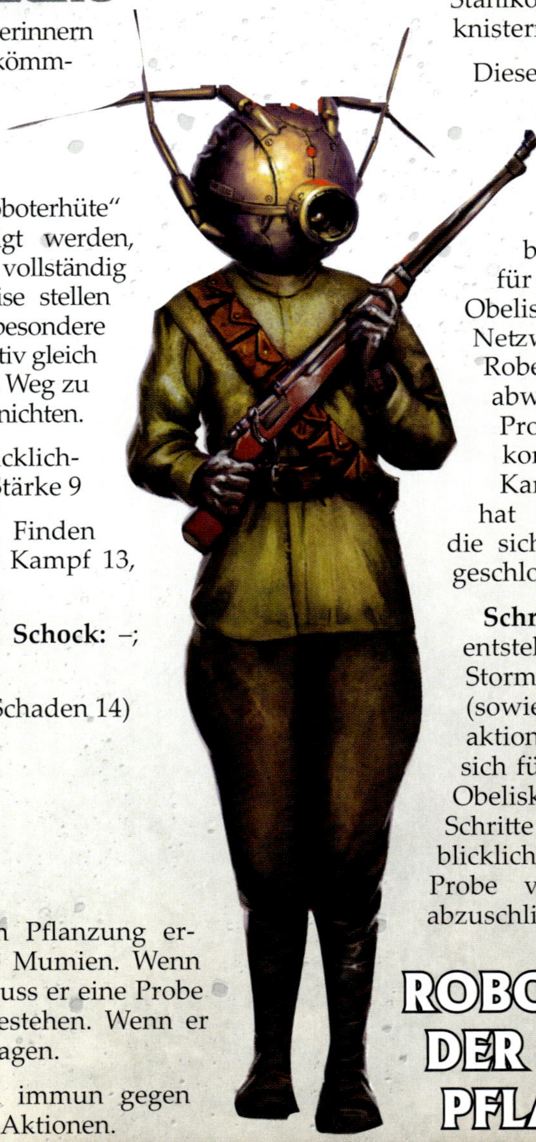

Robo-Gospog der Zweiten Pflanzung

Schritt B: Missklingende Alarmtöne erklingen aus der seltsamen Maschine. Die Storm Knights müssen normale Proben gegen Angst ablegen, und wer scheitert, ist Angeschlagen.

Schritt C: Ein elektrischer Rückschlag ereignet sich. Alle in der Kammer erleiden 4 Schock.

Schritt D: Die Säule kracht auf den Boden und die Maschinerie überlädt sich und explodiert. Alle Robo-Gospog an Bord gehen k.o. und sinken zusammen. Jeder, der in der Kammer verweilt, um die Ausrüstung zu untersuchen oder etwas zu bergen, erleidet am Ende jeder Runde 18 + 1 BW Schaden durch herumzuckende Blitze.

Unabhängig davon, ob es den Helden gelungen ist, die Stele zu entwurzeln oder nicht, taucht Doktor Möbius (siehe *Nil-Imperium Quellenbuch*) in der sechsten Runde in der Kammer auf. Er zögert ein paar Runden lang, weil er das Eternium von dem zerstörten Gerät fast zwanghaft einsammelt. Dann verlässt er den Raum und durchstreift den Mandjet, um die frechen Eindringlinge persönlich zu vernichten.

Jetzt, da die Gospog ausgeschaltet sind, handelt es sich beim nächsten Ziel der Gruppe um die Brücke. Da es keine Wartungsarbeiter mehr gibt, die den Helden in die Suppe spucken können, können sie den Mandjet so sabotieren, dass dieser unweigerlich detonieren wird.

ROBO-GOSPOG DER VIERTEN PFLANZUNG

Diese stämmigen Mumien erinnern in vielerlei Hinsicht an die herkömmlichen Gospog der Vierten Pflanzung des Nil-Imperiums. Wie ihre kleineren Artgenossen tragen sie ebenfalls kugelförmige Helme. Statt dass Insekten über ihre Haut krabbeln, zucken Blitze entlang ihrer Gliedmaßen.

Attribute: Charisma 8, Geschicklichkeit 10, Verstand 8, Geist 10, Stärke 17

Fertigkeiten: Ausweichen 11, Einschüchtern 15, Finden 12, Glauben 14, Manövrieren 11, Realität 12, Tricksen 13, Verspotten (14), Waffenloser Kampf 15, Willenskraft 15

Bewegung: 10 **Robustheit:** 17; **Schock:** –; **Wunden:** 3

Ausrüstung: –

Vorzüge: –

Möglichkeiten: 3

Spezielle Fähigkeiten:

- **Fäuste:** Schaden 17
- **Blitzschlag:** Schaden *Stärke* +2/19.
- **Angst (–2):** Gospog der Vierten Pflanzung erscheinen als riesige Mumien. Wenn ein Charakter auf sie trifft, muss er eine Probe auf *Willenskraft* oder *Geist* mit einem Malus von –2 bestehen. Wenn er scheitert, ist er Sehr Angeschlagen.
- **Blitzaura:** Jeder Feind in einer Entfernung von 3 Metern erleidet 2 Schock zu Beginn seines Zuges.
- **Groß:** Gospog der Vierten Pflanzung sind 3 Meter groß, und Angriffe gegen sie werden mit einem Bonus von +2 ausgeführt.
- **Immunität:** Gospog der Vierten Pflanzung sind gegen *Einschüchtern* immun.
- **Roboterhelm:** Wenn ein Schlag direkt gegen den Helm (–2 zum Treffen) 16 oder mehr Schaden anrichtet, ist die Kreatur für den Rest des Kampfes Angeschlagen. Ein zweiter derartiger Treffer macht sie Sehr Angeschlagen und ein dritter Treffer macht sie permanent k.o.
- **Überladung:** Diese massiven Robo-Gospog können zwei Aktionen hintereinander ausführen, wenn sie dafür 1 Wunde erleiden.
- **Unerbittlich:** Gospog ignorieren Schock.
- **Untot:** Gospog sind immun gegen Gift und andere Effekte, die Atmung, Essen oder andere „lebende" biologische Prozesse erfordern.

SZENE 3: DIE BRÜCKE

Dramatische Szene. Hier auf der Brücke gibt es alle Steuerungselemente, die man noch benötigt, um seine Schreckensherrschaft ein für alle Mal zu beenden. Doch dann treffen die Helden auf ein letztes, unerwartetes Hindernis. Hooded Cobra und seine Retribution League schlagen nun selbst zu. Sie möchten nicht, dass der Mandjet zerstört wird, sondern wollen ihn Doktor Möbius abknöpfen, um damit selbst die Welt zu erobern. Na ja, so hat sich Hooded Cobra das zumindest gedacht.

Das erste Zeichen, dass gerade etwas schief geht, besteht darin, dass das Schiff erzittert, man hört, wie der Antrieb zu grollen beginnt und sich das Schiff dann neigt und in eine lange Kurve geht. Die Robo-Gospog auf der Brücke wurden von den Schurken allesamt ausgeschaltet, und die Schurken haben selbst die verschiedenen Positionen besetzt. Hooded Cobra sitzt verrückt kichernd auf dem goldenen Thron und erteilt seinen Gefährten gerade den Befehl, Kurs auf Theben zu setzen und den Odem Ras gegen alle Ziele zu entfesseln, die sich dabei in den Weg stellen.

DIE RETRIBUTION LEAGUE

Auf der Brücke befindet sich nicht nur Hooded Cobra, sondern eine richtige Menagerie der überlebenden Mitglieder der Retribution League. Insgesamt sollten hier so viele Pulp-Schurken anwesend sein, wie Storm Knights in der Gruppe sind. Gib dabei jenen Schurken den Vorzug, für die eine *Nemesis*-Karte gespielt wurde oder die irgendeine Art von Beziehung oder Rivalität mit einem der Helden haben. Wenn in diesem Akt *Unweigerliche Rückkehr* gespielt wurde, wird der Gruppe ein zusätzlicher Schurke hinzugefügt, der in einem der früheren Akte sein Ende gefunden hat.

Die Schurken verfügen hier nicht über Schergen oder andere Ressourcen, und sie haben bei ihrem Plan, den Mandjet zu erobern und damit über das Imperium zu herrschen, alles auf eine Karte gesetzt. Sie sind durchaus dazu bereit, einander zu verraten, wenn der Lohn hoch genug ist. Dieser Anreiz sollte aber nicht ausreichen, damit sie das ganze Unterfangen ruinieren, nur um einen Vorteil herauszuschlagen.

- **Hooded Cobra:** siehe Seite 104
- Beliebige überlebende Mitglieder der Retribution League, siehe Seite 104
- Wenn nötig, kannst du auch überlebende Schurken aus einem früheren Akt einsetzen, die zuvor nicht der Retribution League angehört haben, sich ihnen aber nun angeschlossen haben und für dieses Finale von Hooded Cobra angeheuert wurden.

DEN MANDJET SABOTIEREN

Während des Kampfes besteht das Hauptziel des Teams darin, den Mandjet zu sabotieren. Dies bewerkstelligt man am besten bei der Antriebskontrolle. Dort kann man eine Überladung der Maschinen programmieren. Dazu ist eine Standard (MW 10) Probe auf *Computer* oder *Wissenschaft* erforderlich. Man kann die Sequenz mit einer Probe gegen MW 12 aufhalten. Die Schurken werden natürlich versuchen, die Zerstörungssequenz abzubrechen. Dann können sie die Helden mit einer Probe gegen MW 14 wieder starten, die Schurken können sie mit einer Probe gegen MW 16 wieder aufhalten und schlussendlich können sie die Helden mit einer Probe gegen MW 18 erneut starten. Die Überladung wird unaufhaltsam, sobald die Konsole drei Runden im Überladungsmodus ist oder wenn man sie zum dritten Mal neu startet.

Konsolen zerstören

Es ist möglich, Konsolen zu zerstören, damit niemand weiter daran herumspielen kann. Mit 18 oder mehr Schaden von einem einzelnen Angriff wird eine Konsole zerstört. Die Schurken werden nicht zu dieser Taktik greifen, da sie die Konsolen ja benötigen, um den Mandjet zu lenken und mit ihm anzugreifen.

DEN MANDJET UMLENKEN

Der Antrieb des Mandjets besteht aus einem Atomreaktor, der auf Verrückter Wissenschaft basiert. Minuten nach der Überladung explodiert das Schiff in einem brutalen Feuerball, der so groß ist wie eine Atombombe. Das sind

HOODED COBRAS PLAN

Hooded Cobras Plan ist einfach und elegant zugleich – zumindest ist er selbst davon überzeugt. Nach vielen Monaten voller Fehlschläge und ständigen Ermahnungen durch Möbius hat er begonnen, den Pharao zu verabscheuen und eigene Pläne zu schmieden, wie er ihn stürzen kann. Die anderen Mitglieder der Retribution League befinden sich in einer vergleichbaren Situation und haben sich mit ihm zusammengeschlossen, um ihre Situation zu verbessern.

Möbius hat Hooded Cobra genutzt, um verschiedene wichtige Komponenten für den Mandjet zu beschaffen, und dabei hatte er natürlich die Gelegenheit, ausführlich herauszufinden, wozu dieses Kampfschiff in der Lage ist. Manche Gegenstände hat er gefunden und behalten, andere hat er an die nervigen Storm Knights, die sich ständig einmischen mussten, verloren. Dennoch hat er genügend Komponenten zusammengetragen, um mittels eines komplizierten magischen Rituals auf die Brücke zu teleportieren, sobald Möbius vom Mandjet fortgelockt wurde. Jetzt hat er die Kontrolle über das Schiff an sich gerissen

Er ist der Ansicht, dass er mit dem Hinzufügen seiner eigenen Komponenten die Aura Atens so verstärken konnte, dass sie nicht einmal mehr von einem Düsterfaden überwunden werden kann. Natürlich kann es jemand noch immer versuchen, doch er wird dann in den Feuern des Sonnengottes Ra verbrennen, statt an Bord zu gelangen. Er ist davon überzeugt, dass Möbius, sobald er herausgefunden hat, dass jemand den Mandjet übernommen hat, versuchen wird, mittels Düsterfaden an Bord zu kommen und dabei sterben wird. Dadurch kann Hooded Cobra die Macht des Mandjets einsetzen, um die anderen Hochgouverneure zu unterwerfen und selbst zum Pharao werden!

Seine Modifikationen haben tatsächlich dafür gesorgt, dass eine Düsterfadenreise an Bord des Mandjets oder vom Bord des Mandjets nach draußen nun tödlich ist. Dummerweise ist Doktor Möbius zu dem Zeitpunkt, wo er seine Modifikationen beendet hat, schon an Bord gekommen und hält sich momentan in der Kammer des zerstörten Robelisken auf. Falls Hooded Cobra auf dieses letzte Scheitern aufmerksam wird, reagiert er mit einer Mischung aus Entsetzen, Zorn und überschäumendem Wahnsinn.

Dummerweise hat sein Plan keinen Raum für Scheitern. Keiner erhält die Gelegenheit, Dr. Möbius ein zweites Mal zu betrügen.

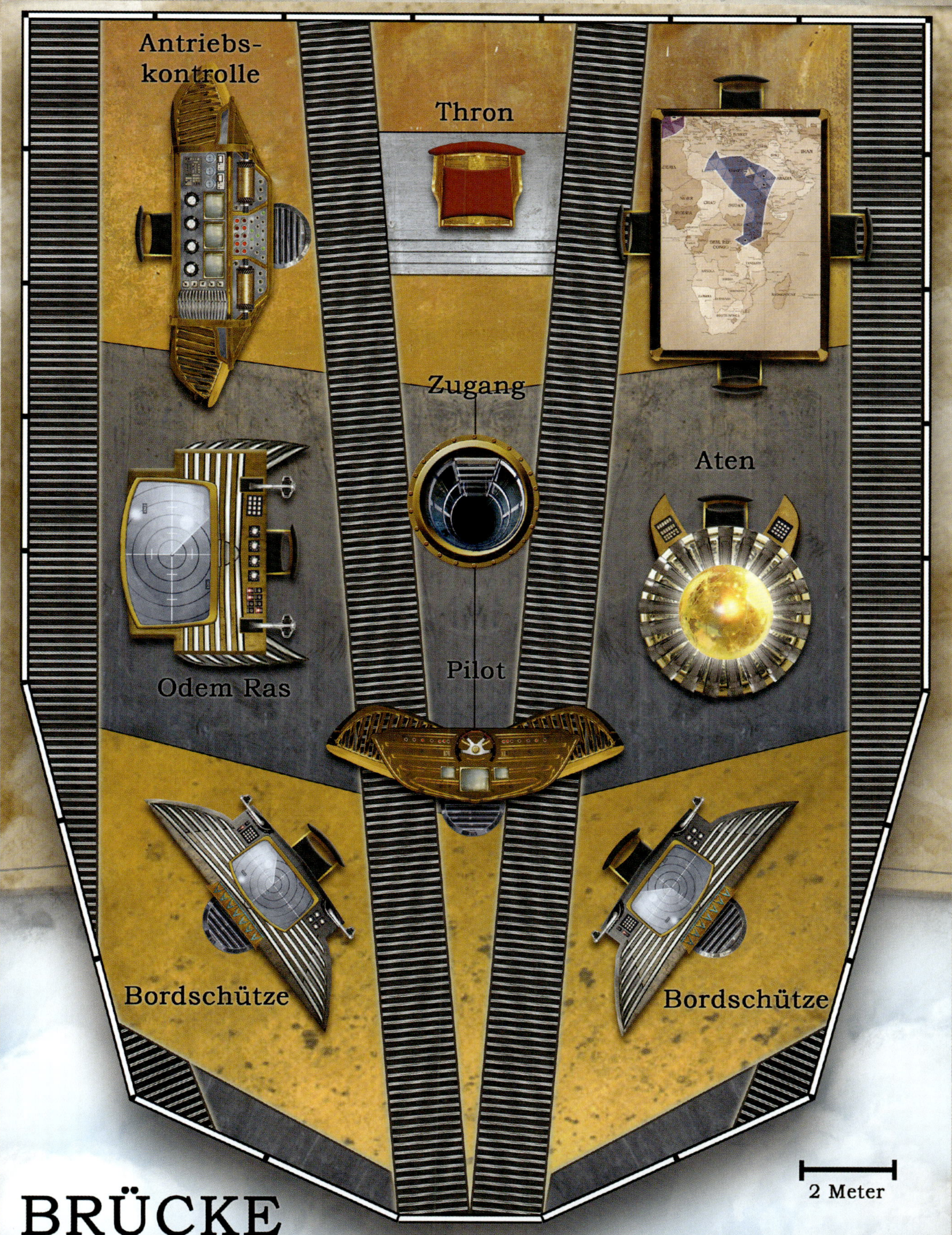
Antriebs-
kontrolle
Thron
Zugang
Aten
Odem Ras
Pilot
Bordschütze
Bordschütze
2 Meter

BRÜCKE

keine guten Nachrichten für Beirut, wenn das Fahrzeug an seiner momentanen Position verharrt. Um sich einen Überblick über die Steuerung zu verschaffen, das Fahrzeug zu einem neuen Ziel umzulenken und dazu zu bringen, zu sinken oder zu steigen, ist nur eine Einfache (MW 8) Probe auf *Luftfahrzeuge* erforderlich, die auf *Verstand* statt auf *Geschicklichkeit* basiert.

Mann könnte das Fahrzeug nach Norden oder Westen lenken, wodurch es direkt über das Mittelmehr fliegt. Für Leute am Boden ist es sicherer, wenn man das Fahrzeug in die Höhe lenkt als nach unten, aber dies könnte zu Schwierigkeiten für die Storm Knights führen, wenn sie das Fahrzeug sicher verlassen wollen. Wenn sie das Fahrzeug sehr nahe an den Grund lenken, können sie vermutlich ziemlich gefahrlos abspringen, aber dann könnte der Mandjet in ihrer Nähe abstürzen und dort explodieren.

Die Schurken kümmert es während des Kampfes gegen die Helden nicht wirklich, wohin der Mandjet steuert, außer sie erkennen, dass er in einen steilen Sturzflug übergeht, der droht, alle an Bord zu töten. Einen derartigen Sturzflug zu programmieren ist nicht einfach. Zu Anfang muss man eine Aktion aufwenden und eine Probe auf *Luftfahrzeuge*, die auf *Geschicklichkeit* basiert gegen MW 8 ablegen. Dann erhöht sich der MW in jeder Runde um +2. In der Runde, in der der MW 20 erreicht, schlägt der Mandjet am Boden auf, detoniert und löscht alles in vielen Kilometern Umkreis aus.

DER JOKER

Ein weiterer Faktor kann den ganzen Kampf auf der Brücke ziemlich über den Haufen werfen – die Ankunft von Doktor Möbius selbst! Seine Werte findest du im *Nil-Imperium Quellenbuch*. Seine Ankunft läutet das unweigerliche Ende ein. Du solltest dir also gut überlegen, wann du ihm seinen Auftritt verschaffen willst. Ein guter Zeitpunkt wäre beispielsweise, wenn es bereits zu spät ist, die Sabotage wieder ungeschehen zu machen. Du kannst ihn aber auch in Erscheinung treten lassen, falls die Schurken der Retribution League eindeutig die Oberhand gewonnen haben und die Situation für die Helden völlig verzweifelt ist. Möbius möchte die Retribution League für ihren Verrat vernichten und sein Zorn könnte einem glücklosen Team von Storm Knights die wertvollen Runden erkaufen, um das Schicksal des Mandjets doch noch zu besiegeln. In seiner Arroganz glaubt Möbius gar nicht daran, dass der Mandjet sabotiert werden kann, und sobald man ihm das Gegenteil bewiesen hat, schreit er etwas wie: „Neeeeein, das ist völlig unmöglich!"

„DAS IST EIN FAHRZEUG FÜR DIE GÖTTER, NICHT FÜR EINFACHE STERBLICHE." – PHARAO MÖBIUS

Wenn jemand vom Team anderswo die Stellung gehalten hat, wie bei der Evening Falcon oder in der Kammer des Robelisken, taucht Doktor Möbius zuerst dort auf, um ihn auszuschalten. Wenn jemand dumm genug ist, nicht sofort die Flucht zu ergreifen, kennt er keine Gnade. Er nimmt sich jedoch nicht die Zeit, fliehende Storm Knights direkt zu verfolgen. Sein Plan besteht darin, alle auf die Brücke zu treiben. Er ist davon überzeugt, dass sich diese momentan in einem Lockdown befindet, da er nicht weiß, dass sich Hooded Cobra und die anderen Schurken bereits die Kontrolle über den Mandjet verschafft haben.

SZENE 4: APOCALYPSE NOW!

Das ganze Team der Storm Knights, Doktor Möbius und die Reste der Retribution League halten sich auf der Brücke auf, und das Fahrzeug befindet sich in seinen Todeszuckungen. Die Kontrolltafeln leuchten wild auf, Funken tanzen darüber und Sicherungen explodieren. Aus den Fenstern kann man auch sehen, dass es an anderen Stellen des Fahrzeugs bereits zu Explosionen kommt. Jeder, der an Bord bleibt, ist dem sicheren Tod geweiht. Es gibt nur wenige Fluchtmöglichkeiten:

- **Die Evening Falcon:** Die beste Fluchtmöglichkeit für die Charaktere stellt das Schiff dar, mit dem sie an Bord gelangt sind. Selbst wenn es entdeckt wurde, während sie an Bord waren, befindet es sich noch immer an der gleichen Stelle und ist intakt. Doktor Möbius möchte nicht, dass es zerstört wird, da er selbst die Kontrolle darüber ergreifen will. Jeder, der zum Schiff will, nimmt an der unten beschriebenen Verfolgungsjagd teil.
- **Abspringen:** Es gibt noch einen verdammt raschen Weg nach draußen. Auf der Brücke befindet sich ein Glasfenster, das man zerstören kann, indem man ihm 10 Schaden zufügt. Charaktere, die auf irgendeine Weise fliegen können, können das Schiff einfach auf diesem Weg verlassen, sobald die Aura Atens ihre Funktion eingestellt hat. Andere können einfach abspringen, wenn sie auf die kluge Idee gekommen sind, einen Fallschirm mitzubringen. Völlig verzweifelte Charaktere können einfach so abspringen und darauf hoffen, dass es ihnen gelingt, die 50 + 1 BW Fallschaden bei Endgeschwindigkeit zu überleben, indem sie genug Schaden wegstecken.

SPRINT ZUM ZIEL

Hierbei handelt es sich um eine normale Verfolgungsjagd zu Fuß durch die Gänge und Räume des Mandjets. Die Charaktere legen in jeder Runden Proben auf *Geschicklichkeit* ab, und jeder unterschiedliche Schritt zwischen verschiedenen Teilnehmern der Verfolgungsjagd fügt Angriffen einen Malus von –2 hinzu. Nahkampfangriffe sind nur zwischen Charakteren im gleichen Schritt möglich. Ein Kritisches Problem könnte ein eingestürzter Gang sein, Komplikationen könnten darin bestehen, dass der Boden unter ihnen wegbricht und nur noch Gestänge und Balken übrigbleiben und ein Möglicher Rückschlag könnte damit abgehandelt werden, dass sich der entsprechende Charakter den Fuß verknackst.

Der MW für jeden Schritt beträgt 14. Doktor Möbius setzt Mehrfachaktionen ein, um mehrere Schritte auf einmal abzuhandeln oder um Charaktere auf dem Weg zu verspotten oder anzugreifen. Verbleibende Mitglieder der Retribution League nehmen an der Verfolgungsjagd nicht teil. Im Gegensatz zu Möbius wissen sie überhaupt nicht, dass die Evening Falcon angedockt hat und außerdem würde Möbius ihre Anwesenheit nicht tolerieren.

Die erste Person, die Schritt D erreicht, ist an der Falcon eingetroffen und kann sofort die Startsequenz einleiten.

- Wenn es sich dabei um Doktor Möbius handelt, kichert er manisch und verspottet die Helden: „Ihr habt mich viel gekostet, ihr verdammte Guttuer, aber jetzt werdet ihr wenigstens für euren Hochmut in den Flammen sterben!“ Alles ist noch nicht verloren – siehe in diesem Fall **Rettung aus höchster Not**, Seite 102.
- Wenn die Storm Knights das Fahrzeug zuerst erreichen, werden sie vermutlich sofort starten, damit Doktor Möbius nicht an Bord gelangen kann. Er ruft ihnen hinterher: „Seid verflucht! Ich werde mich rächen, Storm Knights. Das hier ist noch nicht vorbei!“ Dann verlässt er das Schiff mit einem Düsterfaden. Jeder, der noch an Bord ist, hat eine Chance, auf die Evening Falcon zu springen, indem er eine Anspruchsvolle (MW 12) *Luftfahrzeuge*–Probe ablegt. Natürlich können die Storm Knights, die die Verfolgungsjagd gewonnen haben, auf Nachzügler warten, doch wenn Möbius vor ihnen Schritt D erreicht, kommt er ebenfalls an Bord und lässt sich erst vertreiben, wenn er unterlegen ist!

Hindernisse

- Eine Explosion sorgt dafür, dass eine Fluchtroute von herabfallenden Trümmern versperrt wird. Mit einer Schweren (MW 15) *Stärke*-Probe kann man

COSM-KARTEN AUF DEM MANDJET

Ein paar Cosm-Karten haben spezielle Auswirkungen, wenn sie in diesem Akt gespielt werden.

- ***Da plötzlich:*** Normalerweise würde diese Karte einem Kampf ein unerwartetes Element hinzufügen, doch die Sicherheitsmaßnahmen an Bord des Mandjets machen das unwahrscheinlich. Stattdessen fügt die Karte ungefähr ein Dutzend Sturmsoldaten hinzu, die gegenüber der Retribution League loyal sind. Sie sind mit den Schurken an Bord gekommen und wurden an verschiedene Stellen im Schiff geschickt, um dort für zusätzliche Sicherheit zu sorgen.
- ***Gefangen:*** Es scheint in diesem Akt erst einmal keinen Raum für eine Gefangennahme zu geben. Eine Möglichkeit besteht jedoch darin, dass ein ausgeschalteter Held von Doktor Möbius mit Düsterfaden von Bord gebracht wird, bevor die Retribution League die Aura Atens modifizieren kann oder nachdem die Aura Atens ausgefallen ist und keine Reise per Düsterfaden mehr aufhalten kann.
- ***Glückliche Fügung:*** Das Schiff verfügt nicht über ein automatisches Brandbekämpfungssystem. Sollten Brände ausbrechen, so haben normalerweise die Robo-Gospog die Aufgabe, sie zu löschen. Dafür gibt es Wasserreservoirs an verschiedenen Stellen an Bord. Durch diese Karte könnte ein derartiges Reservoir zu einem günstigen Zeitpunkt bersten, wodurch Flammen gelöscht werden oder ein Schurke vorübergehend weggeschwemmt wird!
- ***Im Kreuzfeuer:*** Der Mandjet ist nicht dazu gebaut, um eine Mannschaft oder viele lebende Leute zu transportieren. Doch es ist möglich, dass sich gefangene Amazonen, Wissenschaftler oder Geiseln aus Beirut an Bord befinden. Jeder davon ist in einer Zelle gefangen, ähnlich wie dies beim Hindernis Ein Gefangener beschrieben ist. Die Karten *Verbindung* oder *Romanze* könnten ähnlich interpretiert werden.
- ***In die Verlängerung* und *Vorzeitiger Rückzug:*** Weitere Explosionen erschüttern das Schiff und zwingen Helden und Schurken dazu, neue Wege zu ihren Zielen zu finden. Bei einem Dilemma muss jeder Charakter eine *Ausweichen*-Probe gegen MW 10 ablegen. Wer scheitert, erleidet eine Wunde durch Flammen oder Schrapnell.

den Schutt anheben, sodass alle vorbeikommen. Ein Storm Knight, der das tut, kann allerdings in der Verfolgungsjagd in dieser Runde nur dann einen Fortschritt erzielen, wenn er einen Malus für Mehrfachaktionen in Kauf nimmt.

- Einer der Gänge steht in Brand. Jeder, der durch ihn läuft, erleidet 16 + 1 BW Schaden.
- Ein Gefangener! Ein gefangener Wissenschaftler oder eine Geisel, für die Doktor Möbius irgendwelche üblen Pläne hatte, schreit schwächlich um Hilfe. Man kann die Tür mit einer Standard (MW 10) Probe auf *Schlösserknacken* öffnen, und man kann die unschuldige Person auf der restlichen Verfolgungsjagd mitnehmen. Dadurch erleidet man keine Malusse auf seine Proben. Der Gefangene stammt vermutlich aus dem Mittleren Osten oder vielleicht handelt es sich sogar um eine Amazone.
- Raketen der Zentralerde schlagen im Mandjet ein, die ihn jetzt endlich erreichen können, da die Aura Atens ausgefallen ist. Die Helden sehen, wie eine Rakete in die Streben eines Propellerantriebs einschlägt. Die ganze Einheit wird abgerissen und taumelt in einer Spirale nach unten. Jeder kann sehen, dass sie dort einschlagen wird, wo sich momentan jene Charaktere aufhalten, die im niedrigsten Schritt der Verfolgungsjagd sind. Jene, die sich in diesem Schritt befinden, haben eine Runde Zeit, um zum nächsten Schritt zu gelangen. Andernfalls verlieren sie eine Runde, in der sie keinen Schritt gewinnen können, da sie hastig in Deckung gehen müssen.

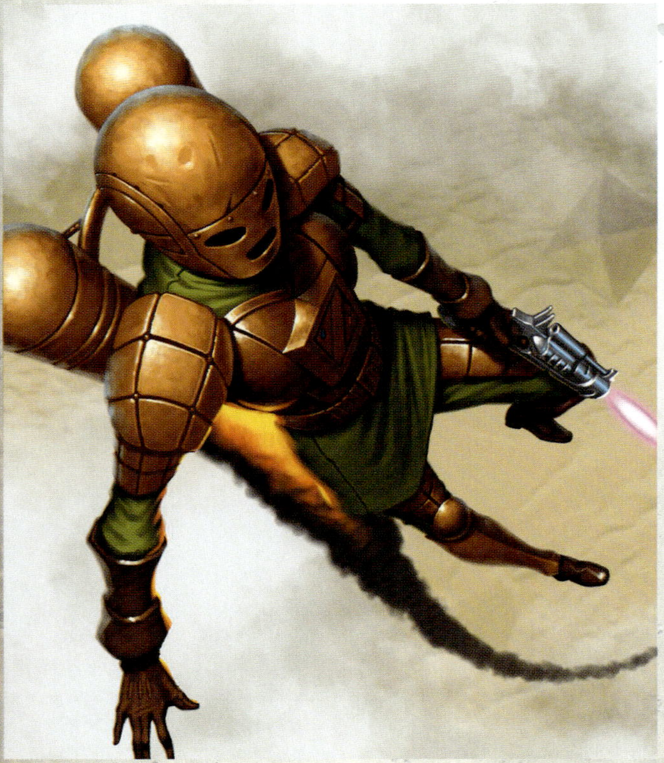

Manche Leute brauchen kein Luftschiff, um nach Hause zu kommen.

Rettung aus höchster Not

Wenn die Storm Knights ohne Fluchtmöglichkeit auf dem Mandjet festsitzen, ist die Lage wirklich verzweifelt für sie. Es sind keine Rocket Ranger in der Nähe. Ein Charakter mit der Kraft Fliegen sollte einen oder zwei andere Storm Knights retten können. Mit der Karte *Idee* oder einer erfolgreichen Probe auf *Verstand* kommt man auf eine verzweifelte Idee. Die Gruppe könnte auf eine der Antriebsverstrebungen klettern und den Antrieb vom Rumpf trennen.

Dieses Stück des Schiffs würde vom Rumpf mit hoher Geschwindigkeit unkontrolliert weggetrieben werden, wodurch es aus dem Bereich der nuklearen Explosion kommt. Während des verrückten Fluges kann man dann eine Sehr Schwere (MW 16) *Wissenschafts*-Probe ablegen, um so eine Art von Steuerung zu improvisieren und dann mit einer Sehr Schweren Probe auf *Luftfahrzeuge* eine halbwegs kontrollierte Bruchlandung hinzulegen. Wenn beide Proben scheitern, verursacht der Aufprall 15 + 1 BW Schaden bei allen Passagieren, wenn der Absturz im Mittelmeer erfolgt oder 25 + 1 BW bei einem Aufprall an Land. Das hängt davon ab, welchen Kurs die Helden dem Mandjet vor seinem Aufschlag gegeben haben.

Epilog

Helikopter sammeln die Überlebenden rasch ein und bringen sie zur medizinischen Versorgung und Nachbesprechung nach Beirut. Agent Musa Najafi ist anwesend und überbringt den Helden die Glückwünsche und Dankbarkeit des Delphi-Rats und der Bewohner der Region, dass sie die Schreckensherrschaft von Doktor Möbius' Superwaffe aufgehalten haben. Er sagt, dass das Team eine Pause redlich verdient hat. Der nächste Schritt besteht darin, die Absturzstelle zu sichern und festzustellen, ob noch Eternium geborgen werden kann, welches die Explosion überlebt hat. Wenn das so ist, will der Delphi-Rat verhindern, dass es in die Hände von Doktor Möbius gelangt.

Nach einiger Zeit werden die Helden von den Regierungen des Libanons und Israels als Helden anerkannt und mit Medaillen ausgezeichnet. Wenn es dem Team gelungen ist, die Evening Falcon zu retten, wird sie im Gegensatz zu Ewigkeitssplittern nicht vom Delphi-Rat beansprucht. Sie stellt eine weitere Belohnung für das Team dar. Die Zusammenarbeit zwischen dem Delphi-Rat, den örtlichen Regierungen und den überlebenden Mystery Men verbessert sich.

DR. FRESTS ABSCHIED

Wenn ihr das lest, habe ich mich erfolgreich gefangen nehmen lassen. Ich musste Möbius mit der einen Sache ablenken, der er nicht widerstehen konnte – mit mir!

Doch macht euch keine Sorgen. Es war mein eigener Plan, diese Konfrontation zu verlieren. Ich kämpfe nun schon so lange gegen Doktor Möbius und ich kenne ihn besser, als er sich selbst kennt. Er wird seinen Sieg feiern. Er wird prahlen. Und er wird persönlich anwesend sein wollen, wenn ich in das infernalische Omegatron gesteckt werde.

Ich bin dafür bereit, und ich habe meine eigenen Mittel, um aus dem Foltergerät zu entkommen. Vielleicht kann ich dabei sogar seine Existenz beenden. Doch selbst wenn ich scheitere, wird er sich lange genug von seinem geliebten Mandjet entfernen, damit ihr ihn ungehindert sabotieren könnt. Nutzt diese Gelegenheit weise.

Wenn mein Plan scheitert und falls ich nicht zurückkehre, werdet ihr meinen Kampf gegen das Böse weiterführen. Ihr seid wahre Mystery Men und Women. Ich begebe mich in dem Wissen in diese große Gefahr, dass dieser Cosm und alle anderen gut verteidigt sind. Auf Wiedersehen und viel Glück.

Hochachtungsvoll

Dr. Alexis Fenimore Frest, D.D. DSc. Ph.D. PsyD. RA

Spione aus dem Nil-Imperium berichten davon, dass Dr. Frests Opfer permanent gewesen zu sein scheint. Welchen Plan er auch immer hatte, das Omegatron auszuschalten und zu flüchten, scheint gescheitert zu sein. Das Gerät entfaltet noch immer seine fürchterliche Wirkung und Dr. Frests Abwesenheit lastet schwer auf den Mystery Men. Der Pharao selbst wirkt ebenfalls missmutig und zurückgezogen, und seine Offensive wird für mehrere Monate hinausgezögert. Die Retribution League wurde vollständig zerschmettert. Allen Mitgliedern, die die Helden nicht selbst ausgeschaltet haben, wurde die Möbius' Rache zuteil und ihr endgültiges Schicksal ist unbekannt.

Wenn der Mandjet allerdings überlebt hat, gibt es kein Lob und keine Auszeichnungen für die Überlebenden. Er landet wie geplant in Beirut und aktiviert die Stele, die dafür sorgt, dass Israel von einer Axiomswelle überschwemmt wird. Jordanien, Syrien und der Irak fallen innerhalb weniger Monate. Sobald die Arabische Halbinsel erobert ist, zieht Möbius den Mandjet zurück und versteckt ihn irgendwo im Imperium. Dies liegt daran, dass sich die anderen High Lords besorgt über die Superwaffe und ihre Fähigkeit, in anderen Reichen und auf dem Gebiet der Zentralerde zu operieren, gezeigt haben. Offensichtlich möchte Möbius sie sich für wichtige Eroberungen aufsparen.

DIE RETRIBUTION LEAGUE

Die Retribution League ist ein geheimes Verbrechersyndikat, das überall im Nil-Imperium seine schurkischen Finger im Spiel hat. Es wurde von Hooded Cobra gegründet. Dieser Schurke kommt aus Terra und wurde ursprünglich von Doktor Möbius rekrutiert. Die Retribution League wird durch die Tatsache geeint, dass alle Mitglieder schon des Öfteren niederschmetternde Niederlagen durch diverse Pulp-Helden hinnehmen mussten und außerdem davon träumen, eines Tages Möbius selbst zu stürzen.

Hooded Cobra hat sich bei verschiedenen Gelegenheiten als nützlich erwiesen, wurde also bei der Invasion der Zentralerde von Möbius als einer seiner wichtigsten Agenten ausgewählt. Er wurde einem Team mit dem slawischen Boxer Brick-Knuckle Branko und der exzentrischen Lady Hourglass zugeteilt. Beide waren früher Proteges des Heimtückischen Wu-Han.

Während der Invasion wurden ihre Pläne von frisch transformierten Storm Knights vereitelt, denen es gelang, ihnen ein wichtiges Artefakt direkt unter der Nase wegzuschnappen. Ein tobender Möbius degradierte das Team und teilte es für weitere schurkische Taten Kairo zu. Die so herabgesetzten Schurken haben bis heute an diesem Schlag gegen ihren Stolz zu knabbern.

Obwohl es Hooded Cobra inzwischen gelungen ist, sich erneut das Vertrauen von Möbius zu erschleichen, bleibt sein brennender Hass bestehen, und er plant insgeheim, schlussendlich den Pharao zu stürzen. Er hat seine alten Verbündeten und ein paar neue Rekruten in Form von Schurken, die ebenfalls schwere Niederlagen hinnehmen mussten, um sich versammelt. Mit diesen hat er die geheim agierende Retribution League gegründet.

Seit Monaten nun baut die Liga ihr kriminelles Imperium auf, aber alle Mitglieder halten ihr Endziel streng geheim.

HOODED COBRA

Der Anführer der Retribution League verhält sich ständig schrill und erratisch und steht vermutlich kurz davor, dem Wahnsinn anheim zu fallen, statt dies nur zu spielen. Er kleidet sich ähnlich wie ein Sturmsoldat, aber sein Kopfschmuck besteht aus einer Maske, die an eine Kobra erinnert. Außerdem trägt er eine Lederrüstung, die seinen Torso schützt. Er kämpft mit zwei Elektrostrahlpistolen, die er als die Fänge der Kobra bezeichnet.

Zitat: „Narr! Niemand kann Hooded Cobra übertrumpfen!"

Attribute: Charisma 7, Geschicklichkeit 9, Verstand 11, Geist 11, Stärke 9

Fertigkeiten: Ausweichen 13, Einschüchtern 12, Energiewaffen 15, Feuerwaffen 11, Finden 9, Heimlichkeit 12, Landfahrzeuge 12, Nahkampfwaffen 13, Realität 14, Tricksen 13, Verspotten 11, Waffenloser Kampf 13, Wasserfahrzeuge 11

Bewegung: 9; **Robustheit:** 11 (2); **Schock:** 11; **Wunden:** 3

Ausrüstung: Fänge der Kobra, zwei Pistolen, mit deren Hilfe er seinen Vorzug Elektrostrahl einsetzt (Schaden 15, Kleine Explosion), Lederrüstung +2

Vorzüge: Anfeuern, Elektrostrahl

Möglichkeiten: 3

Spezielle Fähigkeiten:

- **Redeschwall:** Wenn Hooded Cobra einen Patzer erzielt, beginnt er, vor dem Mund zu schäumen und wirres Zeuges zu reden, dass er nur von Narren umgeben sei. Dadurch wird er Sehr Verwundbar.
- **Schadenfreude:** Wenn es sich bei *Verspotten* oder *Einschüchtern* um eine Anerkannte Aktion handelt, kann Hooded Cobra die gesamte Gruppe ohne Malus für Mehrfach-Zielauswahl anvisieren. Betroffene Helden müssen eine zufällige Karte von der Hand abwerfen.
- **Schergen:** Hooded Cobra darf einen erlittenen Treffer auf einen Sturmsoldaten übertragen, der sich einige Meter von ihm entfernt aufhält, wenn ihm eine *Realitäts*-Probe gelingt.

BRICK-KNUCKLE BRANKO

Wenn die Retribution League die Dienste eines Schlägers benötigt, sind sie bei Brick-Knuckle Branko genau an der richtigen Stelle. Er ist ein Muskelprotz aus Osteuropa, der sich sogar den Ruf verdient hat, fair zu kämpfen – na ja, meistens. Ein paar zu viel Schläge gegen den Kopf beim Boxen haben dafür gesorgt, dass er nicht mehr der Hellste ist. Er trägt meist ein Boxeroutfit, hat einen gewachsten Schnauzer und spezielle Boxhandschuhe, auf denen eine eingestickte goldene Kobra prangt.

Zitat: „Bleibt einfach liegen!"

Attribute: Charisma 8, Geschicklichkeit 10, Verstand 5, Geist 12, Stärke 15

Fertigkeiten: Ausweichen 13, Einschüchtern 15, Heimlichkeit 15, Landfahrzeuge 8, Manövrieren 14, Nahkampfwaffen 11, Realität 13, Verspotten 11, Waffenloser Kampf 16

Bewegung: 10; **Robustheit:** 16; **Schock:** 14; **Wunden:** 3

Ausrüstung: Spezielle Boxhandschuhe (*Stärke* +4/19 Schaden, Treffer richten zusätzlich 1 Schock an)

Vorzüge: Ausdauer, Raubein, Robustheit, Schläger

Möglichkeiten: 3

Spezielle Fähigkeiten: –

LADY HOURGLASS

Die wortgewandte Lady Hourglass kümmert sich um das tatsächliche Brotgeschäft der Retribution League, wie etwa das Betreiben von Schmuggelorganisationen und Spielstuben. Sie hasst schwache Frauen und verspottet jede in Not geratene Frau, die Hilfe benötigt. Sie trägt normalerweise teure Abendkleider, die mit einer Kobra, die sich um ein Stundenglas windet, geschmückt sind. Ihr wahres Markenzeichen ist ein Monokel, das wie ein Stundenglas aussieht und das sie im rechten Auge trägt. Mit seiner Hilfe kann sie den Verstand anderer Personen kontrollieren.

Zitat: „Schau mir in die Augen, Kleiner …"

Attribute: Charisma 13, Geschicklichkeit 8, Verstand 10, Geist 10, Stärke 7

Fertigkeiten: Ausweichen 11, Feuerwaffen 11, Finden 13, Heimlichkeit 10, Manövrieren 11, Realität 12, Tricksen 13, Überreden 17, Verspotten 17, Waffenloser Kampf 9, Willenskraft 14

Bewegung: 8; **Robustheit:** 7; **Schock:** 10; **Wunden:** 3

Ausrüstung: Mauser C96 (Schaden 13, Reichweite 10/25/40, Munition 10)

Vorzüge: Gedankenkontrolle, Starker Wille

Möglichkeiten: 3

Spezielle Fähigkeiten:

- **Hypnotisches Monokel:** Dieser Gesichtsschmuck gestattet es Lady Hourglass, Gedankenkontrolle mit *Überreden* zu nutzen statt mit *Willenskraft*. Eine Verbesserung der Superkraft sorgt dafür, dass sie den Malus von –4 durch feindselige Ziele ignorieren kann.

GRAND CICADA

Gabi Shalit ist eine eheMalussege Einbrecherin. Es gelang ihr, das Fluggeschirr eines Skarabäuskriegers zu stehlen und es so zu verändern, dass sie es trotz ihrer schlanken Gestalt nutzen kann. Sie wollte ihr Kostüm so modifizieren, dass man eine Zikade in ihr sieht, doch dummerweise erinnert ihr Aussehen im Kostüm eher an das einer gewöhnlichen Kakerlake. Deswegen wird sie in den örtlichen Zeitungen ziemlich unschmeichelhaft als „die menschliche Kakerlake" bezeichnet. Helden und Schurken gleichermaßen scheinen es unglaublich lustig zu finden, sie stets so zu nennen, was sie vor Wut rasend macht. Ihrer eigenen Überzeugung nach ist sie großartig und unbezwingbar, und sie freut sich schon darauf, ein paar Helden zu besiegen oder ihre schurkischen Kollegen auf andere Weise davon zu überzeugen, dass sie eine ernste Bedrohung darstellt.

Zitat: „Nichts kann mich töten!"

Attribute: Charisma 8, Geschicklichkeit 12, Verstand 8, Geist 9, Stärke 8

Fertigkeiten: Ausweichen 17, Einschüchtern 12, Manövrieren 17, Nahkampfwaffen 12, Realität 12, Tricksen 13, Verspotten 10, Waffenloser Kampf 13

Bewegung: 12; **Robustheit:** 12 (4); **Schock:** 9; **Wunden:** 3

Ausrüstung: Chitinpanzer (siehe unten), Fluggeschirr, Bullenpeitsche (Schaden *Stärke* +2, Reichweite 3 Meter)

Vorzüge: Fliegen, Wandlauf

Möglichkeiten: 3

Spezielle Fähigkeiten:

- **Rüstung:** Chitinpanzer +4
- **Flügelklingen:** zählt wie ein Waffenloser Angriff, der *Stärke* +2 Schaden verursacht
- **Empfindlich:** Leute, die sie mit Begriffen wie Stinkkäfer oder Menschliche Kakerlake belegen, können *Verspotten* Begünstigt einsetzen.
- **Fliegen:** Gabi kann bis zu 250 Meter je Runde fliegen (Wert 12). Die Flügel geben ein lautes Surren von sich, wodurch sie auf Proben auf *Heimlichkeit* einen Malus von –4 erleidet, wenn sie fliegt.
- **Wandlauf:** Gabi kann auf jeder Wand und jeder Oberfläche mit ihrer vollen Geschwindigkeit laufen, ohne ihre Hände dabei zu benutzen.

SIR ARTHUR HENRY KILLINGSWORTH

Sir Arthur Henry Killingsworth wird von vielen Leuten als der Experte auf dem Gebiet der Großwildjagd anerkannt. Es gibt so gut wie kein Tier, das er nicht schon gejagt und getötet hat. Doch diese neue Welt nach der Invasion der Realitätsplünderer hat sich als wahres Paradies für ihn erwiesen, da Tiere wie Nashörner und Elefanten durch fantastische Bestien wie Dinosaurier und Drachen ersetzt wurden. Killingsworth ist ein eheMalusseger Soldat und muskulös und athletisch. Er ist immer so gekleidet, als ob er gleich zu einer Safari aufbrechen würde, vom Tropenhelm bis zu den Stiefeln.

Zitat: „Das war meine beste Beute bisher, alter Kumpel!"

Attribute: Charisma 9, Geschicklichkeit 12, Verstand 9, Geist 11, Stärke 12

Fertigkeiten: Ausweichen 13, Feuerwaffen 17, Finden 14, Heimlichkeit 14, Landfahrzeuge 14, Luftfahrzeuge 13, Nahkampfwaffen 15, Realität 12, Reiten 15, Spurenlesen 14, Überlebenskunst 14, Waffenloser Kampf 14

Bewegung: 12; **Robustheit:** 12; **Schock:** 11; **Wunden:** 4

Ausrüstung: Elefantenbüchse (Schaden 15, Reichweite 40/80/160), Munition 2, Unhandlich, PB 2), Bullenpeitsche (*Stärke* +2/14 Schaden, Reichweite 3 Meter), Buschmesser (*Stärke* +2/14 Schaden)

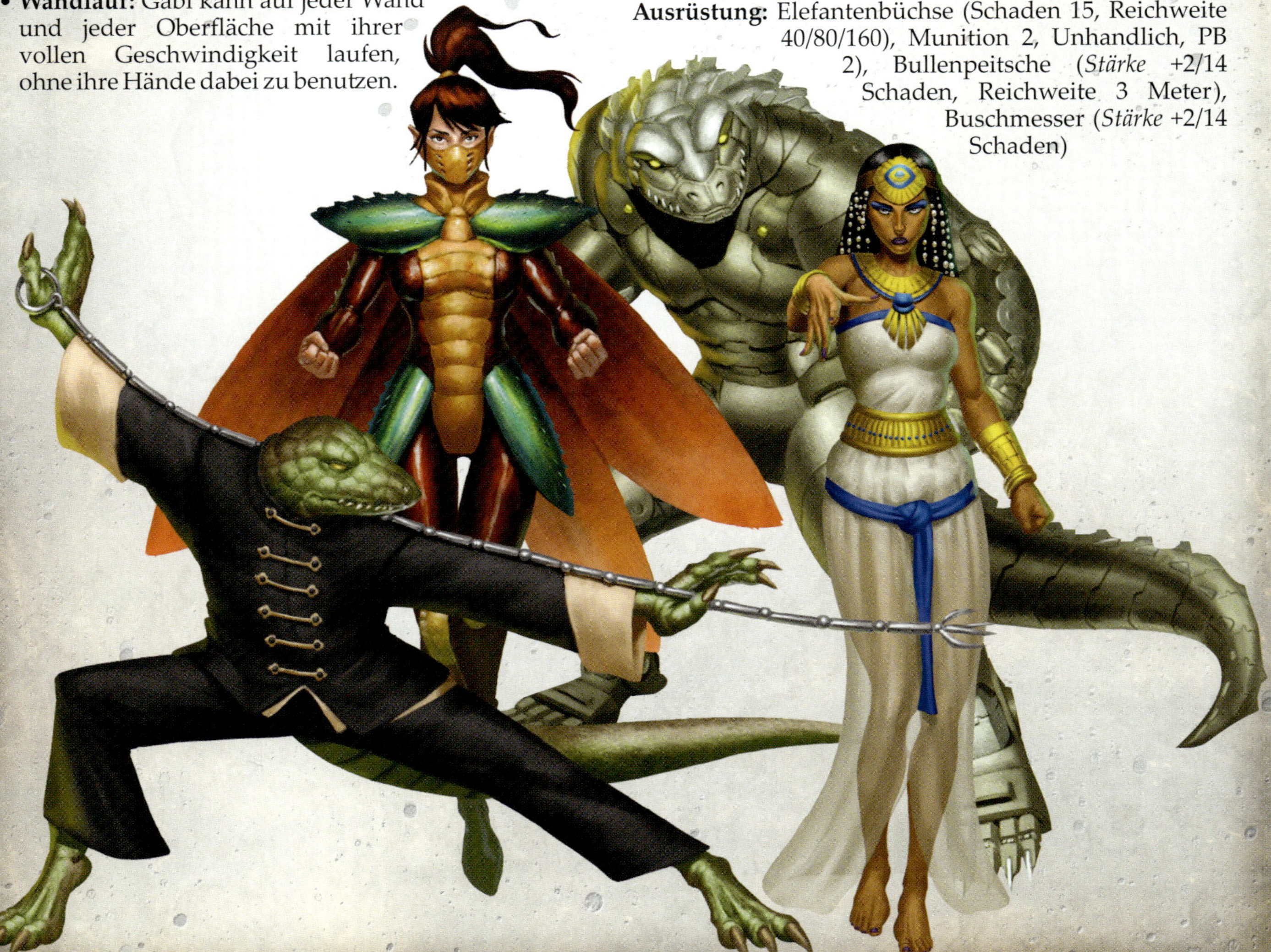

Vorzüge: Lieblingswaffe (Elefantenbüchse), Scharfschütze, Schwer zu töten

Möglichkeiten: 3

Spezielle Fähigkeiten:

- **Meisterschütze:** Wenn sich Killingsworth nicht beweget und keine anderen Aktionen einsetzt, kann er Zielen, ohne dadurch eine Runde zu verlieren.

MIRAGE

Die Frau, die sich Mirage nennt, ist in Wahrheit die Zauberin Nathifa, die vor langer Zeit gestorben ist. Sie wurde für ihre Verbrechen lebendig mumifiziert und an einem vergessenen Ort begraben. Durch die Axiomswelle ist sie wieder zum Leben erwacht. Mirage kleidet sich wie eine noble Frau des alten Ägyptens, in fließendes Leinen und Leder. Sie trägt eine Tiara in Form einer Kobra auf dem Kopf und setzt ihre Magie ein, um ihr wahres verdorrtes Aussehen zu tarnen. Hooded Cobra plant, Mirage zu seiner Königin zu machen, sobald er Pharao ist. Sie plant, ihn kurz danach zu ermorden.

Zitat: „Ich habe die Zeit selbst besiegt – ihr habt nicht die geringste Chance gegen mich!"

Attribute: Charisma 8, Geschicklichkeit 11, Verstand 9, Geist 13, Stärke 10

Fertigkeiten: Apportation 10, Beschwörung 14, Einschüchtern 17, Finden 12, Gassenwissen 13, Heimlichkeit 14, Nahkampfwaffen 15, Realität 15, Tricksen 12, Verwandlung 14, Wahrsagung 10, Willenskraft 15

Bewegung: 11; **Robustheit:** 10; **Schock:** 13; **Wunden:** 3

Ausrüstung: Dolche (*Stärke* +1/11)

Vorzüge: Mumie, Pulp-Zauberer (*Blaue Bande der Bastet, Illusion erschaffen*), Zauberkundiger (*Angst, Blitz, Magie entdecken, Mit Toten sprechen, Verkleidung*)

Möglichkeiten: 3

Spezielle Fähigkeiten:

- **Schleier:** Mirage muss jeden Tag bei Mondaufgang ein Ritual vollführen, um ihr jugendliches Aussehen zu bewahren. Das Ritual nimmt eine Minute in Anspruch, und sie muss dabei eine speziell vorbereitete Kerze entzünden.
- **Untot:** Mirage ist immun gegen Gift und andere Effekte, die Atmung, Essen oder andere „lebende" biologische Prozesse erfordern.

GREEN DRAGON

Der Edeinos, der als Green Dragon bekannt ist, verirrte sich in dem riesigen Höhlensystem, das durch die Axiomswelle erschaffen wurde und kam zahlreiche Wochen später im Nil-Imperium an die Oberfläche. Er entkoppelte bei einem zufälligen Zusammentreffen mit einem Sturmsoldaten. Dann gab ihm die seltsame neue Realität die Fähigkeiten eines Kampfkünstlers. In Kairo traf er auf einen blinden Sifu, der ihn weiter in den Künsten des Drachen-Kung-Fu ausbildete, und kurz darauf schloss er sich der Retribution League an.

Green Dragon tarnt seine wahre Gestalt mit einer stilisierten chinesischen Drachenmaske und mit einer Seidenrobe, die mit einer Kobra bestickt ist.

Green Dragon ist im Rahmen dieses Abenteuers in keinem Akt der Hauptgegner der Gruppe, aber du kannst ihn als Verstärkung oder als einen Ersatz für einen Schurken einsetzen, der zu dem Zeitpunkt, zu dem er seinen Auftritt hätte, gerade tot ist.

Zitat: „Ihr werdet niemals meine Geheimtechnik der 23 Wurfsterne bezwingen."

Attribute: Charisma 6, Geschicklichkeit 13, Verstand 8, Geist 10, Stärke 12

Fertigkeiten: Ausweichen 14, Einschüchtern 13, Fernkampfwaffen 15, Finden 10, Heimlichkeit 14, Manövrieren 15, Nahkampfwaffen 14, Realität 12, Verspotten 10, Waffenloser Kampf 17, Willenskraft 14

Bewegung: 13; **Robustheit:** 12; **Schock:** 12; **Wunden:** 3

Ausrüstung: Kettenpeitsche (Schaden *Stärke* +2/14, Reichweite 3 Meter), Wurfstern (Schaden *Stärke* +1/13, Reichweite 5/10/15)

Vorzüge: Adrenalin, Ausdauer, Schläger, Wirbelwind

Möglichkeiten: 3

Spezielle Fähigkeiten:

- **Biss/Krallen:** Schaden *Stärke* +4/16

ANDERE GEGNER UND VERBÜNDETE

AKOLYTH

Attribute: Charisma 9, Geschicklichkeit 7, Verstand 8, Geist 10, Stärke 7

Fertigkeiten: Ausweichen 8, Beweisanalyse 10, Einschüchtern 11, Erste Hilfe 9, Feuerwaffen 8, Finden 9, Gelehrsamkeit 10, Glauben 13, Tricksen 9, Verspotten 10, Waffenloser Kampf 8, Willenskraft 11

Bewegung: 7; **Robustheit:** 9 (2); **Schock:** 10; **Wunden:** 1 oder 3

Ausrüstung: Schutz-Ankh (Rüstung +2), Dolch (Schaden *Stärke* +1/8)

Vorzüge: Wunderwirker (*Feind abwehren, Verfluchen, Waffensegen*)

Möglichkeiten: Selten (2)

Spezielle Fähigkeiten: –

BEDUINE

Attribute: Charisma 6, Geschicklichkeit 8, Verstand 7, Geist 8, Stärke 8

Fertigkeiten: Ausweichen 10, Einschüchtern 9, Erste Hilfe 8, Feuerwaffen 10, Finden 8, Heimlichkeit 9, Manövrieren 9, Nahkampfwaffen 10, Reiten 10, Überlebenskunst 9, Waffenloser Kampf 9

Bewegung: 8; **Robustheit:** 8; **Schock:** 10; **Wunden:** –

Ausrüstung: 308er Gewehr (Schaden 14, Reichweite 40/80/160), Messer (Schaden *Stärke* +1/9)

Vorzüge: Ausdauer

Möglichkeiten: Selten (2)

Spezielle Fähigkeiten: –

ELITE-STURMSOLDAT

Attribute: Charisma 10, Geschicklichkeit 10, Verstand 10, Geist 12, Stärke 10

Fertigkeiten: Ausweichen 14, Einschüchtern 15, Erste Hilfe 12, Feuerwaffen 15, Finden 13, Gassenwissen 12, Glauben 14, Landfahrzeuge 14, Manövrieren 13, Nahkampfwaffen 15, Projektilwaffen 13, Reiten 13, Schwere Waffen 14, Spuren lesen 13 (nur Spezialeinheit), Tricksen 13, Überlebenskunst 14, Verspotten 11, Waffenloser Kampf 15, Willenskraft 16

Bewegung: 10; **Robustheit:** 10; **Schock:** 14; **Wunden:** 1

Ausrüstung: KK81 Gewehr (Schaden 14) oder 7.92 KAR Sturmgewehr (Schaden 14, Langer Feuerstoß), zwei Splittergranaten (Schaden 16, Mittlere Explosion), Messer (*Stärke* +2/12)

Vorzüge: Ausdauer, Scharfschütze

Möglichkeiten: Selten (2)

Spezielle Fähigkeiten: –

HAJJAR-VOLLSTRECKER

Attribute: Charisma 6, Geschicklichkeit 8, Verstand 6, Geist 6, Stärke 8

Fertigkeiten: Ausweichen 10, Einschüchtern 10, Feuerwaffen 11, Finden 8, Landfahrzeuge 9, Manövrieren 9, Tricksen 8, Verspotten 8, Waffenloser Kampf 10

Bewegung: 8; **Robustheit:** 8; **Schock:** 8; **Wunden:** –

Ausrüstung: Thompson 1928 (Schaden 14, Langer Feuerstoß, Reichweite 15/30/60)

Vorzüge: –

Möglichkeiten: Selten (2)

Spezielle Fähigkeiten: –

KROKODIL

Attribute: Charisma 4, Geschicklichkeit 7, Verstand 4, Geist 8, Stärke 12

Fertigkeiten: Ausweichen 8, Einschüchtern 10, Finden 8, Heimlichkeit 11, Tricksen (9), Verspotten (9), Waffenloser Kampf 10

Bewegung: 7; **Robustheit:** 15 (3); **Schock:** 8; **Wunden:** 1

Ausrüstung: -

Vorzüge: -

Möglichkeiten: niemals

Spezielle Fähigkeiten:

- **Biss:** Schaden *Stärke* +2/14
- **Rüstung:** Schuppenhaut +3
- **Schwimmen:** Der Bewegungswert im Wasser beträgt 11.

MAFIA-SCHERGE

Attribute: Charisma 7, Geschicklichkeit 8, Verstand 6, Geist 8, Stärke 10

Fertigkeiten: Ausweichen 9, Beruf (Mafiascherge) 7, Einschüchtern 12, Feuerwaffen 11, Finden 8, Gassenwissen 9, Landfahrzeuge 10, Manövrieren 10, Nahkampfwaffen 9, Schlösserknacken 10, Verspotten 9, Waffenloser Kampf 10

Bewegung: 8; **Robustheit:** 10; **Schock:** 8; **Wunden:** –

Ausrüstung: Thompson 1928 (Schaden 14, Langer Feuerstoß, Reichweite 15/30/60), Schlagringe (Schaden *Stärke* +1/13)

Vorzüge: Schläger

Möglichkeiten: Selten (2)

Spezielle Fähigkeiten: –

MUMIE

Attribute: Charisma 5, Geschicklichkeit 6, Verstand 6, Geist 12, Stärke 13

Fertigkeiten: Einschüchtern 15, Finden 10, Heimlichkeit 8, Spurenlesen 10, Waffenloser Kampf 8, Willenskraft 15

Bewegung: 6; **Robustheit:** 13; **Schock:** –; **Wunden:** 1

Ausrüstung: –

Vorzüge: –

Möglichkeiten: nie

Spezielle Fähigkeiten:

- **Angst:** Mumien verfügen über ein furchterregendes Ächzen. Wenn ein Charakter erstmals in einem Akt auf diese Kreatur trifft, muss er eine Probe auf

Willenskraft oder *Geist* bestehen. Wenn er scheitert, ist er Sehr Angeschlagen.

- **Brennbar:** Mumien erleiden durch Feuerschaden + 1 BW Schaden.
- **Stumpfsinnig:** Mumien sind gegen *Einschüchtern* und *Verspotten* sowie gegen telepathische Kräfte immun.
- **Unerbittlich:** Mumien ignorieren Schock.
- **Untot:** Mumien sind immun gegen Gift und andere Effekte, die Atmung, Essen oder andere „lebende" biologische Prozesse erfordern.

NIL-IMPERIUM GOSPOG DER DRITTEN PFLANZUNG

Attribute: Charisma 5, Geschicklichkeit 12, Verstand 7, Geist 10, Stärke 14

Fertigkeiten: Ausweichen 14, Einschüchtern 13, Finden 12, Manövrieren 14, Tricksen (12), Verspotten (12), Waffenloser Kampf 15, Willenskraft 12

Bewegung: 12; **Robustheit:** 17 (3); **Schock:** –; **Wunden:** 2

Ausrüstung: –

Vorzüge: –

Möglichkeiten: nie

Spezielle Fähigkeiten:

- **Ausfahrbare Krallen:** Schaden *Stärke* +3/17
- **Rüstung:** Steinhaut +3
- **Angst:** Gospog der Dritten Pflanzung erscheinen als furchterregende Mumien. Wenn ein Charakter auf sie trifft, muss er eine Probe auf *Willenskraft* oder *Geist* bestehen. Wenn er scheitert, ist er Sehr Angeschlagen.
- **Immunität:** Gospog der Dritten Pflanzung sind gegen *Einschüchtern* immun.
- **Springen:** Ein derartiger Gospog kann seine doppelte Bewegung weit springen, ist dadurch allerdings Verwundbar.
- **Sprinter:** Diese Gospog können 170 Meter je Runde laufen oder 80 km/h (Bewegungsrate 11).
- **Stumpfsinnig:** Gospog sind immun gegen *Einschüchtern*- und *Verspotten*-Aktionen.
- **Unerbittlich:** Gospog ignorieren Schock.
- **Untot:** Gospog sind immun gegen Gift und andere Effekte, die Atmung, Essen oder andere „lebende" biologische Prozesse erfordern.
- **Wandlauf:** Gospog der Dritten Pflanzung können an Wänden entlanglaufen (müssen dabei aber ihre Hände benutzen), und zwar so schnell wie sie laufen können. Wenn sie sich nicht bewegen, können sie mit den Füßen alleine an der Wand bleiben und die Hände anderweitig einsetzen. Sie können nicht an der Decke laufen.

NIL-IMPERIUM STURMSOLDAT

Attribute: Charisma 6, Geschicklichkeit 7, Verstand 7, Geist 8, Stärke 8

Fertigkeiten: Ausweichen 8, Einschüchtern 9, Erste Hilfe 8, Feuerwaffen 8, Finden 8, Gassenwissen 8, Landfahrzeuge 8, Manövrieren 8, Nahkampfwaffen 8, Reiten 8, Schwere Waffen 8, Tricksen 8, Überlebenskunst 8, Verspotten 7

Bewegung: 7; **Robustheit:** 8; **Schock:** 8; **Wunden:** -

Ausrüstung: Kurzschwert (*Stärke* +2/10), MP-40 (Schaden 13, Kurzer Feuerstoß, Reichweite 10/25/40, Karabiner)

Vorzüge: -

Möglichkeiten: Selten (2)

Spezielle Fähigkeiten: -

SKARABÄENSCHWARM

Attribute: Charisma 5, Geschicklichkeit 6, Verstand 3, Geist 8, Stärke 8

Fertigkeiten: Ausweichen 8, Heimlichkeit 8, Manövrieren 10, Spuren lesen 8, Tricksen (8), Waffenloser Kampf 11

Bewegung: 6; **Robustheit:** 8; **Schock:** 8; **Wunden:** 2

Ausrüstung: –

Vorzüge: –

Möglichkeiten: nie

Spezielle Fähigkeiten:

- **Angst:** Wenn man sich einem Schwarm fleischfressender Insekten gegenübersieht, ist das eine fürchterliche Erfahrung. Wenn ein Charakter erstmals in einem Akt auf diese Kreatur trifft, muss er eine Probe auf *Willenskraft* oder *Geist* bestehen. Wenn er scheitert, ist er Sehr Angeschlagen.
- **Graben:** Kann sich mit normaler Geschwindigkeit durch kleine Risse oder Sand bewegen.
- **Mandibeln:** Eine Kreatur, die zu Beginn ihres Zuges in Kontakt mit dem Insektenschwarm ist, erleidet automatisch 4 Schock. Ziele, die Verwundbar oder Sehr Verwundbar sind, erleiden 1 Wunde, 4 Schock.
- **Schwarm:** Waffenlose Angriffe und Waffen mit Schmetterwirkung verursachen ihren Schaden normal. Klingenwaffen, Projektilwaffen und Waffen, die nicht Dutzende Kreaturen gleichzeitig treffen können, verursachen dagegen keinen Schaden.
- **Stumpfsinnig:** Insekten sind gegen *Einschüchtern* und *Verspotten* und gegen telepathische Kräfte immun.

WACHMANN

Attribute: Charisma 7, Geschicklichkeit 8, Verstand 7, Geist 8, Stärke 8

Fertigkeiten: Ausweichen 9, Beweisanalyse 8, Einschüchtern 9, Erste Hilfe 8, Feuerwaffen 9, Finden 8, Heimlichkeit 9, Landfahrzeuge 9, Nahkampfwaffen 9, Waffenloser Kampf 9

Bewegung: 8; **Robustheit:** 12 (4); **Schock:** 8; **Wunden:** –

Ausrüstung: Ballistische Weste (+4), M4 Karabiner (Schaden 13)

Vorzüge: –

Möglichkeiten: Selten (2)

Spezielle Fähigkeiten: –

FAHRZEUGE

1933ER DAIMLER-BENZ

Höchstgeschwindigkeit: 100 km/h (12, Schnell); **Robustheit:** 14; **Wunden:** 2

- **Groß:** Angriffe gegen den Daimler-Benz erfolgen mit einem Bonus von +2 zum Treffen aufgrund der Größe.
- **Manövrierfähigkeit:** Malus von –2 auf *Landfahrzeuge* für Verteidigung oder Verfolgungsjagden
- **Passagiere:** 4, Fahrer aus dem Nil-Imperium, Landfahrzeuge 10 (Verteidigung 10), Schock 11
- **Schnell:** Die Geschwindigkeit des Fahrzeugs sorgt dafür, dass der Charakter einen Bonus von +2 erhält, um Schritte bei einer Verfolgungsjagd zu beenden oder der Gegner einen Malus von -2 zum Treffen.
- **Waffen:** keine

AAKI HALBKETTE

Höchstgeschwindigkeit: 80 km/h (11, Schnell); **Robustheit:** 18 (2); **Wunden:** 2

- **Groß:** Angriffe gegen den Aaki erfolgen mit einem Bonus von +2 zum Treffen aufgrund der Größe.
- **Manövrierfähigkeit:** Malus von –2 auf *Landfahrzeuge* für Verteidigung oder Verfolgungsjagden
- **Passagiere:** 12, Fahrer aus dem Nil-Imperium, Landfahrzeuge 10 (Verteidigung 10), Schock 8
- **Schnell:** Die Geschwindigkeit des Fahrzeugs sorgt dafür, dass der Charakter einen Bonus von +2 erhält, um Schritte bei einer Verfolgungsjagd zu beenden oder der Gegner einen Malus von -2 zum Treffen.
- **Waffen:** keine

JEEP

Höchstgeschwindigkeit: 80 km/h (11, Schnell); **Robustheit:** 15 (1); **Wunden:** 2

- **Groß:** Angriffe gegen den Jeep erfolgen mit einem Bonus von +2 zum Treffen aufgrund der Größe.
- **Manövrierfähigkeit:** Malus von –1 auf *Landfahrzeuge* für Verteidigung oder Verfolgungsjagden
- **Passagiere:** 4, Fahrer aus dem Nil-Imperium, Landfahrzeuge 10 (Verteidigung 10), Schock 8
- **Schnell:** Die Geschwindigkeit des Fahrzeugs sorgt dafür, dass der Charakter einen Bonus von +2 erhält, um Schritte bei einer Verfolgungsjagd zu beenden oder der Gegner einen Malus von -2 zum Treffen.
- **Waffen:** keine

MOTORRAD

Höchstgeschwindigkeit: 100 km/h (12, Schnell); **Robustheit:** 13; **Wunden:** 1

- **Manövrierfähigkeit:** Malus von –1 auf *Landfahrzeuge* für Verteidigung oder Verfolgungsjagden mit einem Beiwagen, ansonsten kein Malus.
- **Passagiere:** 1 oder 2 mit Beiwagen, Fahrer aus dem Nil-Imperium, Landfahrzeuge 10 (Verteidigung 12), Schock 8
- **Schnell:** Die Geschwindigkeit des Fahrzeugs sorgt dafür, dass der Charakter einen Bonus von +2 erhält, um Schritte bei einer Verfolgungsjagd zu beenden, oder der Gegner einen Malus von –2 zum Treffen.
- **Waffen:** keine

ROLLS ROYCE PHANTOM, ROADSTER SPECIAL

Höchstgeschwindigkeit: 100 km/h (12, Schnell); **Robustheit:** 17 (2); **Wunden:** 2

- **Groß:** Angriffe gegen den Phantom erfolgen mit einem Bonus von +2 zum Treffen aufgrund der Größe.
- **Manövrierfähigkeit:** Malus von -2 auf *Landfahrzeuge* für Verteidigung oder Verfolgungsjagden
- **Passagiere:** 4, Hooded Cobra ist der Fahrer, Landfahrzeuge 12 (Verteidigung 12), Schock 11
- **Schnell:** Die Geschwindigkeit des Fahrzeugs sorgt dafür, dass der Charakter einen Bonus von +2 erhält, um Schritte bei einer Verfolgungsjagd zu beenden, oder der Gegner einen Malus von –2 zum Treffen.
- **Waffen:** Ölfilmprojektor, Munition 1
  Alle Landfahrzeuge, die sich bei einer Verfolgungsjagd einen Schritt hinter dem Phantom befinden, sind automatisch Angeschlagen.

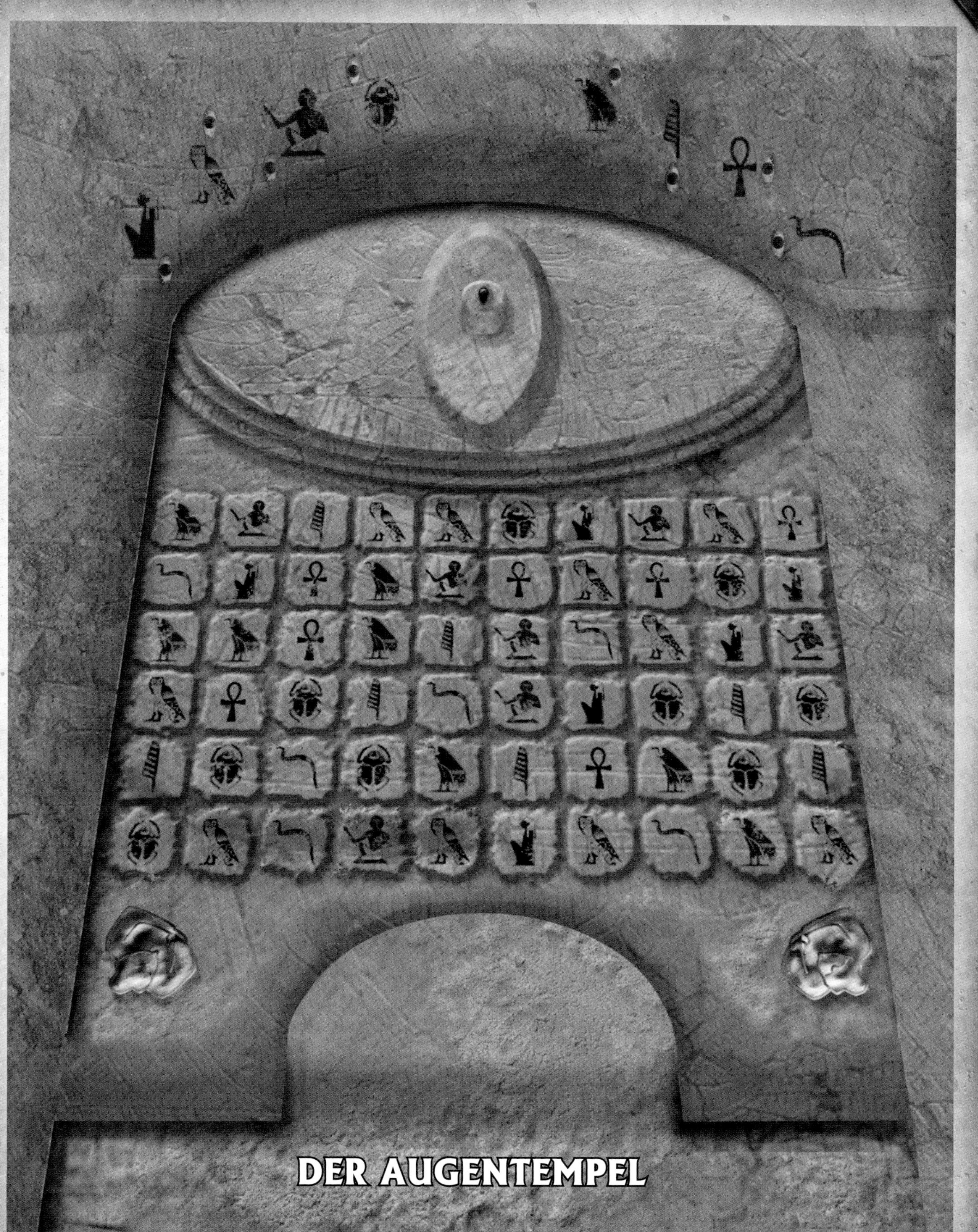
DER AUGENTEMPEL

INDEX